brasil arquitetura

brasil arquitetura

Francisco Fanucci
Marcelo Ferraz
Cícero Ferraz Cruz
Luciana Dornellas
Julio Tarragó
Roberto Brotero
Juliana Ricci
Francielle Lopes
Keli Lobo

coordenação editorial

Abilio Guerra
Fernanda Critelli
Silvana Romano Santos

design gráfico

Victor Nosek

ensaios fotográficos

Nelson Kon
Daniel Ducci
Leonardo Finotti

pesquisa de imagens

Juliana Ricci

brasil arquitetura

projetos 2005/2020

Francisco Fanucci **Marcelo Ferraz**

organização

Abilio Guerra

Marcos Grinspum Ferraz

Silvana Romano Santos

textos críticos

Abilio Guerra

Guilherme Wisnik

Marta Bogéa

textos de projeto

Francisco Fanucci

Marcelo Ferraz

São Paulo, 2020

Romano Guerra Editora

edições Sesc

apoio cultural

Fundação Baía Viva
dpot – mobiliário brasileiro
Bassim Trabulse + Reinaldo Kalil
Gusmão Planejamento e Obras
Flaibam e Junqueira
Isabella + Henrik
Penha Vidros
Gabriela Soares + Fernando Rodrigues
Cerâmica Fachinetto
Lume Organização de Eventos Ltda
Associação Gaúcha Municipalista
Gabriela Amaral + Juliano Arruda

Nota dos editores

O escritório Brasil Arquitetura foi criado em 1979 por Francisco Fanucci, Marcelo Ferraz e Marcelo Suzuki, arquitetos recém-formados e egressos da Faculdade de Arquitetura e Urbanismo da Universidade de São Paulo – FAU USP. O trio se torna dupla após a saída de Suzuki, em 1995.

A obra do Brasil Arquitetura é conhecida e reconhecida no Brasil e no exterior pela versatilidade no enfrentamento de programas institucionais diversos, como museus, centros culturais, teatros, mercados e escolas, além de habitações sociais e residências unifamiliares. Atuando a partir de São Paulo, deixou sua marca em situações urbanas antípodas do país, casos do Instituto Socioambiental na pequena São Gabriel da Cachoeira, no Amazonas, e da Praça das Artes, na metrópole São Paulo.

Além da atuação polivalente, as diversas intervenções em edifícios preexistentes garantiram ao escritório o reconhecimento público de sua expertise na área, ampliado pela excelência dos equipamentos culturais resultantes que se tornaram marcos urbanos nas cidades onde se implantaram – Cais do Sertão, em Recife; Museu Rodin, em Salvador; Museu do Pão, em Ilópolis; e Teatro Engenho Central, em Piracicaba –, reabilitando antigas edificações obsoletas e abandonadas para a vida de hoje.

Do ponto de vista do conceito, da forma e da materialidade, a obra do time liderado por Fanucci e Ferraz se caracteriza pela síntese entre encaminhamentos contemporâneos e o compromisso com a tradição moderna brasileira. Em especial sua preocupação constante em relevar as condições civilizacionais, culturais e climáticas locais, que se traduz em valores éticos e estéticos, como a preservação do meio natural e a reinterpretação de elementos construtivos tradicionais.

Com um trabalho significativo, referencial e premiado, o escritório Brasil Arquitetura já mereceu um livro monográfico (Cosac Naify, 2005), no qual se apresentam projetos e obras produzidos desde sua fundação até o ano de publicação. Agora, celebrando os quarenta anos de atividades do escritório, a presente coedição da Romano Guerra Editora com as Edições Sesc São Paulo cobre o período de 2005 a 2020. A vasta quantidade de referências bibliográficas revela uma fortuna crítica expressiva, condizente com uma obra maior, que se destaca no contexto da arquitetura brasileira atual.

Romano Guerra Editora
Edições Sesc São Paulo

Sumário

À esquerda, Moinho Castaman, Arvorezinha, 2008; nesta página, Casa Roman, desenho referência para logotipo do Museu do Pão, Arvorezinha

Lições da pedra

Marta Bogéa

Este ensaio busca reconhecer nas paisagens propostas pelo Brasil Arquitetura a "educação pela pedra", que constituirá no artefato arquitetônico a "carnadura concreta" a perdurar no tempo da matéria e a pedra que "entranha a alma" e perdura na memória, razão de ser dessa mesma arquitetura.

Inicia assim, na cadência da poesia de João Cabral de Melo Neto – "A educação pela pedra"[1] –, para espreitar os modos como os arquitetos trabalham estratégias com que se permitem "frequentar a pedra, captar sua voz" na maleabilidade da matéria, ao mesmo tempo em que buscam a "pedra de nascença", que "entranha a alma" das paisagens em que atuam.

Duas naturezas de documentos iconográficos enredam a trama aqui tecida: as fotografias realizadas em viagem por Marcelo Ferraz e Francisco Fanucci, e os desenhos construtivos, sobretudo detalhes, que compõem os projetos executivos elaborados na proximidade de cada canteiro de obras. Entre as imagens que retratam e enquadram o lugar, embaladas também em tantos outros lugares/paisagens atravessados pelos arquitetos, e os desenhos que elaboram sua transformação, navegou a redação deste texto.

O velho mercado, a antiga enfermaria e suas renovadas paisagens

Em um frio e solar mês de junho de 2019, estive no Jaguarão, em visita realizada com Marcelo Ferraz. Na paisagem vasta ecoa o imaginário reconhecível das tantas descrições do lugar – o *pampa*, região que borra as fronteiras entre Brasil, Argentina e Uruguai.

Da pequena cidade, instalada ao longo do Rio Yaguarón, se avista e se alcança, por uma ponte chamada Barão de Mauá, o Uruguai. Quase todos lá são de famílias cruzadas, brasileiros e uruguaios; além das duas línguas, português e espanhol, falam alguns termos que lhes são próprios, que foram sendo urdidos nessa intrincada e peculiar constituição cultural.

Para além disso, são *gente de fronteira* naquilo que também indica o inevitável campo de negociação, de um e do outro, de se saber um e outro ou ainda um no outro. Se cultura se identifica no reconhecimento da alteridade, ali a peculiaridade cultural – essa dupla condição – é constitutiva de suas gentes.

A fronteira político-geográfica não foi capaz de dissolver esse território comum, porque comum a paisagem e o modo de viver, que levam a determinadas nominações que, por outro lado, instalam, elas mesmas, certos modos de ser.

São variações em linguagem *própria* registradas por Aldyr Garcia Schlee – escritor, tradutor bilíngue português/espanhol –, evocadas entre as duas línguas; palavras resgatadas por Schlee, em textos de importantes intérpretes da realidade pampeana no Brasil, na Argentina e no Uruguai, constituem o *Dicionário da cultura pampeana sul-rio-grandense*.[2]

O criterioso dicionário permite distinguir a alegoria regionalista do valor efetivo das localidades em suas singularidades. Um desafio importante em nosso tempo tão afeito a mundialismos, a línguas genéricas, a paisagens unificadas. Do encanto inevitável da aproximação do mundo ao desencanto de perdermo-nos, cada um de nós, na pasteurização de um falso único mundo, que nos faz perder a vibração tão particular de descobrir-se na diferença do outro e tantas vezes, nessas centelhas, nos reinventarmos.

Interior do *Bodegão* na Vila Borghetto, mobiliário típico da região e preparo de peixes para a Semana Santa, Anta Gorda

Um dos traços admiráveis no trabalho do Brasil Arquitetura advém dessa delicadeza. Do modo como, ao espreitar o outro, o fazem com curiosidade e genuína elegância, ao buscar olhar de perto, ao se acercar dos lugares, ao se aproximar das pessoas e suas histórias. Pois não olham "de fora e de cima, numa perspectiva extrínseca e superior, traduzindo-os artificialmente nos termos da norma culta urbana",[3] em termos próximos àqueles observados por Schlee ao falar da literatura que lhe interessa e que lhe permitiu engendrar o dicionário.

Tanto Schlee quanto a dupla de arquitetos escapam da alegoria e do mimetismo, ao buscar tradução. E, no caso dos arquitetos, também justaposição e contaminação.

Habito imaginariamente essa paisagem desde quando, pela primeira vez, em 2012, vi intrigada o projeto para o Museu do Pampa nos preparativos para a exposição Território de Contato.[4] Perdura em minha memória, além da beleza da velha enfermaria em ruínas, a fotografia de uma placa/seta que não traz nenhuma inscrição e que oscila a direção; mais biruta que seta, gira com o vento. Não aponta para nenhum lugar na mesma medida em que poderia apontar para todas, assim como não indica o que quer sinalizar, uma vez que está vazio seu campo de inscrição. A tal placa/seta me parece uma curiosa metáfora de uma paisagem aparentemente plácida, porém adensada pela ambiguidade inevitável de sua situação particular. Para além da iconografia que constituiu certo enquadramento, estive lá por alguns dias para conhecer em Jaguarão os dois projetos do escritório: a reforma no Mercado Municipal e o Museu do Pampa.

O mercado é hoje construção finalizada, ainda que se mantenha fechado, aguardando a ligação de energia e sua inauguração; o Museu do Pampa, ainda *em construção*, é obra interrompida, condição tão desconcertantemente brasileira que o faz ser ruína antes mesmo de sua já tão *próxima* finalização.

O interesse nos dois projetos, dentre a vasta produção do escritório, se deu pela oportunidade de visitar, em uma mesma pequena cidade, duas obras de gestos muito distintos, já perceptíveis nos documentos disponíveis à distância.

O Mercado Municipal é uma construção original admirável, conhecida por Ferraz em uma fotografia geral da cidade, durante uma de suas visitas ao gabinete do então prefeito, para reuniões sobre o Museu. O olhar aguçado do arquiteto reconheceu valor no edifício, que buscou conhecer. O velho mercado construído entre 1864 e 1867, tombado como patrimônio estadual pelo Instituto do Patrimônio Histórico e Artístico do Estado – Iphae, foi um importante centro de compras e abastecimento da população, entrou em decadência nas últimas décadas, e estava ainda em funcionamento precário, com poucos pontos comerciais em atividade, no momento em que o arquiteto o conheceu. Sofria com as alterações típicas da concorrência com o mundo industrial, retratava o declínio e o abandono de coisas que ficam à margem das novas lógicas de produção. Para sobreviver seria preciso reinventá-lo.

Casa na Vila Borghetto, fachada e detalhe, Anta Gorda; depósito de grãos na região

O desafio é habitual nas propostas dessa dupla de arquitetos. De certo modo, faz parte da mesma condição que os incitou, por exemplo, a recuperar os moinhos do Alto do Vale do Taquari.[5]

O projeto, de 2010, à primeira vista parece um *quase nada*, pois mantém a feição reconhecida e valorosa do velho edifício: os dois pátios triangulares, superior e inferior; as mesmas pedras no pátio baixo onde ficava a tropa; a sequência de portas azuis sob seu alpendre; o elegante guarda-corpo caiado; a sofisticada condição de implantação que o faz altaneiro avistar longe o outro lado do rio.

De perto, após olhar mais de uma vez, começam a aparecer os traços da intervenção. O primeiro deles uma criteriosa e muito atenta redefinição de seus cômodos, que configura uma pequena variedade naquilo que era originalmente contínua similaridade. É assim que algumas lojas são ampliadas por aglutinação, as passagens passam a abrigar, através de uma nova laje (que redefine sua altura), as máquinas necessárias ao novo funcionamento do edifício; novos banheiros coletivos são construídos; as lojas no nível baixo da rua ganham outra utilização, como, por exemplo, as câmaras frigoríficas que servirão de apoio aos restaurantes.

A partir da reordenação espacial, foi então possível perceber uma sutil diferença: as portas antes todas em madeira pintadas de azul, agora se constituem com três materiais diferentes: algumas recuperadas e mantidas em madeira azul; quatro delas substituídas por outras em aço corten (aquelas que abrigam, na nova laje, as máquinas); em outras, somam-se às folhas de madeira, por sobreposição, planos de vidro. Desse modo, para além dos usos até então inéditos, o novo lugar se estabelece evidenciado também através dos materiais.

A sobreposição do vidro permitirá receber restaurantes ou bares e abrigar uma noite animada (naquele modo como são animadas as noites nas pequenas cidades). É possível imaginar estar confortavelmente em uma daquelas lojas depois do anoitecer, avistando o rio protegido do inclemente minuano. As antigas vendas não precisavam dessa peculiar situação; abrigavam usos diurnos e com vocação de mercado aberto, eram lugares de movimentação, não de usufruto em contemplação.

A mudança de uso busca novos nexos, uma condição de *reexistir*, que permitiriam rever o velho mercado, alteradas suas mercadorias e seu modo de comércio. O projeto é um *quase nada*, que optou por priorizar a integridade do velho mercado, no interesse em transformar para, principalmente, preservar. Altera-se sobretudo os usos, mantém-se sobretudo a feição de sua matéria, ainda que levemente alterada pela inédita materialidade a confluir na matéria encontrada lá.

A operação em muito se distingue daquela projetada na reforma e transformação da antiga enfermaria em museu.

Exemplares de casas típicas da Serra Gaúcha

O Museu do Pampa herda uma característica importante de sua antecedente matriz – a enfermaria militar construída em 1880-1883, para tratar os feridos das guerras de fronteira –, um edifício longe o suficiente para proteger e inevitavelmente próximo dos conflitos para poder acolher: a planta quadrada em torno do pátio central. Esse traço dota a construção de certa lógica de fortificação – define pela arquitetura uma nítida distinção entre o espaço abrigado interior e o espaço aberto exterior.

O edifício tem conformação típica de construções defensivas, com pátio central envolvido por uma sequência de salas e um corredor peristilo voltado para o pátio. Teve sua completude comprometida pelo desmoronamento e retirada das pedras de um dos lados de sua quadratura. A ruína encontrada por Fanucci e Ferraz era só parte daquilo que outrora fora. E sua majestosa e defensiva presença estava comprometida por esse flanco aberto subvertendo a tão clara formação entre estar dentro e estar fora.

O primeiro gesto, evidência da compreensão e da admiração pelo antigo artefato, foi reconfigurar sua completude. Para isso, e sem a inocência de querer resgatar o tempo perdido, os autores adotam o concreto para fechar a esquina, retomando a forma edificada, imprimindo a marca da retificação visível através do novo material.

A partir daí começa a surgir um dos traços mais recorrentes em toda a complexa edificação: uma espécie de manutenção dos registros usando novos acoplamentos, com inédita materialidade, que devolvem forma àquilo que se encontrava em desmoronamento. Esse gesto abarca diferentes escalas: vai do detalhe de fechamento das janelas até a decisão de construção de dois novos corpos edificados – o auditório e o novo pavilhão, que abrigará administração, festas e exposições temporárias.

Na reconstrução das janelas, um detalhe padrão orienta sua transformação: a pequena calha e o ladrão se ajustam e variam, dependendo da integridade encontrada em cada vão.

Nos novos volumes edificados, a implantação merece atenção. O conjunto é ainda hoje uma majestosa presença na pequena cidade. Situada na parte mais alta da localidade, conhecida como Cerro da Pólvora, é avistada desde Rio Branco, a cidade do outro lado do rio, no Uruguai. O pavilhão foi instalado na cota intermediária, de modo a permitir que da antiga enfermaria se possa ainda avistar o rio. O claro eixo que organiza sua quase simetria (pois são distintas as compartimentações de cada lado) alinha-se ao eixo da porta

Moinho Castaman
Município de Arvorezinha

A recuperação do conjunto de construções do Moinho Castaman e de sua área envoltória representará mais um importante passo na preservação da paisagem cultural da imigração italiana no Rio Grande do Sul, notadamente na região montanhosa do Vale do Taquari. Será também um passo definitivo na implantação e consolidação do Caminho dos Moinhos, rota turístico/cultural que visa o resgate e a preservação de *raízes* que documentam e testemunham um capítulo importante da formação do povo brasileiro. Com uma abordagem contemporânea que induz o crescimento econômico e o desenvolvimento regional, este projeto se enquadra perfeitamente dentro de uma nova ótica de preservação – as chamadas *paisagens culturais* – que toma o ambiente natural e humano como protagonista principal e uno.

Mapa do Caminho dos Moinhos; casal Hugo Castaman e Amábile Itália, proprietários do Moinho Castaman, Arvorezinha

central do antigo corpo construído. Uma varanda interna mantém aberta a vista para a paisagem. Desdobra-se nas portas, que fecham o corpo em concreto ciclópico feito para receber exposições temporárias.

Estruturando o novo conjunto e as novas áreas no antigo edifício se encontra um mesmo, e belo, pilar em aço corten – seria uma involuntária homenagem ao pilar cruciforme de Mies van der Rohe para o Pavilhão da Alemanha em Barcelona? Lá inoxidável e reflexivo, aqui opaco e aderente; lá, peça unitária; aqui, decomponível. Mas ambos elegantes desenhos de uma colunata delgada que irradia movimento mais do que define uma malha regular.

A conversa com Fanucci durante a elaboração deste texto, em meio a muitos croquis e diante de minha lembrança a Mies van der Rohe, revela-o conhecedor atento do detalhamento rigoroso desenvolvido pelo arquiteto. É importante nesse contexto saber que Francisco Fanucci colaborou durante sua formação, e quando recém-formado (e já associado a Marcelo Ferraz), com arquitetos que foram seus professores, reconhecidamente atentos à construção e ao rigor do detalhe: Abrahão Sanovicz e Joaquim Guedes. Nessa mesma época, Ferraz colaborava com Lina Bo Bardi. O prazer do detalhe, a atenção aos modos de viver, a acuidade em relação à paisagem são traços que derivam do aprendizado – por eleição, pela escolha de com quem colaborar – de um e de outro e que os dois compartilham e aprimoram desde então.

Nessa confluência, por exemplo, estão desenhados o caminho entre o antigo edifício e os novos volumes. O caminho se dá através de uma larga escadaria ladeada por água corrente que deságua em um espelho d'água. Revela e valoriza a água presente em toda a região. Um elegante pormenor assegura delicado som da água em pequenas quedas, que anima sonoramente a paisagem através do efeito obtido por rigoroso detalhe construtivo.

O projeto faz reconhecer importantes elementos naturais, muito presentes em toda a paisagem, que o edifício original

Moinho Castaman, perspectiva do conjunto, implantação e fotos, Arvorezinha, 2008

negligenciava e que aqui ganham protagonismo. A geografia do lugar é constituída por um lajeado, parte dele por grandes pedras sãs, íntegras, e outras partes, fragmentárias, de fácil decomposição. Em toda a região (não apenas aqui, é preciso dizer), emerge água. Na parte alta do terreno chega a formar um pequeno lago – resultado da água que brota do chão e configurado pela escavação da pequena pedreira. Nesse alto pode-se perceber uma espécie de auditório natural, que não escapou à apreensão da paisagem pelos arquitetos. Seria talvez pela lembrança da majestosa pedreira que abriga o belíssimo auditório proposto por eles para o concurso do Instituto de Matemática Pura e Aplicada – Impa, de 2015. Vale retomar termos daquele memorial:

> O auditório do novo Impa deverá coroar todo o conjunto. Imerso na pedreira, ora introspectivo com cortinas negras, ora extrovertido integrado ao exterior, será o grande palco para a pedra lousa, ferramenta insubstituível dos matemáticos. Da pedra à pedra.

Além do anfiteatro aberto, de certo modo já existente no lugar, definido pela adição de pequena arquibancada, a vontade da pedra se apresentará exuberante no novo auditório que entranha a terra. Mantida na mesma cota do pátio interior, atravessando a espessura dos cômodos que circundam o pátio, o pequeno auditório foi construído através de corte e retirada de partes da pedra, oco transformado em recinto.

A água que cai da umidade que brota das paredes será recolhida através da uma calha desenhada entre os muros naturais e o piso. A forte presença da pedra faz valer o esforço de construção e a quase ofensa à paisagem, transmutada em pertinência poética: "sua resistência fria, ao que flui e a fluir, ao ser maleada" – na cadência proposta pela poesia de João Cabral de Mello Neto.

Nesse pequeno auditório, os arquitetos inventam um recinto inesperado, próximo de um imaginário mágico. A visita, ocorrida com a incompletude da instalação museográfica, leva a desejar que quando inaugurado o espaço, ao menos de tempos em tempos, seja possível desligar todo o maquinário de projeção previsto

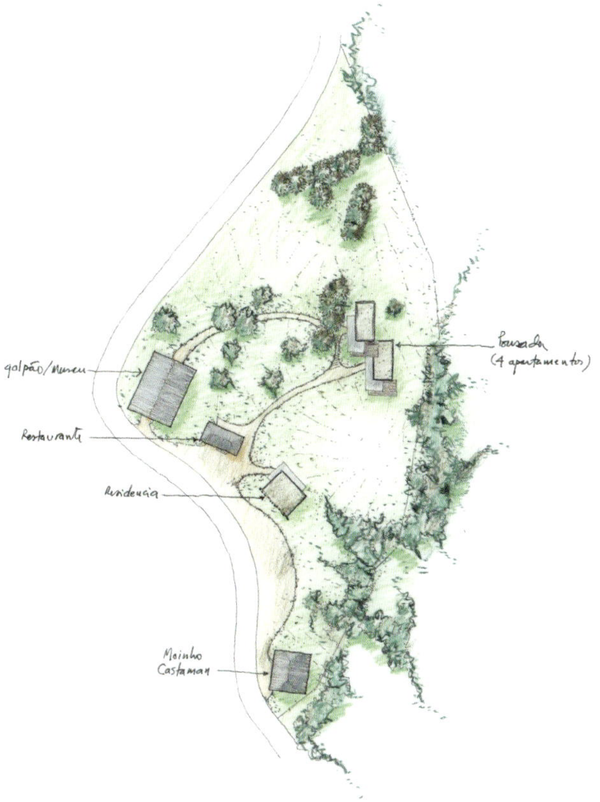

para um intermitente filme, permitindo reconhecer a arquitetura *descarnada* sem qualquer outro artifício além dela mesma.

A água, que se avista no alto, atravessa como pequeno riacho inédito leito artificial no pátio central e, junto ao fogo de chão, prestam uma linda homenagem a uma tão conhecida e comemorada paisagem arquitetônica da cidade de São Paulo, o *Rio São Francisco* e o fogo central do espaço de convivência do Sesc Pompeia, de 1989, projeto de Lina Bo Bardi e equipe, dentre eles Marcelo Ferraz. E aquilo que é puro artifício na paisagem do Sesc – riacho construído, fogo em lareira – surge renaturalizado na paisagem do Sul: fogo no chão, riacho que encaminha a água que brota por lá.

Imaginado entre a paisagem dada e uma paisagem inédita, no Museu do Pampa confluem e colidem ao menos dois tempos da vida do lugar: a velha enfermaria se mantém perceptível, imaginável em sua integridade, ainda vívida como ruína – pois estabilizada e mantida sem ilusório retorno ao tempo em que esteve intacta; em simultâneo, apreende-se o novo Museu do Pampa, para o qual convergem a ruína e suas retificações somadas ao novo traçado.

Distingue-se muito, nesse sentido, do Mercado. Aqui colisão, lá continuidade em conexão. Permitem desse modo verificar, em proximidade de experiência, algo que se percebe na ampla produção do escritório. Mais do que método único, ou forma única de atuar, será a criteriosa atenção a cada caso que fará emergir o modo de transformá-lo. E se, por um lado, é reconhecível a dicção de seus autores, a cada projeto essa dicção vem imbricada ao encontro do que os arquitetos descobrem em cada lugar.

Durante os diálogos que irrigaram a elaboração deste texto, Fanucci lembra-se do livro de contos *Uma terra só*, de Aldyr Garcia Schlee. Compartilha comigo a fotografia da capa onde figura o velho Mercado de Jaguarão, o rio e o Uruguai na outra margem; a epígrafe "aqui há uma terra só, há uma só gente, seja do lado de cá, seja do lado de lá"[6] e me envia este belo e breve trecho de um dos contos:

> Faz de conta
> que tudo é verdade
> faz de conta
> que a gente se lembra
> de tudo que podia ter havido
> de tudo que houve
> e de tudo que não houve
> lá e cá
> aqui.[7]

"Faz de conta que tudo é verdade, faz de conta que a gente se lembra...", delicado enlace fato-ficção, lembrança-imaginação,

Moinho Castaman, fotos internas, Arvorezinha, 2008

que traduz tão bem a poesia encarnada, esculpida na *pedra*, por Fanucci e Ferraz, aqui, no Jaguarão, e em outros tantos "lá".

Paisagens imaginadas, Brasil dentre tantos *Brasi(s)*

O Brasil do Brasil Arquitetura abriga muitos *Brasi(s)*. É surpreendente a ampla variedade de sítios onde se encontra sua vasta produção. Em cada uma delas é possível reconhecer os autores, ao mesmo tempo em que os estranhamos, pelas particularidades que derivam de sua renovação ao usufruir das paisagens onde irão projetar.

Por um lado, asseguram que o que venha a ocorrer decorra de suas histórias, alinhando-se com a comunidade local. Mas o fazem sem se ocultar, pois atuam como mais um a participar e contribuir com o desenrolar de cada um dos lugares em que atuam.

Buscam reconhecer e contribuir, perturbam, certamente, o rumo no qual seguiam as coisas, como perturba qualquer forasteiro. Na mesma medida, fortalecem valores que vão ficando naturalmente imperceptíveis a quem se mantém no mesmo lugar. Atentos ao saber local, conscientes de sua posição visitante, buscam escapar de soluções superficiais ou generalistas, "habitando" cada uma das localidades ao se aproximar das pessoas e ao dar atenção à paisagem material que buscam decifrar.

Geram interessante confronto entre as possibilidades provenientes do passado – e, apenas por isso, suscetíveis de ter um futuro – e a dinâmica da vida atual. E o fazem por elegerem a comunidade como sua, alinhados à perspectiva apontada por Luisa Bonesio no belo texto intitulado "Habitar a terra e reconhecer-se nos lugares":

> do partilhar uma situação, do habitar, num projecto de fidelidade ao lugar em tempos longos fundada não sobre uma comunidade natural de autóctones e território, mas sobre a escolha do lugar do qual se cuida participando de uma comunidade electiva em que se é habitante apenas enquanto se decidir *ser aqueles que cuidam* do lugar, vivificado como elemento imprescindível de uma relação de sentido, investimento simbólico e afectivo, responsabilidade de projecto do futuro.[8]

Nesse sentido é que cada lugar integra um certo lugar de produção, e não uma generalidade de soluções autorais autorreferentes. Não apenas no vasto território de nosso país, mas mesmo em certa região – como, por exemplo, nas paisagens do Sul – se pode diferenciar a proposta para o Museu das Missões em relação a propostas para os Moinhos, ou ainda as duas propostas para a mesma cidade de Jaguarão.

Renovam o Jaguarão atentos à fronteira e ao rio: no Museu do Pampa, na majestosa e arruinada enfermaria consolidam fragmentos ao entranhar pedra-concreto na pedra local; no velho Mercado, renovando sua bela e prosaica instalação. Nas Missões, na companhia de Carlos Eduardo Dias Comas, seguem

Conjunto Castaman, perspectiva de estudo, Arvorezinha, 2008

Igreja de São Marcos, Arvorezinha

atentos à sofisticada intervenção de Lúcio Costa, avançam como um próximo passo, nessa mesma chave, agora articulando o perímetro do sítio de preservação e a cidade na borda, parte lá, parte cá com uma praça central a articular o conjunto e, como não dizer, as práticas locais, mesmo quando não aderentes a elas; nos Moinhos, criam uma rede que ainda hoje continua a se espraiar, irradiando novidades e preservando e renovando os surpreendentes edifícios, impactando sua circunvizinhança.

Repetem-se os domínios da materialidade – por exemplo, do concreto ou das lajes planas, teto-jardim, presentes em sua formação; renovam-se, eles também, através do uso da madeira presente nos moinhos magníficos bem como nas casas singelas. Transparecem nas obras (metafóricas casas) tanto as paisagens locais quanto algumas de suas memórias. Pois "a casa vivida é também a casa sonhada, a casa de onde se partiu e a casa onde se vai regressar, a casa de nossos antepassados e a dos nossos filhos, enfim, a casa que o tempo sepulta e que o tempo renova".[9]

Se, por um lado, com quarenta anos de existência, traços indicam uma inequívoca e consistente autoria – o que significa que o escritório pode ser reconhecido em suas obras por aqueles procedimentos a que recorrem –, por outro lado essa recorrência é menos visível na forma que no método. Apresentam certos gestos que ecoam em uns e outros lugares, mas que aparecem em uma materialidade cambiante, na qual chama a atenção a singularidade dos gestos e os modos materiais que reverberam cada sítio.

Operam um movimento duplo: por um lado, enquadram e valoram coisas do lugar; por outro, apresentam e instalam gestos até então desconhecidos lá. Demonstram o generoso compromisso de uma arquitetura que não se omite ao compartilhar o que melhor lhe ocorre em benefício da continuidade de vida onde vai atuar.

Ferraz e Fanucci não tratam paisagens como alegoria, ou como fatos de nostalgia; reconhecem de fato encantos que buscam evidenciar. Uma conversa corriqueira com Ferraz durante a viagem confirma essa hipótese. Passávamos os dois diante de certa casa em Jaguarão, com uma excessiva grafia; diante de minha estranheza e desconforto ele pondera, reconhece ser mesmo um tanto peculiar, mas revela sua procura por tentar entender as razões da beleza que reside em cada situação para poder, então, evocá-las. Demonstra um olhar que rastreia a paisagem, anota com curiosidade as imagens e as edita, pelo corte, pelo quadro, pelo detalhe.

Como se fossem "narradores viajantes" de Walter Benjamin,[10] Ferraz e Fanucci colhem imagens que serão fundamentos para o projeto. Algumas delas permaneceram visíveis tramadas junto ao novo lugar – como a surpreendente luminária artesanal vista em algum terreno da região e reconstruída no pátio do Museu do Pão, em Ilópolis, ou o novo guarda-corpo desenhado a partir da coleção de registro de tantos guarda-corpos em madeira instalados no casario local.

Casa Castaman, fachada, portas, cozinha/cantina, janela e galpão, Arvorezinha, 2008

Mas é importante reconhecer que essa colheita seria pouco frutífera se não se desdobrasse no enfrentamento laborioso e detalhado de moldar a matéria. Aqui a figura que surge é a do artífice nos termos compreendidos por Richard Sennett,[11] para quem a habilidade do trabalho bem-feito exigirá uma dedicação para além da simples tarefa.

O desenvolvimento criterioso dos desenhos que engendrarão a construção revela cuidadosa atuação. Apesar de conhecermos os projetos em sua feição mais geral, observar os detalhes dos executivos permite perceber que cada passo desse procedimento vai se configurando em inesgotável burilamento da linguagem. O mesmo gesto, o retorno que aprimora e a renovação dada pela singularidade de cada matéria e de cada paisagem.

A vontade em reconhecer o que de complementar reside no desejo reiterado em se manter como dupla (um mais visivelmente viajante narrador, outro mais visivelmente artífice), o tempo de autoria comum, com certeza os impregnou, um e outro, daquilo que mais naturalmente reside em um e no outro.

A pequena história, quase anedótica, da dupla demonstra que não apenas usufruem de complementaridade como se divertem com isso. Quando uma vez perguntei de quem eram os desenhos aquarelados, os dois responderam: "Os desenhos do Chico, a aquarela do Marcelo, é sempre assim!". Demonstram que o *saber-fazer* de um conta com o *saber-fazer* do outro.

No intervalo entre um e outro e de um para o outro, a equipe – sempre valorada – navega. E, no desafio de seguir e se renovar, os dois parecem saber preservar um contínuo e desejável

Casa Castaman, detalhes, Arvorezinha, 2008

diálogo em contínua e desejável distância. Para que a alteridade, também intrínseca à formação de uma dupla, continue a irrigar, perpetuando e acalentando os tantos domínios e histórias que hoje já são passíveis de apreensão por decantação por todos nós que, com interesse, os observamos atuar.

Notas

1. MELO NETO, João Cabral de (1966). A educação pela pedra, p. 12.
2. SCHLEE, Aldyr Garcia. *Dicionário da cultura pampeana sul-rio-grandense*.
3. Idem, ibidem, volume 1, p. XXXIII.
4. Mais a esse respeito ver: BOGÉA, Marta; GUERRA, Abilio. Algo muito humano além de belo. Exposição Território de Contato, módulo 1: Cao Guimarães e Brasil Arquitetura.
5. Projeto analisado por mim, recentemente, no texto: BOGÉA, Marta. Imaginar o passado, com saudade do futuro. Esse conjunto dos moinhos foi também relevante para minha aproximação com a produção do escritório durante a elaboração do texto: BOGÉA, Marta. Brasil Arquitetura. Uma partilha das distâncias, construindo convívios.
6. SCHLEE, Aldyr Garcia. *Uma terra só*, p. 7.
7. Idem, ibidem, p. 12.
8. BONESIO, Luisa. Habitar a terra e reconhecer-se nos lugares, p. 208.
9. GORJÃO, José Duarte. O tempo da cidade, p. 182.
10. BENJAMIN, Walter. O narrador.
11. SENNETT, Richard. *O artífice*.

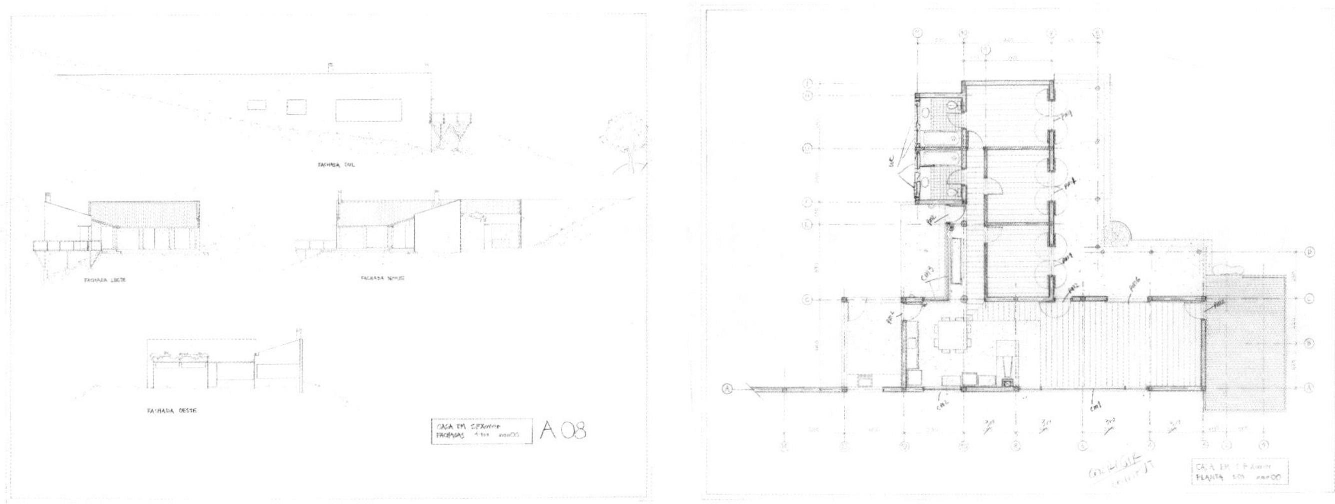

Casa São Francisco Xavier, elevações e planta, São Francisco Xavier, 1999

O elo e a dobra – as casas rurais de Marcelo Ferraz e Francisco Fanucci

Abilio Guerra

> Onde resiste o sertão
> Toda casinha feliz
> Ainda é vizinha de um riacho
> Ainda tem seu pé de caramanchão
>
> Onde resiste o sertão
> Toda casinha feliz
> Ainda cozinha no fogão de lenha
> Ou fogareiro de carvão
>
> [...]
>
> Onde resiste o sertão
> Toda casinha é feliz
> Porque à tardinha tem Ave Maria
> E o beijo da solidão
>
> *Casinha feliz*, letra de Gilberto Gil[1]
>

1.

São Francisco Xavier, distrito de São José dos Campos, Serra da Mantiqueira, quase divisa com o estado de Minas Gerais. Ali, na área rural, situa-se a Casa Mantiqueira, projeto do arquiteto Francisco Fanucci, de 2000.[2] Fincada no cume de uma das muitas montanhas da região, a edificação se equilibra à beira da ribanceira íngreme, em terreno parcialmente terraplenado. Com a forma de uma cunha, ou de um "L", a casa se organiza em duas alas. A que abriga as áreas sociais e de serviço tem três aberturas voltadas para a paisagem ao Sul, por onde se vê morros revoltos como mar tempestuoso. Na sala de estar, a grande abertura – rasgo transparente de vidro – abriga duas janelas nas extremidades, que abrem para ventilar (à esquerda, a sala da lareira se conecta à varanda exposta às intempéries). À direita, na cozinha, com fogão a lenha e piso de cimento com vermelhão, outra janela (durante a estadia, quando estávamos olhando pela janela da cozinha, uma reminiscência inesperada: Fanucci se lembra de sua casa de infância em Cambuí, posicionada no alto da cidade, com a vista da janela para a paisagem ao fundo).[3] Do lado externo, na mesma face, dentro da varanda que abriga um forno a lenha para churrasco e pizza, uma porta-janela.

Dessa face, só se avista ao longe sua parede caiada emendada ao muro divisor,[4] espécie de lâmina branca horizontal, alinhada por cima, enquanto diminui por baixo até sumir no terreno ascendente, semelhante a uma instalação na paisagem de Richard Serra.[5] Essa fachada grandiloquente – que separa a paisagem aberta do vale recatado de árvores e riacho – é amainada de forma abrupta pela dobra do volume ao meio, com a área privativa dos quartos girando noventa graus, em diálogo mais doméstico com o entorno. Os telhados em uma água dos dois blocos se inclinam de forma convergente, abrigando em sua parte baixa as varandas articuladas em "L", que se comunicam por portas com salas e quartos. Como é parcialmente fechado nos outros dois lados pela vegetação, o recinto externo resultante – parte coberto, parte descoberto – sugere um pátio, imagem reforçada pelo calçamento em tijolos em semicírculo sobre terreno plano. Do outro lado do bloco de quartos, lindeiros ao corredor, se somam bloco de banheiros e orquidário, e conforma-se outro pátio, limitado nos demais três lados pela varanda externa de serviços, pelo terreno íngreme e pela arborização.

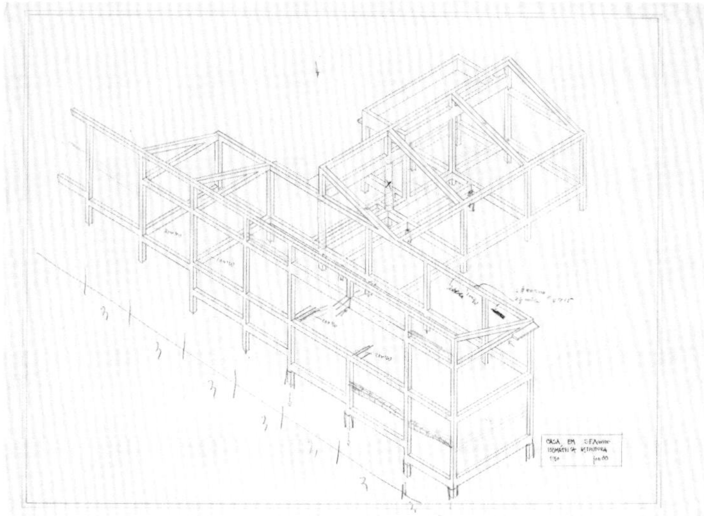

Casa São Francisco Xavier, perspectiva isométrica da estrutura e detalhe do corte, São Francisco Xavier, 1999

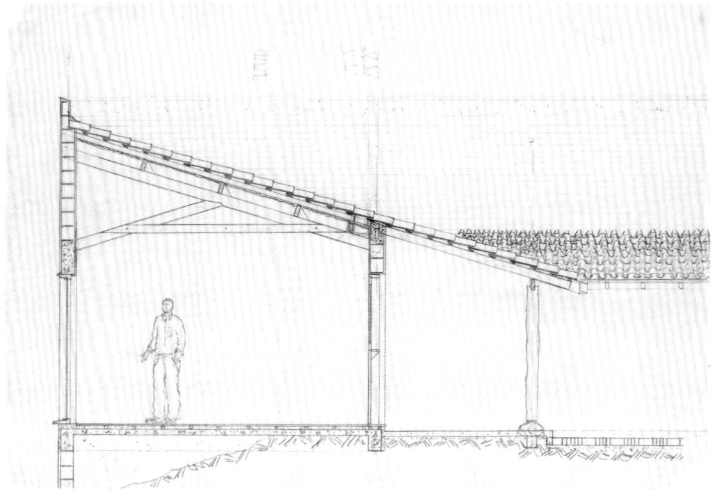

2.
Na borda de um platô no topo de uma montanha está encarapitada a sede da Fazenda Boa Vista, zona rural do município de Dom Viçoso, casa projetada por Marcelo Ferraz para si e sua família em 2008. Sobre a base em pedra em forma de pódio, o volume se arroja em direção à encosta íngreme. Lá embaixo, até perder de vista, planos em sucessão formam o grande mar de morros da Serra da Mantiqueira na região Sudeste de Minas Gerais, próxima às divisas com os estados de São Paulo e Rio de Janeiro. A casa – dois volumes em forma de paralelepípedo, alinhados e articulados por uma pequena passagem em vidro – está disposta longitudinalmente em relação à borda, de tal modo que para os ambientes dos dois blocos, onde se dividem as áreas sociais comuns e a bateria de quartos, se descortina a mesma paisagem grandiosa, magnífica. A contemplação da paisagem é evidente motivo da escolha do sítio de implantação, confirmado pelo próprio autor da obra, o arquiteto Marcelo Carvalho Ferraz.[6]

A base em pedra, a caiação branca, o fogão a lenha, as varandas anterior e posterior, as duas janelas retangulares pequenas e estreitas – junto à cozinha e no final do corredor dos quartos –, a vista para o espaço rural cultivado e movimentado, o terreiro gramado que dá acesso à edificação, o muro em pedra que o delimita, a sucessão de arrimos construídos com pedras locais ao longo de toda a propriedade, a relação íntima entre a casa sede e os galpões de processamento e armazenamento de café, os terreiros para secagem dos grãos, a vegetação rústica assemelhada ao mato indomado, que brota e vai tomando o lado externo superior dos dois blocos funcionais[7] – em suma, a simplicidade reinante –, tudo isso sugere a incorporação de elementos rurais locais aos projetos arquitetônico e paisagístico. Confirma essa impressão inicial a observação sobre a casa da roça, registrada pelo arquiteto em seu livro *Arquitetura rural na Serra da Mantiqueira*: "Quando de alvenaria, ela está assentada sobre embasamento de pedra".[8]

3.
Contudo, a consideração de Ferraz sobre o local de implantação da casa do caipira torna suspeita a escolha de ambos os arquitetos por cumes. Segundo afirma em seu livro, "o sítio mais adequado para se erguer a casa e os equipamentos circundantes, essenciais para a vida cotidiana" está, em geral, "à meia encosta, protegido dos fortes ventos, próximo ao veio d'água que deve chegar por gravidade, e em chão firme sem o risco de erosão. A construção da casa nunca deve acarretar movimentos de terra. Sua implantação parece mais um pouso, sendo o terreno respeitado em sua maior ou menor declividade".[9] São prescrições voluntariamente desconsideradas em ambas as casas.

Também a exaltação do olhar – cerne dos partidos arquitetônicos de Fanucci e Ferraz – afastam seus projetos na direção antípoda dos critérios presentes na casa típica da região, dominada pelo caráter introspectivo dos "caixotes pequenos e fechados",[10] fala de Fanucci que resume o escrito de Ferraz: "Assim concebidas, as casas parecem ser o abrigo ideal, a proteção e o aconchego para quem, por todo dia, trabalhou no campo sob a chuva ou sob o sol. A casa é o momento do recolhimento íntimo, do escuro da luz do lampião de querosene, do descanso para vista que, desde os primeiros raios do sol até o anoitecer, teve os seus limites nos verdes-azuis da sucessão de planos que formam o grande mar de morros".[11]

Os arquitetos são conscientes do quanto suas casas se afastam dos tipos presentes na região. Entendem que são ocupadas por gente que mora na cidade grande, que as visitam ocasionalmente, que tomam as vistas exuberantes como preciosidades de seus dias de descanso. Distinto por completo da situação do matuto, enfadado com tantos morros, verdes e luzes, que prefere descansar da labuta dura no aconchego de uma casa protegida do vento, da chuva, do calor e da própria paisagem. Nas fotos de Marcelo Ferraz, publicadas no seu livro sobre a Serra da Mantiqueira, se observa a presença comedida de varandas, pequenas em geral, muitas vezes ausentes, confirmando a pouca disposição do homem da terra em se relacionar com a natureza circundante em suas horas de repouso.

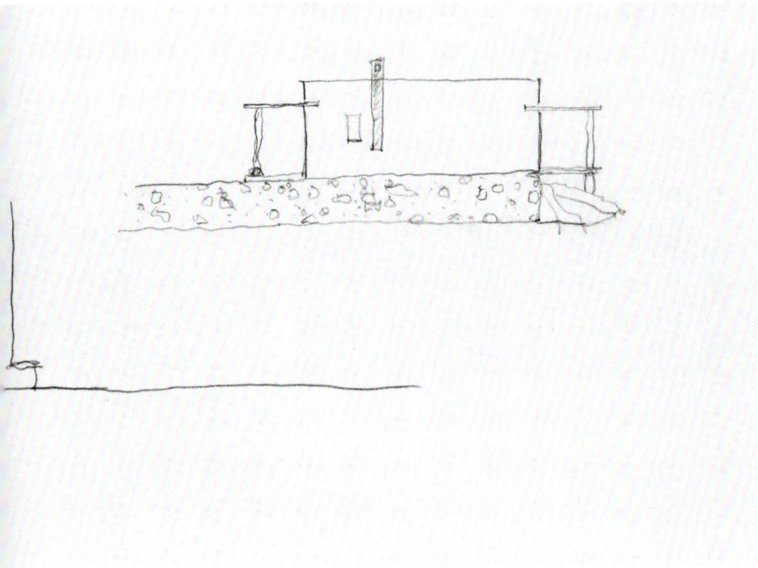

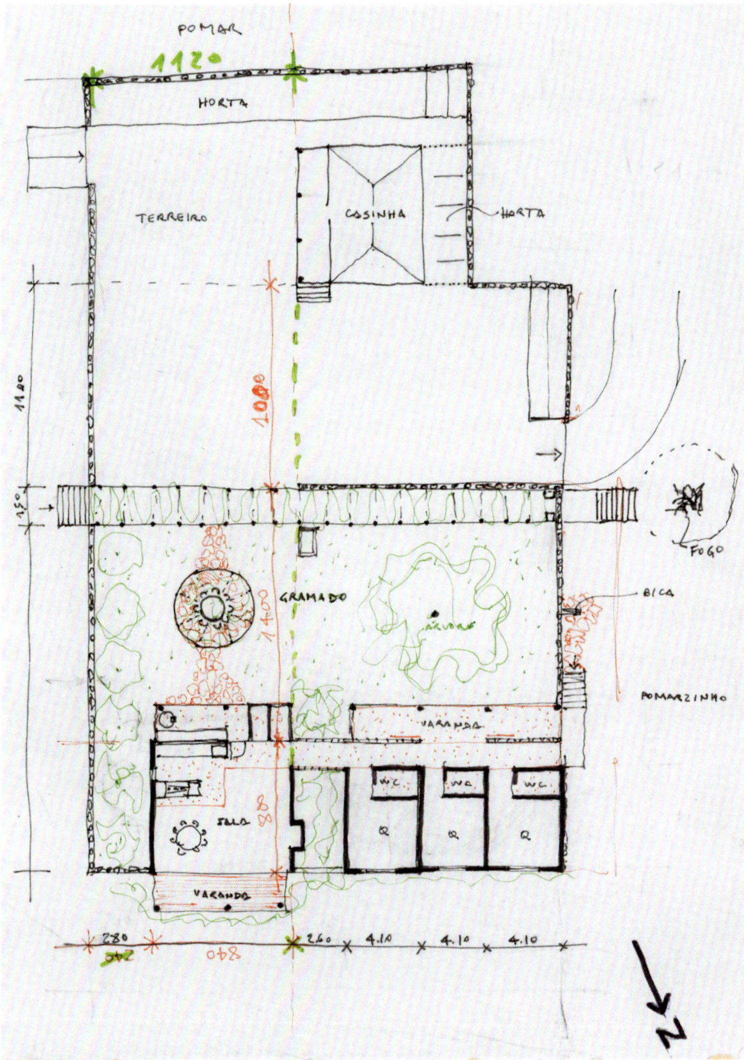

Casa Dom Viçoso, elevação lateral e implantação, Dom Viçoso, 2010

4.

Durante a pesquisa para a exposição Território de Contato, em 2012, eu e Marta Bogéa detectamos a importância dada pela dupla aos cadernos de trabalho, montados durante o desenvolvimento de projetos do escritório. Neles constam textos, fotos e desenhos, que contemplam uma variedade de informações sobre o terreno, o território, a paisagem, a arquitetura, os objetos e a própria cultura local, uma pesquisa abrangente de elementos regionais, que se tornam referências diretas ou indiretas para o projeto.[12] A pesquisa é parte do processo de trabalho, uma fase que antecipa o desenvolvimento propriamente dito do projeto de arquitetura.

Tal procedimento é ancorado na tradição moderna brasileira e remonta aos anos 1920. Em seu *Ensaio sobre a música brasileira*, publicado em 1928, Mário de Andrade advoga que a arte maior e interessada tem como assunto a cultura popular, e como base expressiva a arte erudita. E faz um alerta para não ser mal interpretado: "Se de fato agora que é período de formação devemos empregar com frequência e abuso o elemento direto fornecido pelo folclore, carece que a gente não se esqueça que a música artística não é fenômeno popular, porém desenvolvimento deste".[13] O projeto modernista adapta-se assim à nossa terra e à nossa gente, com um método particular, que prescreve a necessária fusão de elementos nativos aos procedimentos importados.

A lição está presente não apenas na música – como se verifica em "Bachianas brasileiras", "O trenzinho do caipira", "A floresta do Amazonas" e outras obras de Heitor Villa-Lobos –, mas também nas pinturas de Tarsila do Amaral e Di Cavalcanti, na literatura de Raul Bopp, Oswald de Andrade e do próprio Mário de Andrade, na arquitetura de Lúcio Costa, no paisagismo de Roberto Burle Marx. É possível identificar em todos eles as duas fases previstas pelo método do escritor paulista: a pesquisa inicial de elementos da tradição local – cantigas, danças, rituais, vestimentas, utensílios caseiros, objetos urbanos, construções coloniais, paisagens naturais, vegetação autóctone etc. –, seguida por uma composição ou arranjo estético de encaminhamento moderno. Um desdobramento curioso desse método são as "viagens etnográficas", de conhecimento da paisagem e da cultura nacionais, prática adotada por diversos desses artistas e arquitetos.[14]

As viagens e os cadernos de trabalho do Brasil Arquitetura, assim como seus projetos, estão devidamente legitimados por essa tradição. E, seria conveniente frisar, o livro sobre a Serra da Mantiqueira pode ser entendido como a pesquisa prévia que desemboca não só na casa rural de Marcelo Ferraz, mas igualmente na de seu sócio Francisco Fanucci, que compartilha de seus valores.

Casa Cambuí, cortes, plantas pavimento superior e térreo, Cambuí, 1979

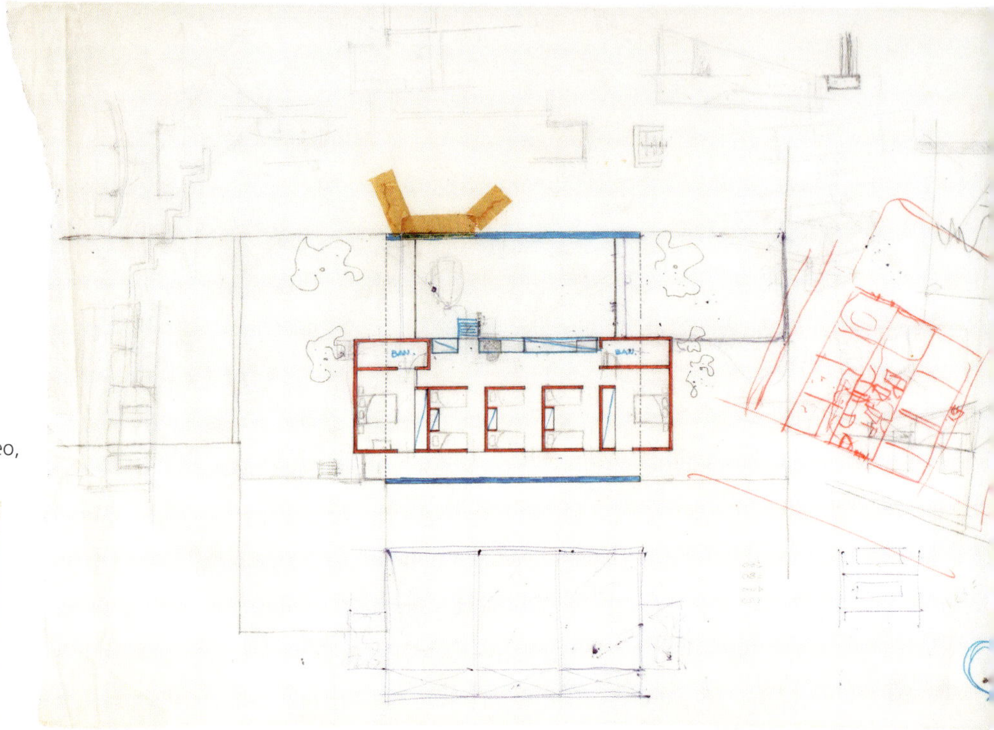

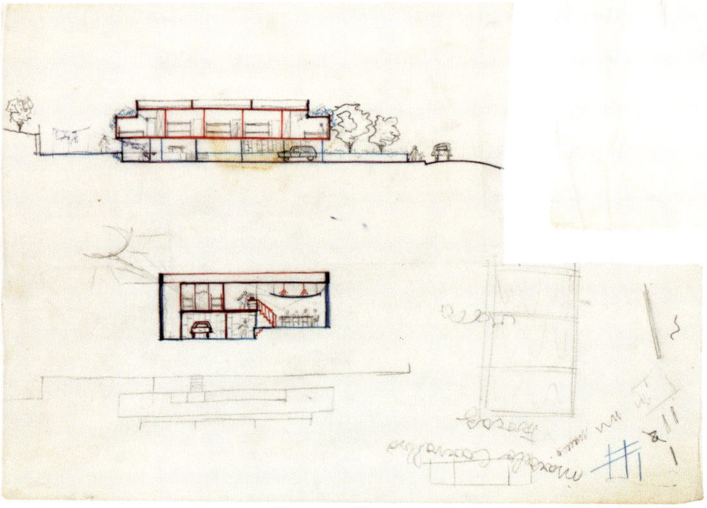

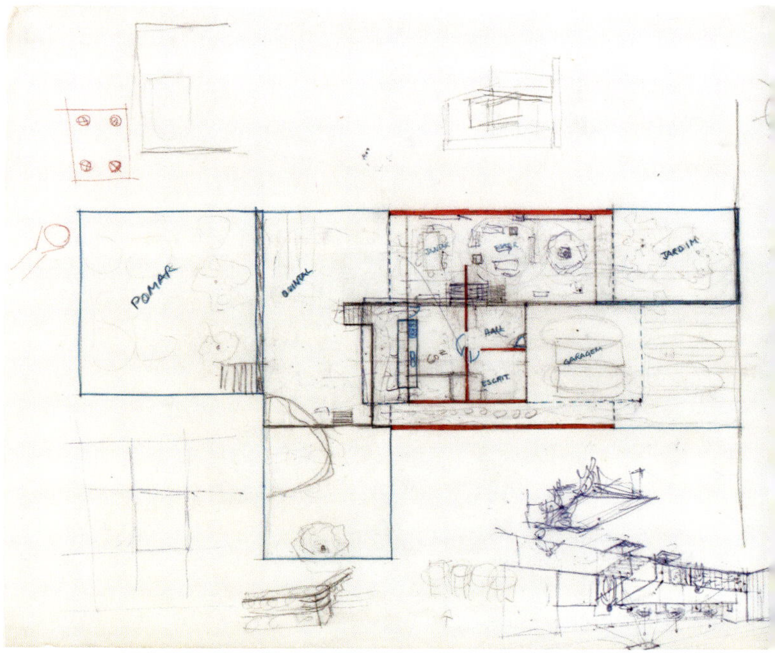

5.

Mas, diversas decisões de projeto adotadas – elementos construtivos, agenciamento programático, disposição espacial e tipologia – alinham as duas casas aos pressupostos da tradição culta urbana. A divisão funcional materializada em dois setores, a integração que articula as áreas sociais e de serviço em espaço único, a relação franca entre interior e exterior e, principalmente, o namoro com a arte minimalista afastam a Casa Mantiqueira da tradição local. As lajes planas que cobrem os dois blocos, os banheiros posicionados na faixa central e iluminados por aberturas zenitais, o grande vão presente no quadrado de 8 por 8 metros na área social integrada que abriga salas e cozinha, a orientação única das aberturas de quartos e área social, a divisão funcional expressa no esquema binucleado da planta, todos são índices do alinhamento da casa da Fazenda Boa Vista à tradição moderna.

A abundância de tais elementos parece não ser suficiente, ao menos aos olhos de Ferraz, para afastar por completo algumas alusões que tanto o incomodam. Assim, a recusa do telhado é justificada pelo arquiteto como antídoto ao rótulo pejorativo de "arquitetura caipira", uma maneira de se "matar certas coisas, colocar um carimbo e encostar".[15] Em sintonia, Francisco Fanucci afirma que seu único arrependimento com relação às decisões do projeto é ter optado pelo telhado tradicional, "uma solução ruim para o alto de uma encosta, pois o vento desloca as telhas". Alinhando-se a Marcelo Ferraz, afirma categórico: "Hoje eu faria diferente, usaria laje de concreto".[16]

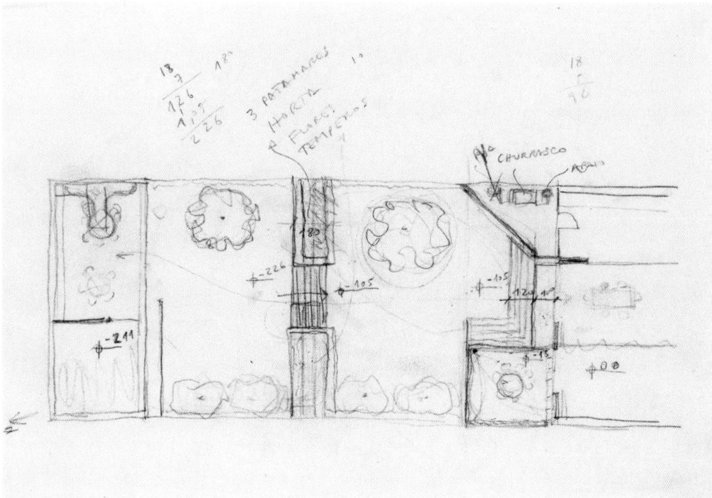

Casa Pepiguari, croquis de desenvolvimento da planta térreo, São Paulo, 2011

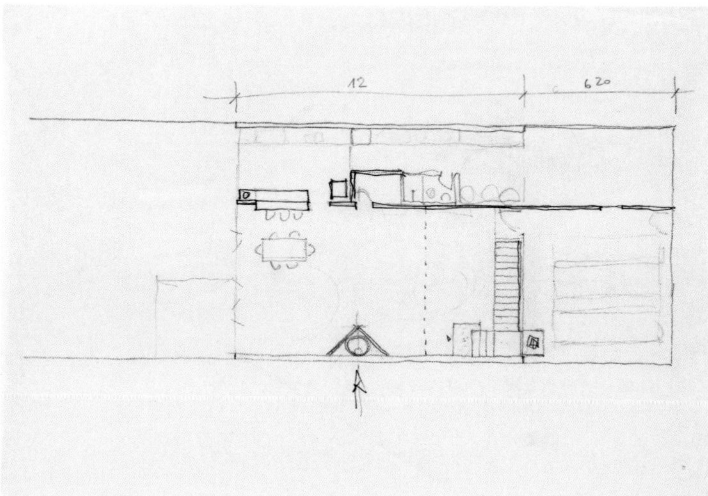

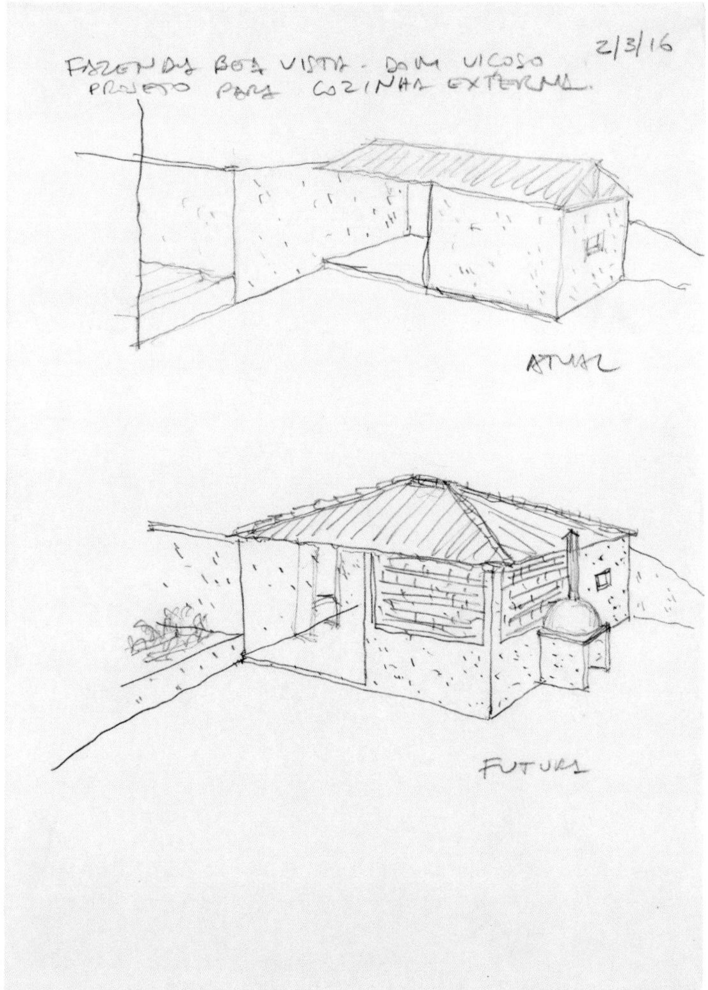

Casa Dom Viçoso, perspectivas, Dom Viçoso, 2010

No texto que apresenta as casas do Brasil Arquitetura no primeiro livro dedicado ao escritório, Vasco Caldeira explica a síntese operada entre elementos rústicos e cultos: "Os projetos residenciais do Brasil Arquitetura têm sido canteiros privilegiados para a experimentação de materiais construtivos rústicos e de fatura semiartesanal, muitos deles recuperados da tradição luso-brasileira, muitas vezes modificados e adaptados, outras vezes combinados, com elementos extraídos da cultura erudita moderna".[17] Caldeira abre o leque de referências cultivadas, inclui os brasileiros Lina Bo Bardi, Lúcio Costa, Francisco Bolonha, Alcides da Rocha Miranda, Carlos Ferreira, Vilanova Artigas, Paulo Mendes da Rocha e Carlos Millan, os portugueses Fernando Távora e Álvaro Siza, e os mais estrangeiros Alvar Aalto, Sverre Fehn, Luis Barragán, Hassan Faty, Geoffrey Bawa, Le Corbusier e Marcel Breuer. As afinidades eletivas identificadas por Caldeira sugerem o agrupamento de duas tradições: a arquitetura moderna e seu repertório, em especial o uso do concreto armado; e a arquitetura vernácula, agarrada ao chão, preocupada com a materialidade e o detalhe construtivo, voltada para o aconchego das vivências.[18]

Duas casas são contra-exemplos ao destoar das pesquisas formais que marcam o escritório. A primeira revela a formação uspiana ainda recente, a segunda sugere o retorno dos filhos pródigos à casa paterna. Ambas são caixas com três faces cinzas opacas – laje superior e empenas laterais – e duas envidraçadas, voltadas para rua e quintal, esquema recorrente da escola paulista. A divisão tripartite tradicional – área social, serviços e quartos – é acomodada por esquemas diferentes: Marcelo Ferraz, em projeto solo, adota na casa dos pais (Cambuí MG, 1979) três meios-níveis; na Casa Pepiguari (São Paulo SP, 2011), o projeto do escritório contempla térreo social e pavimento superior privativo.[19]

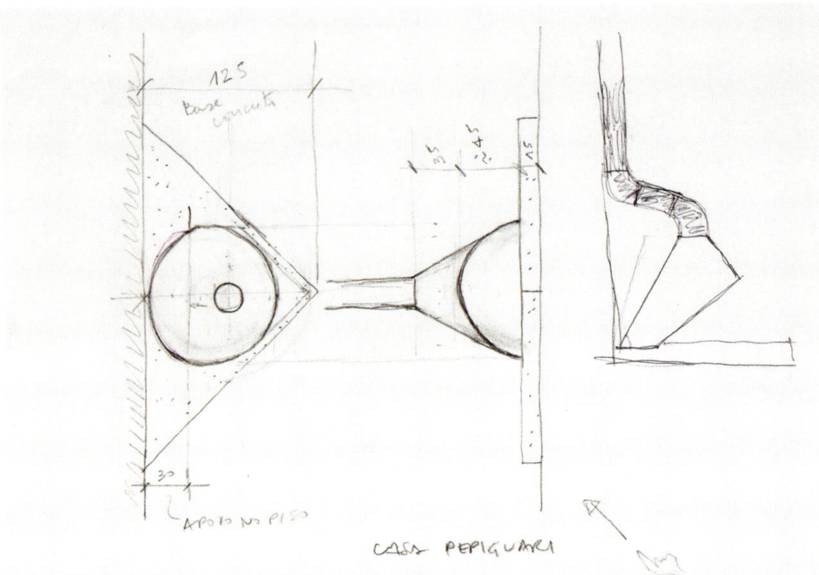

Casa Pepiguari, estudo da lareira, São Paulo, 2011

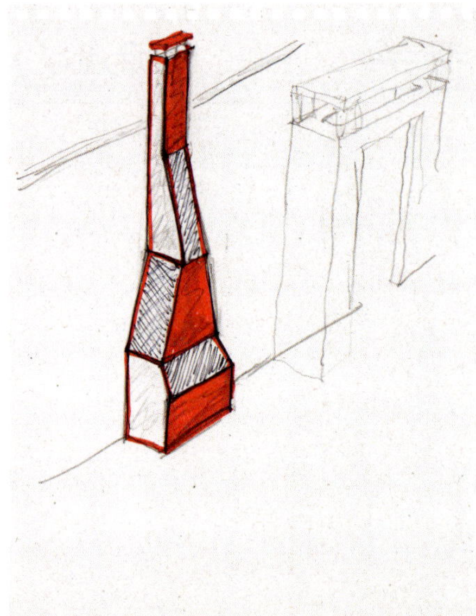

Casa Dom Viçoso, estudo da lareira, Dom Viçoso, 2010

6.

As casas de Marcelo Ferraz e Francisco Fanucci são objetos híbridos, soma de elementos construtivos locais e importados, binômio que pode se traduzir por "populares e cultos" ou "autóctones e exóticos". A incorporação dos elementos comporta duas motivações: uma, mais cultural e disciplinar, sustentada pela formação acadêmica e pela curiosidade intelectual, questão já tratada acima; outra, mais perceptiva e intuitiva, relacionada à vivência e à memória. Sobre esta, a pista surge de forma surpreendente na fala de Ferraz. Durante a viagem, após negar inicialmente o papel da memória em seu raciocínio de projeto – "não existe lugar para saudade em meu trabalho" –, o arquiteto narra histórias de sua infância de forma espontânea:

> Na minha infância, uma das coisas mais prazerosas era tomar banho no riozinho onde eu aprendi a nadar. Era a coisa mais legal, eu ia nadar escondido da minha mãe, mas eu me sujava na água barrenta, e quando eu voltava, ela sabia onde eu tinha ido. O fogo sempre foi fundamental. Todo inverno, quando fazia muito frio na cidade pequena que eu morava, tinha fogueira toda noite. No terreno baldio ao lado da minha casa da infância, onde está hoje a casa que projetei para minha mãe, o meu pai fazia fogueiras.[20]

Água e fogo, elementos naturais experimentados na infância, são férteis em seus projetos residenciais. Nas duas casas que fez para si, eles estão presentes; em ambas, o fogo aparece em sua forma civilizada, embutido nos ocos da lareira e do fogão a lenha. Na casa da fazenda elas habitam o mesmo espaço comum de salas e cozinha. A importância e o significado dessas peças são realçados por Ferraz, em especial a lareira, presente em muitas das casas que fez, imprescindível em suas próprias: "Eu ligo até no verão; às vezes o fogo não é para esquentar, é como numa aldeia, tem um foguinho ali para juntar as pessoas. O fogo habita, ele cria um espaço".[21] A água está do lado externo, num pequeno laguinho artificial de água corrente, que escapa pelo ladrão encaixado no dique pequeno de pedra; o espelho d'água é lateral ao passadiço de cimento que corre rente ao muro alto de pedra, que por sua vez conforma um jardim gramado – uma espécie de pátio retangular demarcado por arrimo, muro de pedra e blocos da casa.

Na Casa Mantiqueira há três pontos com fogo: na lareira no quarto do casal, posicionada no extremo da ala privativa, raramente usada; na lareira da sala, situada no extremo da ala social, usada esporadicamente; no fogão a lenha, disposto na área onde se encontram sala e cozinha, usado com frequência, quase sempre como lareira. Vivência coletiva que, eventualmente, pode se estender para as salas com móveis aconchegantes – adornados com forro feito em trama de lasca de bambu, assoalho de madeira amendoim e paredes caiadas –, ou para as áreas externas avarandadas protegidas do sol e da chuva. Os quartos servem ao recato, ao devaneio, ao sono. Desse abrigo perfeito se vê ou se ouve manifestações externas da natureza, que perdem seu vigor e violência potencial ao serem filtradas pelas paredes e cobertura. O barulho da água corrente despencando no tanque de pedra, perceptível no silêncio da noite, acalenta os ouvidos de Madalena e Francisco, proprietários da casa, dos filhos e convidados, proporcionando a todos um sono reconfortante.[22] Em estado natural, a água é motivo para outra história do arquiteto. Uma vez, com o sol já escondido no finalzinho da tarde, todos ouviram, vindo da cachoeirinha enfiada na grota do córrego, miados estrondosos de uma onça suçuarana, que desce a montanha em dias de bruma…[23]

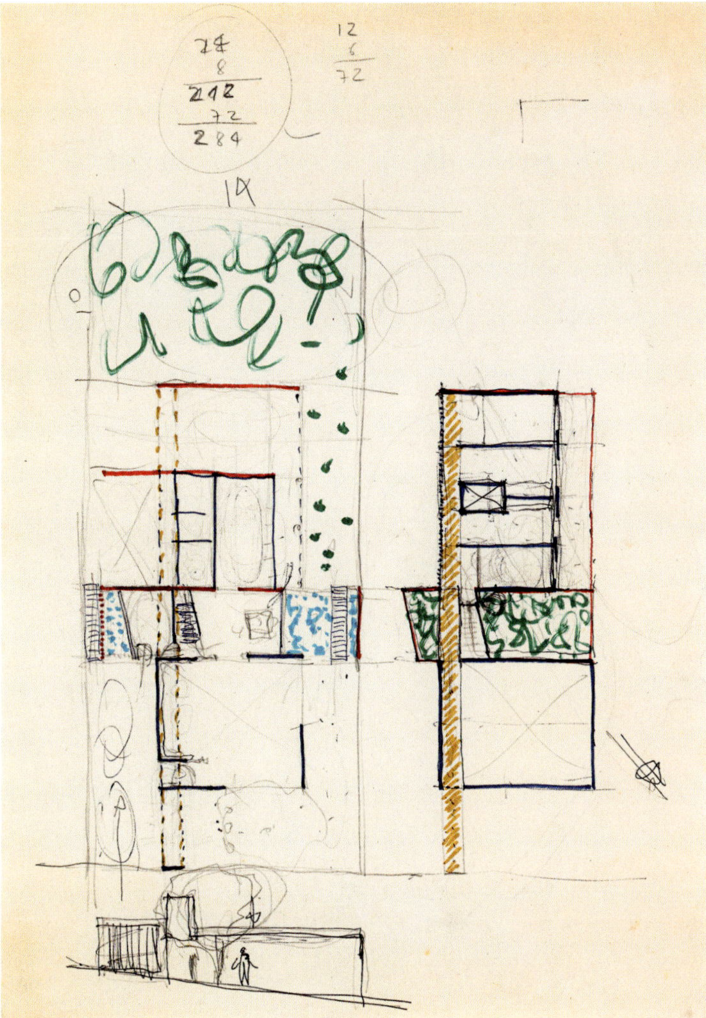

Casa Ubiracica, croquis de desenvolvimento, São Paulo, 1996

7.

Considerando o trabalho comum que dura quatro décadas, apenas nas residências próprias, quando há relativa autonomia nas decisões, é possível detectar as idiossincrasias de cada um. Contudo, em alguma medida, o confronto entre as obras acaba por confirmar o entrelaçamento do pensamento e da obra dos dois arquitetos. A Casa Mantiqueira, de Francisco Fanucci, antecipa em quase uma década a casa da Fazenda Boa Vista, mas é posterior ao livro sobre a Serra da Mantiqueira escrito por Marcelo Ferraz, que pode ser entendido como uma espécie da carta-programa dos dois projetos. Assim, entender as proximidades e particularidades no raciocínio e nas predileções dos arquitetos não é algo simples, devido ao emaranhamento de suas experiências ao longo do tempo – é realmente surpreendente como diversas afirmações sobre decisões de projeto e obras de arquitetura referenciais são praticamente iguais, sintoma de um polimento de imagens, ideias e valores similar ao dos seixos limados pelas águas do córrego.

Concurso Vale do Anhangabaú, croqui, São Paulo, 1981, arquiteta Lina Bo Bardi e equipe

Além dos aspectos já tratados, são visíveis outros vasos comunicantes entre os dois projetos rurais, caso do tronco de árvore cumprindo a função de pilar. Na casa em Dom Viçoso, uma série deles sustenta as lajes das varandas; na casa Mantiqueira, um solitário tronco de árvore segura duas vigas de concreto. São escolhas que apontam para uma solução compartilhada, onde a invenção original de um é desenvolvida no trabalho do outro, algo comum para quem compartilha a atividade profissional por tantos anos. Segundo Fanucci, "a ideia do tronco, de início, era de uma forquilha, um tronco que se divide em dois, um para cada viga",[24] ideia que parece ter sua origem nas soberbas "árvores de aço" proposta por Lina Bo Bardi e equipe – da qual Fanucci e Ferraz faziam parte – para o concurso do Vale do Anhangabaú em 1981. "Como velhas árvores tropicais", os suportes verticais cumpririam uma ideia fundamental: "dar ao ferro/aço a liberdade natural e não simétrica da natureza, contra o esquematismo abstrato-regular".[25] Enraizamento, pertencimento ao solo, desenvolvimento orgânico das forças naturais, a árvore-pilar surge como resistência à artificialização do hábitat humano.

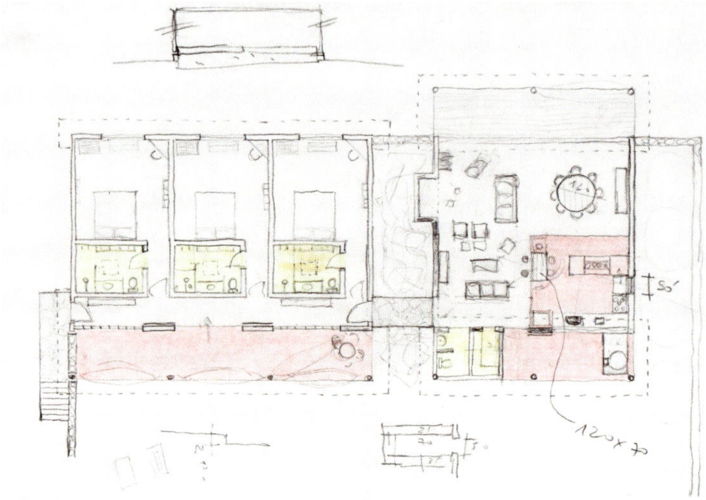

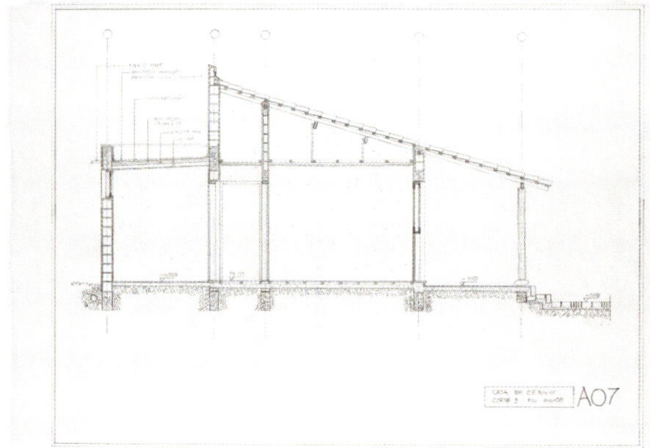

Casa Dom Viçoso, planta, Dom Viçoso, 2010
Casa São Francisco Xavier, corte e planta de cobertura, São Francisco Xavier, 1999

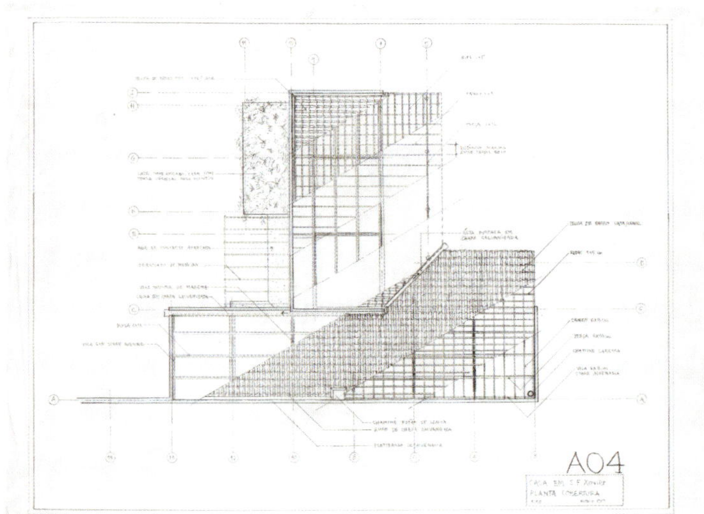

8.

As decisões para se obter luz natural no interior das construções estabelecem diferenças flagrantes entre as casas. Ferraz inventa uma solução sofisticada para abrir uma fresta envidraçada entre a laje de cobertura e as três abas de concreto que cobrem as três varandas (das quatro faces maiores dos dois volumes, apenas a dos quartos, recortada pelas janelas que se voltam para a paisagem, está despida dessa proteção): as abas são sustentadas no lado interno por vergalhões de aço presos à laje superior dos blocos, e do lado externo por troncos de árvore não aparelhados que fazem as vezes de pilares. O resultado confirma a predileção do arquiteto: "Eu gosto de luz; minha casa é muito clara".[26] As três aberturas para a paisagem principal e demais portas e janelas previstas por Fanucci possibilitam a gradação da entrada de luz, gerando uma iluminação interior mais diversificada ao longo do dia. Também aqui vemos confirmada a preferência do arquiteto: "Eu prefiro a gradação e a variação da luz nos espaços internos".[27]

As tipologias distintas também conferem caráter particular a cada casa. Na casa da Fazenda Boa Vista, os dois blocos estanques são articulados por um elo envidraçado.[28] Segundo Marcelo Ferraz, "você sai para entrar, tanto que nessa passagem o piso é mais pedregoso; é muito bonito quando tem uma tempestade e você atravessa essa chuva sem se molhar. Você passa pela pedra e depois entra novamente no outro espaço, com assoalho de madeira. É uma passagem, um umbral".[29] O elo, ou vestíbulo, tem a função psicológica de enraizar o morador no seu abrigo. A rugosidade do piso e a visão desobstruída para a paisagem natural simula o "estar fora" durante a breve permanência na passagem. O vidro e a cobertura do pequeno vestíbulo protegem o transeunte dos desconfortos externos – assim, o impacto não é no corpo, mas no espírito, que se vê sobressaltado pelas forças naturais, para logo a seguir ser apaziguado pela certeza de "estar dentro", protegido, agasalhado. Abrigar é confortar o corpo e o espírito.

Na casa de Fanucci, na dobra do volume,[30] internamente, se encontra a cozinha com seu forno a lenha, espaço vital, onde as pessoas se aglomeram para preparar as refeições, comer, beber, conversar, confraternizar. Gaston Bachelard nos adverte que "todo canto de uma casa, todo o ângulo de um aposento, todo espaço reduzido onde gostamos de nos esconder, de confabular conosco mesmos, é, para imaginação, uma solidão, ou seja, o germe de um aposento, o germe de uma casa".[31] Trata-se do lugar da imobilidade, do refúgio extremo, da casa primordial que acalenta nossos sonhos e devaneios. Posicionada justamente nesse canto crucial da habitação, a porta secundária da cozinha, que se abre para a varanda de serviços, se transformou em entrada principal ao longo do tempo. Segundo Fanucci, um erro de projeto decorrente da incapacidade de antecipar sua importância. Contudo, é possível supor que, intuitivamente, entendia que ali seria o lugar de permanência a ser preservado. Não poderia imaginar que para quem chega, entrar por ali seria adentrar diretamente na "casa".

Villa Isabella, croqui de desenvolvimento, Finlândia, 2005

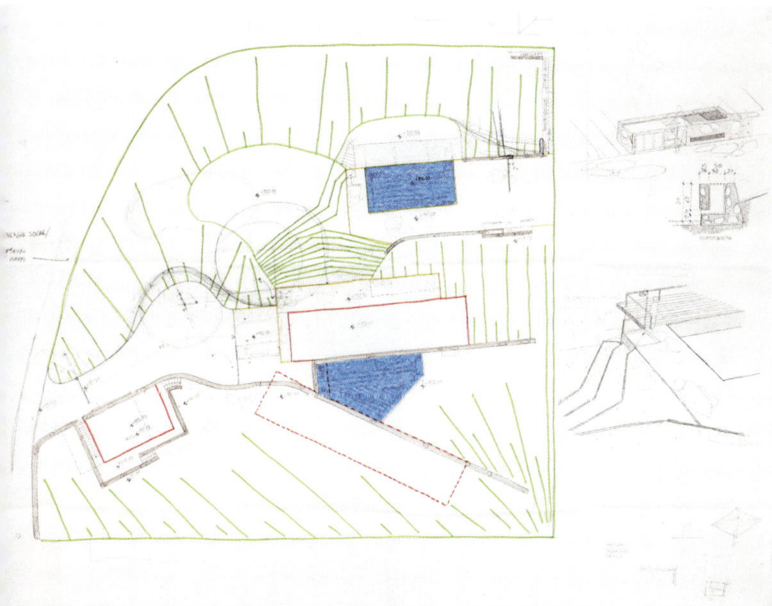

Casa Cotia, implantação, Cotia, 1998

9.

As casas de Marcelo Ferraz e de Francisco Fanucci nos sugerem a imagem do abrigo primordial, que amaina o terror cósmico frente à natureza incompreensível que acometia nossos ancestrais. A casa é uma invenção que nos separa do estado natural, que protege dentro de suas paredes o fogo artificial, que, por sua vez, humaniza as relações humanas ao aproximar as pessoas. Segundo Bachelard, "esse calor condensado, esse cálido bem-estar amado pelos homens, faz que a imagem passe do nível da imagem que se vê para o nível da imagem que se vive".[32] E a essa imagem que se vive – o fenômeno de "estar

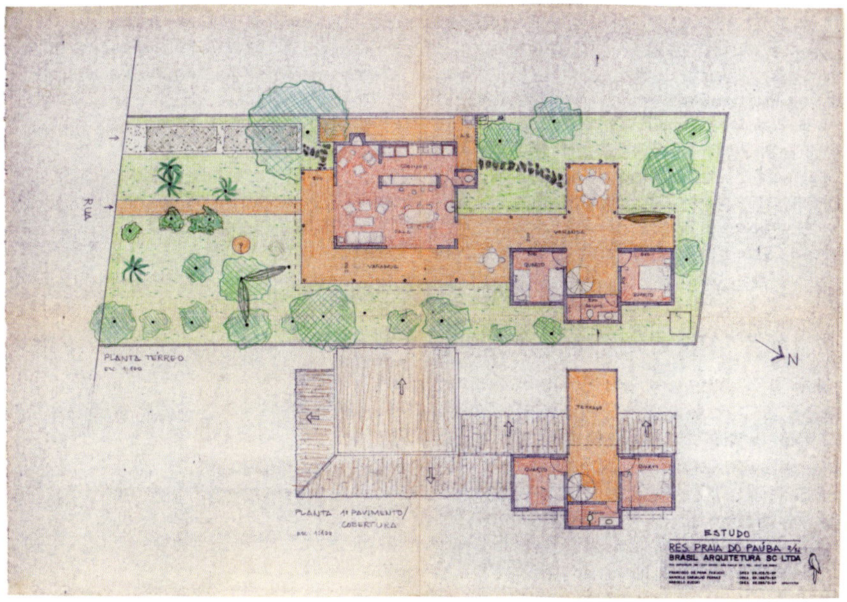

Casa Paúba, plantas térreo e primeiro pavimento com cobertura, São Sebastião, 1986

lá" – podemos atribuir a raiz mais profunda da arquitetura, seus fundamentos psicológicos, revelados nos desejos de acolhimento, conforto e intimidade.

Contudo, sua representação histórica é fruto de uma imaginação construtiva e artística específica, como tentamos demonstrar aqui nos vários exemplos. Residual na Casa Mantiqueira – usada sobre o bloco de banheiros encaixado externamente ao corredor dos quartos –, a laje coberta com mato é um elemento projetual de enorme protagonismo na casa em Dom Viçoso.[33] A aparente rusticidade da laje de mato ameniza a rigidez da ortogonalidade de paredes brancas e lajes de concreto. Elas parecem vernáculas, mas nada assim se vê nas construções "caipiras". Tal invenção dos arquitetos sugere o acaso de uma contaminação pelas forças mesológicas, algo que se verifica em ruínas, ou uma arguta camuflagem do habitáculo no meio natural, como se dá com os lares dos animais, em especial o ninho dos pássaros. "Nossa casa, compreendida em seu poder onírico, é um ninho no mundo".[34] Um esconderijo, o refúgio perfeito.

Segundo Bachelard, "memória e imaginação não se deixam dissociar. Uma e outra trabalham para seu aprofundamento mútuo. Uma e outra constituem, na ordem dos valores, a comunhão da lembrança e da imagem".[35] No argumento, memória e imaginação são coisas distintas, que trabalham em registros diferentes. Se é certo que as memórias coletiva e individual são armazéns abastecidos de imagens e experiências vitais para a criação, elas não parecem constituir uma resposta suficiente para justificar a imaginação poética. Na arte sempre é possível verificar a inovação, algo que ainda não foi experimentado.

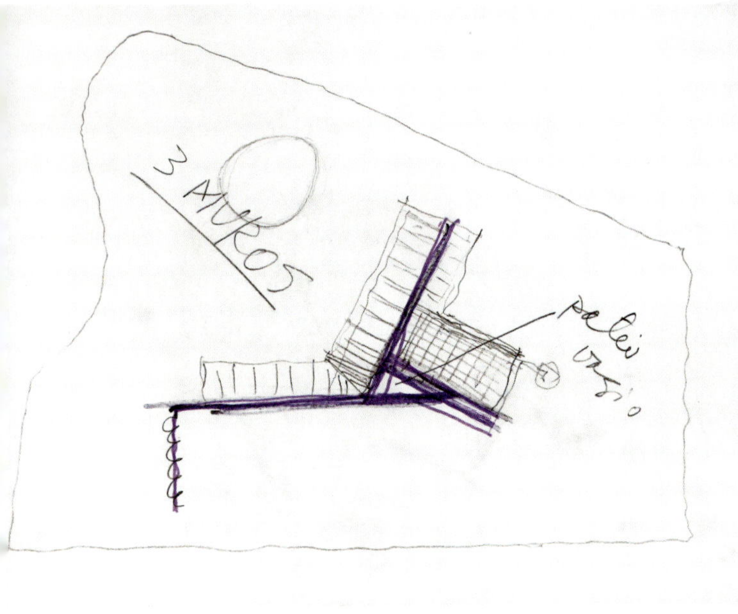

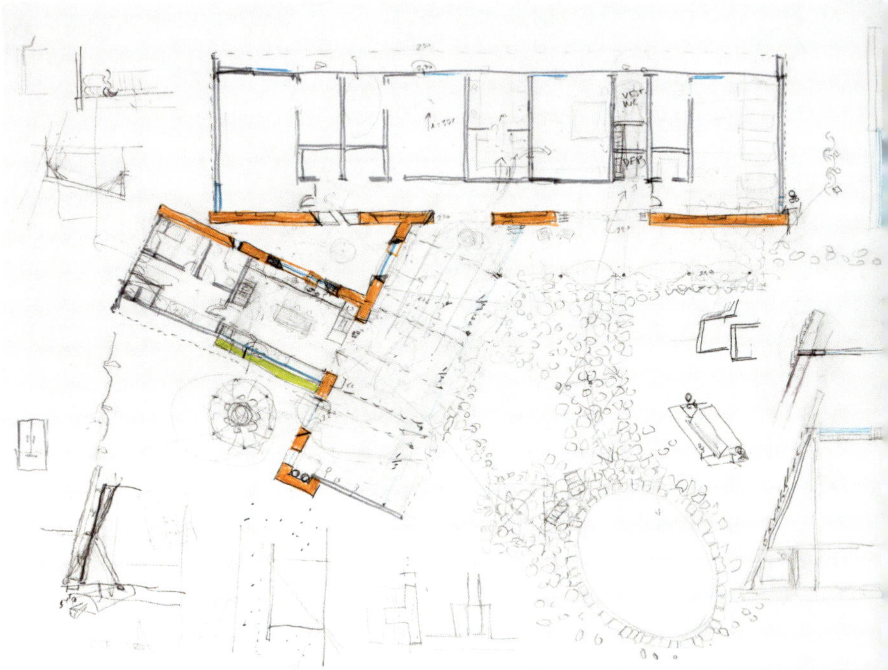

Casa Monte Mor, croquis de desenvolvimento da implantação e planta, Monte Mor, 2018

10.

Da articulação entre memória e imaginação resultam as imagens fortes, tomadas aqui como germe da criação artística.[36] Prenhe de significados e conteúdos múltiplos, ela muitas vezes foge à compreensão do próprio artista. Conforme Francisco Fanucci, "no ato de projetar há muita coisa que a gente faz sem consciência plena do que está fazendo". Ou seja, "fazer arquitetura é, de certa maneira, correr esse grande risco, o de penetrar no território desconhecido e quase intangível entre o pensamento e a ação".[37] A esse risco – ou palpite, ou aposta – Fanucci dá o nome de intuição. "Às vezes se tem um palpite sobre o projeto e que se deve ir atrás dele. Nem sempre temos uma argumentação perfeitamente lógica, nem sempre temos razões técnicas para justificar uma proposta, mas a gente sabe que dali pode vir coisa boa. É a hora de apostar. E aqui então há um ponto de contato com o trabalho do artista, pois é de intuição que estamos falando".[38] Seguir a intuição é se permitir inventar soluções que amalgamam expressão e conteúdo de forma inédita, é transformar a ideia forte em invenções, é conformar uma "poética".[39]

O que poderíamos chamar de poética do Brasil Arquitetura envolve sempre – ou quase sempre – a propensão em conciliar – fundir ou amalgamar, para ser mais enfático – arquiteturas de caráter distintos: uma, mais arraigada ao território, vernácula, tectônica, orgânica; outra, mais ortogonal e geométrica, mais funcional, abstrata, tipológica, artificial. Exemplificando, trata-se de juntar Vilanova Artigas e Lina Bo Bardi, ou Carlos Millan e Sverre Fehn, ou Marcel Breuer e Lúcio Costa, como parece acontecer na casa da Fazenda Boa Vista, binucleada e com varandas e redes penduradas. Ambiguidade à qual se somam as recordações da infância e da adolescência vividas em Cambuí, pequena cidade mineira, particularmente próxima da memória coletiva rural.

Na solução plástica se misturam elementos e tipologias dos dois universos – fogão a lenha e concreto armado, varanda e divisão funcional –, mas seria restritivo alicerçar a compreensão da obra sob fundação tão óbvia. A imaginação poética, ao convocar energias anímicas profundas, extravasa o limite do arranjo direto dos elementos saqueados. Ao observador atento não se ausentará o sentimento de estar diante de criações estéticas relevantes, que exploram a potência de ideias fortes – muro divisor, árvore-pilar, laje-mato, elo e dobra, para nos limitarmos aos nossos exemplos. A essencialidade da casa revela de forma mais vigorosa e profunda o quanto a experiência fenomenológica do homem é o substrato de sua criação artística – no caso, arquitetônica. A frase derradeira de Marcelo Ferraz fala igual com mais simplicidade: "Fazer uma casa é entrar no experimento do hábitat, aquele primeiro, do núcleo familiar. É um programa completo, é o lugar onde você vive, lugar onde se come, um lugar onde você estuda, onde você sofre. Você faz um lugar".[40]

Notas

1. Letra cantarolada por Marcelo Ferraz durante uma das entrevistas ao autor.
2. Tendo Francisco Fanucci como anfitrião, me hospedei na Casa Mantiqueira nos dias 21 e 22 de setembro de 2019. Nas viagens de ida e vinda e durante a estadia, conversamos sobre a casa e sua visão de arquitetura, depoimentos apenas anotados. Anteriormente, no dia 17 de agosto, fiz uma entrevista gravada com Fanucci.
3. FANUCCI, Francisco. Depoimento a Abilio Guerra, 22 set. 2019.
4. Em projetos residenciais, o muro está presente na Villa Isabella (Finlândia, 2005), em pedras brutas empilhadas a seco, vazado por passagens e visores, permitindo o contato visual e corporal com o bosque, e na Casa de Monte Mor, com três sólidos muros de taipa dispostos em forma raiada. O muro aparece ainda no Centro Cultural Tacaruna (Recife PE, 2002), Comitê Olímpico Internacional (Lausanne, Suíça, 2013) e Museu do Tijolo (Arvorezinha RS, 2015).
5. Refiro-me à escultura *Pulitzer Piece, stepped elevation*, St. Loius, Missouri, 1971. Ver: FANUCCI, Francisco; FERRAZ, Marcelo Carvalho. *Francisco Fanucci, Marcelo Ferraz: Brasil Arquitetura*, p. 160.
6. Acompanhado por Marcelo Ferraz e por nossas respectivas esposas, Silvana Romano Santos e Isa Grinspum, me hospedei na sede da Fazenda Boa Vista, em Dom Viçoso, de 26 a 28 de julho de 2019. Nesse período, foram gravadas quatro entrevistas com o arquiteto.
7. Trata-se de um desdobramento da técnica da laje curada à água, tradicional na arquitetura paulista. Após três horas de início da cura, a laje de concreto maciço é coberta durante um mês com uma camada de água com cerca de 10 a 15 centímetros de altura, que se infiltra pelas saliências, tornando-se um fator impermeabilizante. A seguir, são depositadas em sequência as seguintes camadas: argila expandida até cobrir a água; manta de manta de bidim geotextil para a filtragem; areia e terra pobre, base para o crescimento espontâneo da vegetação. O nível d'água é mantido por um ladrão posicionado a 10 ou 15 centímetros para extravasar a água quando chove muito; quando não chove, para evitar a completa evaporação, uma boia fecha a saída d'água de forma a manter a umidade.
8. FERRAZ, Marcelo Carvalho. *Arquitetura rural na Serra da Mantiqueira*, p. 18.
9. Idem, ibidem, p. 18.
10. FANUCCI, Francisco. Depoimento a Abilio Guerra, 22 set. 2019.
11. FERRAZ, Marcelo Carvalho. *Arquitetura rural na Serra da Mantiqueira* (op. cit.), p. 19.
12. BOGÉA, Marta; GUERRA, Abilio. Algo muito humano além de belo. Exposição Território de contato, módulo 1: Cao Guimarães e Brasil Arquitetura.
13. ANDRADE, Mário. *Ensaio sobre a música brasileira (1928)*, p. 37.
14. GUERRA, Abilio. Modernistas na estrada.
15. FERRAZ, Marcelo Carvalho. Depoimento a Abilio Guerra, 26 jul. 2019.
16. FANUCCI, Francisco. Depoimento a Abilio Guerra, 22 set. 2019.
17. CALDEIRA, Vasco. Casa Brasilis. In FANUCCI, Francisco; FERRAZ, Marcelo Carvalho. Op. cit., p. 114-115.
18. Patricia Nahas atribui a busca de síntese à dupla formação dos arquitetos, ensinados na FAU USP a seguir o rigor da caixa ortogonal de concreto, e convertidos ao popular pelos ensinamentos indiretos de Lúcio Costa e, fundamentalmente, diretos de Lina Bo Bardi. NAHAS, Patricia Viceconti. *Brasil Arquitetura: memória e contemporaneidade. Um percurso do Sesc Pompeia ao Museu do Pão (1977-2008).*
19. Dois projetos institucionais, realizados em datas muito próximas às das residências, adotam procedimentos análogos. O Paço Municipal (Cambuí MG, 1979) – projeto dos arquitetos Marcelo Ferraz, Marcelo Suzuki, José Sales Costa Filho, Robinson de Moraes e Tâmara Roman – e o Museu do Trabalho e do Trabalhador (São Bernardo do Campo SP, 2010) são paralelepípedos cinzas sobre pilotis, com lajes recortadas na parte mediana do seu interior, articuladas por escadas e pontes.
20. FERRAZ, Marcelo Carvalho. Depoimento a Abilio Guerra, 26 jul. 2019.
21. Idem, ibidem. Na casa dos pais de Marcelo Ferraz (Cambuí MG, 1979) e na Casa Pepiguari (São Paulo SP, 2011) estão presentes lareiras e fornos a lenha, sintonizando os dois projetos, mais alinhados à ortodoxia paulista, com a série de projetos residenciais.
22. FANUCCI, Francisco. Depoimento a Abilio Guerra, 17 ago. 2019.
23. Idem, ibidem.
24. FANUCCI, Francisco. Mensagem de WhatsApp a Abilio Guerra, 2 out. 2019.
25. BARDI, Lina Bo; CARVALHO, Ucho; FANUCCI, Francisco; FECAROTTA, Paulo; FERRAZ, Marcelo; PAOLIELLO, Bel; PAOLIELLO, Guilherme; SUZUKI, Marcelo; VAINER, André. Anhangabaú Tobogã – concurso de projetos, São Paulo, 1981. In FERRAZ, Marcelo Carvalho (Org.). *Lina Bo Bardi*, p. 252. A solução se assemelha também aos pilares-árvore estilizados do Museu do Pão (Ilópolis RS, 2005), obra posterior.
26. FERRAZ, Marcelo Carvalho. Depoimento a Abilio Guerra, 26 jul. 2019.
27. FANUCCI, Francisco. Depoimento a Abilio Guerra, 22 set. 2019.
28. O elo fechado e envidraçado é usado na Casa Tamboré (Barueri SP, 1989), Casa Cotia (Cotia, SP, 1998), Casa da Lagoa (Florianópolis SC, 2016) e na Villa Isabella (Finlândia, 2005). Apenas coberto, aparece na Casa Paúba (São Sebastião SP, 1986), na Villa Carolina (Finlândia, 2017), Museu do Pão, Centro Cultural Tacaruna. Descoberto, na forma de passarela, surge no Museu Rodin (Salvador BA, 2002). No projeto original da Casa Ubiracica (São Paulo SP, 1996), sala de jantar e escritório estariam em uma laje envidraçada correndo solta por cima do espelho d'água, ideia abandonada durante a construção.
29. FERRAZ, Marcelo Carvalho. Depoimento a Abilio Guerra, 26 jul. 2019.
30. A dobra e o muro foram usados de forma associada na Casa do Muro Azul (São Paulo SP, 1994) para garantir o completo isolamento da residência em relação à vizinhança e captar a luz superior, que tinge de azul o interior da habitação. Na Casa Aldeia da Serra (Barueri SP, 1989), a divisão do programa em três blocos funcionais conforma duas dobras quando vistas do exterior.
31. BACHELARD, Gaston. *A poética do espaço*, p. 286.
32. Idem, ibidem, p. 296.
33. A laje coberta por vegetação aparece também no Museu da Araucária (interior do Rio Grande do Sul, 2018).
34. BACHELARD, Gaston. Op. cit., p. 264.
35. Idem, ibidem, p. 200.
36. Algo semelhante foi dito por Fanucci: "Memória não se controla, ela se manifesta muitas vezes sem a gente saber. A Madalena, minha mulher, fez alguns bordados tematizando favelas. Outro dia, voltando para São Paulo, ao passarmos por Guarulhos, ela comentou que aquelas imagens da favela tinham ficado registradas em sua memória e vieram à lembrança, sem ela se dar conta, na hora de desenhar. Havia ficado na memória dela e ela só identificou isso a posteriori. Mas, claro, teve uma intervenção dela a partir da imagem que ela trazia na memória". FANUCCI, Francisco. Depoimento a Abilio Guerra, 22 set. 2019.
37. FANUCCI, Francisco. Depoimento. In FANUCCI, Francisco; FERRAZ, Marcelo Carvalho. Op. cit., p. 178.
38. Idem, ibidem, p. 178.
39. Durante a orientação da dissertação de mestrado de Patricia Viceconti Nahas, intuí o papel desempenhado por essas ideias na obra do Brasil Arquitetura, mas só após uma década encontrei a base conceitual adequada.
40. FERRAZ, Marcelo Carvalho. Depoimento a Abilio Guerra, 26 jul. 2019.

Praça das Artes, fotos da obra, São Paulo, 2006

O arquiteto como propositor de problemas e militante cultural

Guilherme Wisnik

1.

"A arquitetura é uma profissão perigosa, porque é uma mistura venenosa de impotência e onipotência", na medida em que os projetos dos arquitetos atuam em escalas que parecem por vezes estar prestes a impactar e transformar a vida de muitas pessoas, mas quase sempre acabam esbarrando em constrangimentos que frustram esses grandiosos sonhos, tais como baixos orçamentos, má execução das obras, impossibilidades técnicas, pouca compreensão e adesão dos clientes. Trata-se, portanto, de uma profissão esquizofrênica, tal como observa ironicamente Rem Koolhaas.[1]

E mesmo aqui entre nós, na periferia do capitalismo global, a observação é válida. A arquitetura é uma profissão difícil. Envolve a habilidade de coordenação de muitos conhecimentos e equipes, no contexto de um país que valoriza cada vez menos esse conhecimento e o boicota sucessivamente. Envolve, também, investimentos emocionais muito grandes em desejos de transformação, lastreados em uma forma de pensamento sistêmico, articulador de saberes distintos, num mundo em que tudo tende ao particularismo e à atomização. Realizar arquitetura, no Brasil, tem sido um esforço heroico, idealista, e, infelizmente, muitas vezes inglório, trágico e algo quixotesco.

Mas o caso do escritório Brasil Arquitetura, ainda que se enquadre em grande medida nesse registro geral, permite olharmos um pouco para fora desse panorama claustrofóbico e pessimista. Sim, pois o contexto de isolamento e incompreensão vivido hoje pelos arquitetos no Brasil se deve também a certa incapacidade de os próprios arquitetos repensarem seus discursos no contexto de um mundo que mudou muito, e buscarem novas formas de atuação e inserção social dos seus conhecimentos. Essa é, me parece, uma característica distintiva muito importante da produção do escritório em meio ao panorama paulistano e brasileiro. Marcelo Ferraz e Francisco Fanucci buscam, o tempo todo, caminhos de escape em relação a esse desastre anunciado.

Parte expressiva do que de melhor o Brasil Arquitetura tem produzido nas últimas décadas se deve à posição propositiva assumida pelos arquitetos, que não se colocam apenas como técnicos aparelhados a resolver encomendas que chegam a eles, traduzindo em formas um programa de necessidades prévio, e sim muito mais como investigadores de possibilidades de transformação urbana e arquitetônica em nossas cidades, propositores de problemas e articuladores dos meios para realizá-los, seguindo os passos daquilo que Lina Bo Bardi havia feito no Solar do Unhão (1959), em Salvador, quando, por sua iniciativa, o conjunto histórico foi restaurado e transformado em um Museu de Arte Popular. Em um contexto tão adverso como o nosso, os arquitetos precisam o tempo todo abrir espaço em meio a uma sociedade que não requisita o seu conhecimento para nada. Conhecimento que se baseia, como já dissemos, em articulação sistêmica, reconstrução de sentidos perdidos

Praça das Artes, fotos da obra, São Paulo, 2006

e valorização da dimensão pública e coletiva das coisas. É daí que nascem muitos dos projetos do escritório, oriundos das pesquisas dos próprios arquitetos, bem como de propostas e articulações feitas por eles mesmos. Projetos que não foram nem nunca teriam sido encomendados na situação mais tradicional da relação entre clientes (privados ou públicos) e arquitetos (profissionais liberais, donos de escritórios). Refiro-me, por exemplo, aos projetos do Conjunto KKKK (1996), em Registro SP, e do Museu do Pão (2005), em Ilópolis RS, que abre uma sequência de outros (e possíveis) projetos incorporados ao chamado Caminho dos Moinhos, tais como o Museu do Tijolo (2015), em Arvorezinha RS.

Construídos nos anos 1920 para abrigar a estocagem e o beneficiamento de alimentos (principalmente arroz) por agricultores japoneses recém-imigrados, os galpões de alvenaria de tijolo aparente que formam o Conjunto KKKK, à beira do Rio Ribeira do Iguape, estavam abandonados e deteriorados. Conhecendo essa situação, e em diálogo com pesquisadores, os arquitetos decidiram encampar uma iniciativa de angariar recursos para restaurar os edifícios e dar-lhes uma nova destinação na vida da cidade e da região. Contando com o apoio da prefeitura e do governo do estado, depois de muitas idas e vindas, conseguiram finalmente realizar a obra, constituindo o Memorial da Imigração Japonesa do Vale do Ribeira, testemunho histórico dessa ocupação. Ao conjunto histórico, recuperado e arrematado por marquises de concreto aparente, se somou um novo volume para o teatro: um cubo de alvenaria caiado de branco, cuja volumetria respeita o conjunto, mas o acabamento distinto lhe dá o necessário acento contemporâneo. Ainda foi possível reconstituir uma relação amistosa com a paisagem do entorno, criando o Parque Beira-Rio, que também funciona como anteparo na contenção de enchentes na cidade. Duas décadas depois, em 2018, surgiu a possibilidade de se construir uma unidade do Sesc na cidade, incorporando esse precioso conjunto de edifícios situados em um parque de boa frequentação pública às margens do rio. Para tanto, o escritório realizou os projetos de adaptação do conjunto para o novo uso, somados à criação de um edifício novo para o Sesc, complementando o conjunto, além de uma outra construção própria para abrigar o Museu da Imigração Japonesa nas imediações, fato que só atesta o sucesso da operação iniciada pelos arquitetos em 1996.

No Vale do Taquari, região da serra gaúcha, os imigrantes italianos do Vêneto construíram, na década de 1910, um expressivo conjunto de edifícios de madeira usados como moinhos na fabricação de farinha e de pão, e que, com o declínio econômico dessas atividades e a falta de suporte para sua manutenção, vieram a ser abandonados nas últimas décadas. Também na pequena cidade de Ilópolis, os arquitetos se engajaram decisivamente na recuperação de uma dessas construções, o Moinho Colognese, sugerindo à prefeitura o restauro e a criação de novos usos para o edifício, viabilizando os meios de se conseguir um apoio da Nestlé, fundamental para a realização da obra, somado ao apoio do Instituto Ítalo Latino Americano. Junto dele foram projetados e construídos dois novos pavilhões longilíneos, de vidro, concreto e madeira, para abrigar o Museu do Pão e uma escola de confeiteiros, que reatualiza o conhecimento historicamente produzido na região, formando novas gerações de pessoas dedicadas a esse trabalho. Dessa forma, o próprio moinho, anexo ao museu e à escola, voltou a funcionar regularmente.

Na mesma região que constitui o chamado Caminho dos Moinhos, em Arvorezinha, onde está sediada a Cerâmica Facchinetto, surgiu, mais tarde, pelo impulso das obras realizadas anteriormente em Ilópolis, a oportunidade de se construir o Museu do Tijolo. Instalado numa encosta em declive, o projeto faz a rocha de basalto do terreno aflorar de forma bruta dentro da construção. Em dois pisos, o edifício se ergue sobre lajes de concreto e paredes de alvenaria de tijolos, com uma espacialidade nua e austera. Apoiando as lajes, inquietantes pilares de tijolos empilhados em ângulos variados formam colunas expressionistas, que constroem referências verticais, tematizando a manualidade e o empilhamento, questões centrais para a história da construção com tijolo.

Também no conhecido caso da Praça das Artes (2006), no centro histórico de São Paulo, essa mesma questão de fundo se coloca como ponto fundamental. Encomendado por Carlos Augusto Calil, secretário municipal de Cultura entre 2005 e 2012,[2] o projeto nasce como um anexo-satélite do Teatro Municipal, prolongando o edifício do antigo Conservatório Dramático Musical da cidade, situado na avenida São João, englobado no conjunto. Desenvolvido ao longo de anos, o projeto foi se transformando paulatinamente à medida que se foi mostrando possível adquirir novos lotes lindeiros aos inicialmente conseguidos, expandindo assim o conjunto. Com o apoio da Secretaria de Cultura, que se empenhou em fazê-lo, esse processo orgânico de expansão e de fagocitose de terrenos remanescentes no quarteirão por parte do novo conjunto de edifícios respondeu a uma forte intenção de projeto que baliza a ação dos arquitetos: realizar uma minuciosa costura urbana, consolidando, através dos edifícios, passagens públicas que conectam o Vale do Anhangabaú, a avenida São João e a rua Conselheiro Crispiniano. Isto é, numa quadra muito parcelada por pequenos lotes, foi possível realizar uma integração urbana importante que, por meio da criação de vazios, interliga recintos, conquistando novos espaços públicos para a cidade.[3]

Nesse sentido, o projeto se inspira em uma tipologia muito presente nessa região: as galerias comerciais, que conectam ruas atravessando quarteirões. Ou, mais ainda, na tipologia da quadra aberta, tal como se vê no Centro Comercial do Bom Retiro (1959), de Lucjan Korngold.[4] Como mostra Abilio Guerra, ao analisar a Praça das Artes, o modelo da quadra aberta funciona ali como uma "peça de ajuste entre os urbanismos clássico e moderno presentes no arruamento e quadrícula tradicionais e na grande plataforma de concreto do Vale do Anhangabaú, projetada por Jorge Wilheim e Rosa Kliass".[5] Assim, diferentemente de casos marcantes como as galerias do Rock, Califórnia, Metrópole ou Nova Barão, entre outras, o projeto do Brasil Arquitetura – nesse caso, em parceria com Marcos Cartum – teve que lidar desde o início com a falta de um perímetro claro para a edificação, fugindo das construções vizinhas remanescentes, grudando-se em empenas cegas logo ao lado e deixando áreas vazias para as atividades de estar e de circulação pública, com praças e anfiteatros. Os arquitetos, nesse sentido, foram muito hábeis em explorar ao máximo, através de uma leitura do contexto, o sentido de costura urbana através da fragmentação e da adição, que dão a linguagem poética da obra. Assim, são vários os conjuntos edificados na Praça das Artes, com alturas e cores distintas, e interligados por elementos

Praça das Artes, fotos da obra, São Paulo, 2006

singulares, como passarelas e rampas-túnel, e não por sistemas seriais de circulação à vista.

Tudo isso é potencializado pela miríade de aberturas em ritmos irregulares nas fachadas de concreto aparente, que reforçam o sentido de aleatoriedade voluntariamente buscado pelos arquitetos, em oposição a uma ordenação mais clássica e universalista, própria à linguagem da arquitetura moderna. Se Oscar Niemeyer, no edifício-sede da editora Mondadori (1968), em Milão, explica a variação dos vãos dos arcos pela vontade de criar uma forma ritmada, próxima à síncope do samba, aqui Marcelo Ferraz faz alusão à irregularidade das partituras do compositor eletroacústico John Cage. Ao mesmo tempo, não é possível deixar de pensar no emaranhado de janelinhas da Capela de Ronchamp (1950), de Le Corbusier, nem, evidentemente, nas torres de concreto com aberturas irregulares do Sesc Pompeia (1977), de Lina Bo Bardi, projeto no qual Ferraz, ainda jovem, colaborou.

Mas na verdade a aproximação entre a Praça das Artes e o Sesc Pompeia vai além da mera questão formal e incide sobre a noção de "cidadela", que aparece tanto na densidade e variedade dos volumes construídos, quanto na conformação monolítica dos mesmos, que não distinguem estrutura e vedação. Sabe-se que Lina Bo Bardi chamou o Sesc Pompeia de "cidadela da liberdade", aludindo a uma construção que inocula urbanidade em seus espaços internos, vinculando essa urbanidade construída a uma disposição artística inventiva que cria formas por intermédio da imaginação dos programas. Se, historicamente, as cidadelas são fortificações militares, essas "cidadelas da liberdade" paulistanas, ao contrário, são vazadas pelo processo histórico democrático, conectando as torres ao chão através de praças e tornando-as permeáveis ao uso múltiplo e imponderável da população urbana, particularmente intenso no centro de São Paulo, onde está a Praça das Artes.

Esse novo arranjo urbano situado em frente ao parque do Anhangabaú – ao contrariar a divisão excessiva dos terrenos dada pela preponderância da especulação imobiliária e do individualismo que permeia a lógica da propriedade privada – ativa um rico sentido de urbanidade que, além de dialogar com as já citadas galerias comerciais do centro, promove um interessante sentido de "congestão urbana", citando mais uma vez aqui uma expressão de Rem Koolhaas. Com esse termo, o arquiteto holandês descreve a multiplicidade de usos existentes nos edifícios de Nova York, identificando sua origem na épica história de projeto e construção do Rockefeller

Center (1929-1939), que logrou justamente incorporar terrenos originalmente isolados em uma unidade maior, própria à escala verdadeiramente metropolitana de uma cidade densa e diversificada.[6] Com efeito, sem ter incorporado todos os lotes do quarteirão, mas apenas alguns deles, a Praça das Artes se aproxima menos de exemplos como o Rockefeller Center, o Lever House (1952, também em Nova York) ou o Conjunto Nacional (1952, em São Paulo), e mais de uma cidadela urbana de miolo de quadra, um pouco mais próxima do caso da Galeria Metrópole (1959), de Salvador Candia e Gian Carlo Gasperini, cujo projeto precisou negociar com os fundos de lotes alheios, atento às oportunidades de se encostar ou de se afastar. Na Praça das Artes, o conjunto não é um volume único, íntegro e legível por todos os lados. Mas, ao contrário, um composto heterogêneo com três frentes distintas, que parece mudar de face a cada nova visada, propondo uma experiência de descoberta dos seus espaços à medida que as pessoas se sentem atraídas por adentrá-los e atravessá-los.

Assim, se os terrenos encontrados nesse quarteirão eram, muitas vezes, irregulares e caóticos do ponto de vista dos seus tamanhos e ocupação dos recuos, o paciente processo de elaboração e crescimento do projeto conseguiu metabolizar em arquitetura uma morosidade própria à lógica de ocupação e construção da cidade de São Paulo, revertendo em valor algo que normalmente é desacerto. "Da adversidade vivemos", dizia Hélio Oiticica, referindo-se à realidade brasileira em chave oswaldiana e terceiro-mundista.[7] Na Praça das Artes, operando um inteligente processo de acupuntura urbana, sem renegar o sentido de monumentalidade inerente ao programa e ao lugar, os arquitetos interpretaram contemporaneamente o sentido positivo de *terrain* vague presente nas visões urbanas dadaístas e, depois, situacionistas. Visões que, como explica Ignasí de Solà-Morales, enxergam nos vazios urbanos uma potência latente de transformação.[8] Uma expectância não produtiva, que engendra visões alternativas de cidade, que se insinuam como dobras possíveis da cidade real. Significativamente, e não por acaso, através de uma formalização muito diferente, a Praça das Artes acaba carregando um ímpeto popular, transgressivo, e espacialmente vertiginoso, que partilha um estado de espírito comum ao projeto de Lina Bo Bardi para o Vale do Anhangabaú

Praça das Artes, fotos da obra, São Paulo, 2006

(1981), do qual Marcelo Ferraz e Francisco Fanucci participaram ativamente.

2.

Fanucci e Ferraz pertencem a uma geração que cursou a universidade durante os anos 1970, momento no qual a realidade de endurecimento do país durante a ditadura militar criou divisões profundas na forma de se encarar o ensino e a profissão de arquiteto. Posta sob suspeita, diante da premência da luta política e das questões urbanas ligadas ao avanço das favelas e da informalidade, a atividade de projeto de edificações caía em descrédito.[9] Nesse contexto de crise e esvaziamento, Fanucci e Ferraz, assim como alguns outros colegas, persistiram no desejo de realizar arquitetura, porém afastados da militância do desenho professada por Vilanova Artigas e seu grupo da FAU USP – onde, no entanto, estudaram –, vinculada à ideologia do Partido Comunista Brasileiro. Lina Bo Bardi, que naquele momento vivia anos de esquecimento e ostracismo, veio a representar para esse grupo, através de uma ponte feita por Joaquim Guedes, uma referência diversa e ricamente fértil. Uma inusitada terceira via, fora da disputa aguerrida entre os discípulos de Artigas e de Sérgio Ferro, que dominava então o ambiente da universidade e da profissão na cidade.

Mineiros do interior, Chico e Marcelo têm proximidade com o mundo rural[10] e um interesse genuíno pela cultura vernacular, responsável por despertar neles uma afinidade pouco comum, em São Paulo, com as investigações de brasilidade trazidas pela arquitetura de Lúcio Costa e que se percebe claramente na escolha do nome do escritório. E se, por um lado, as posições pós-modernistas eram em geral rechaçadas no Brasil, e especialmente no ambiente da FAU USP, por estarem associadas a um comercialismo norte-americano, ou a um culturalismo excessivamente erudito de matriz europeia, considerado regressivo, por outro, certo espírito do tempo pós-moderno com certeza os ajudou a encontrar em Lina um exemplo fundamental no qual se mirar. Sim, pois uma das principais contribuições positivas da atitude pós-moderna na arquitetura foi a crítica à posição utópica, segundo a qual a realidade é vista como tábula

rasa pela ação planejadora *ex novo*, e uma consequente abertura para a leitura da realidade através de uma visão antropológica, dialogal, que entende o outro (ou o existente) como fonte de discursos válidos capazes de nos ensinar.

Lina, que sempre rejeitou a ideia de pós-modernismo e que formou sua visão no contexto italiano do pré-Segunda Guerra Mundial entre figuras como Antonio Gramsci, Gio Ponti e Giuseppe Pagano, provavelmente não concordaria com essa aproximação. Mas para Chico e Marcelo, que viveram ainda jovens o confronto entre um ambiente profissional ideologicamente dogmático e a atmosfera ao mesmo tempo ingênua e libertária da cultura *hippie*, admirando um amplo leque de arquitetos, como Rogelio Salmona, Sverre Fehn e Álvaro Siza, por exemplo, a divisão rígida entre modernos e pós-modernos já não era algo produtivo nem necessário. O perigo, aqui, seria transformar a difícil devoração de Lina da cultura popular brasileira de matriz indígena e africana – uma cultura "indigesta, seca, dura de digerir",[11] em suas palavras – em exotismo tropical docilizado, por uma operação de pastiche pós-moderno. O que, em outras palavras, equivaleria a converter o feio defendido pela arquiteta italiana, expressão de violência e acusação, em algo palatável e bonito. Perigo que Ferraz e Fanucci, assim como Marcelo Suzuki, ex-sócio dos dois,[12] conhecem e sabem muito bem evitar.

Entendendo que a rudez violenta da arquitetura de Lina, associada à "estética da fome" de Glauber Rocha, é a expressão de uma personalidade *sui generis* e de um momento histórico preciso, seus ex-colaboradores não procuraram copiar seu gesto projetual. Antes, aprenderam com ela um modo particular de olhar e processar as referências, e, com isso, certo método de trabalho que procura estar próximo dos "saberes e fazeres" populares. Algo que, no plano formal, se vê na recorrente decisão por interferir de modo nítido em edifícios antigos, recuperando-os com elementos leves, e acrescentando novos volumes claramente distintos e austeros, tal como no Teatro do Engenho Central em Piracicaba (2009), ou no já referido Conjunto KKKK, por exemplo, onde se percebe o eco de obras fundantes de Lina, tais como o Solar do Unhão (1959), em Salvador, e o Sesc Pompeia. Mas que ao mesmo tempo, nos planos conceitual e político, se exprime na opção por pesquisar, propor e batalhar pela realização de projetos culturais ligados à reciclagem de edifícios antigos, inventando, com isso, novos programas que, desse modo, procuram manter aquele patrimônio cultural vivo, e não arruinado nem museificado de forma estéril. Essa característica proativa da ação projetual do

Praça das Artes, São Paulo, 2006. Fotos da obra e da ópera Orfeu e Eurídice, realizada em 2012

Brasil Arquitetura, que transcende o papel do arquiteto como profissional liberal projetista, aproximando-os da antropologia e da militância política através da cultura, é que marca a principal particularidade do escritório. E que demarca, ao mesmo tempo, sua mais criativa forma de assimilação não mimética do legado de Lina Bo Bardi.

Quando observamos os clientes e os programas dos projetos realizados pelo Brasil Arquitetura, notamos claramente a ênfase política de sua ação arquitetônica, ligada às culturas indígenas, afro-brasileiras, imigrantes, sertanejas e de esquerda ideológica, todas identificadas a práticas de resistência e sobrevivência de minorias contra formas diversas de exploração e opressão. É o caso, por exemplo, de projetos como a sede do Instituto Socioambiental em São Gabriel da Cachoeira (2000), do Terreiro Òsùmàrè (2017) e do Memorial Marighella (2016) em Salvador, do Museu de Igatu (2008), na Chapada Diamantina, e do Cais do Sertão (2009), no Recife, entre muitos outros, como o já referido "Caminho dos moinhos" no Rio Grande do Sul.

Certamente contribuiu muito para essa vocação do escritório, ligada à atualização da memória, a atuação de Marcelo Ferraz como coordenador do Programa Monumenta entre 2003 e 2004, do Ministério da Cultura, responsável pela recuperação de sítios históricos em todo o país, ocasião na qual ele pôde criar um programa de museus regionais ligados ao Iphan.

Aqui é preciso lembrar que se hoje a conversão de edifícios industriais desativados em museus e centros culturais é uma moda no mundo todo, com exemplos notórios como o Museu d'Orsay em Paris (1980), de Gae Aulenti, e a Tate Modern em Londres (1994), de Herzog & de Meuron, o Sesc Pompeia, projetado em 1977, e distante da atenção crítica internacional, está, de forma genuína, na vanguarda desse processo. Pois a manutenção e renovação desse conjunto edificado no bairro da Pompeia, em vez de sua demolição para a construção de um edifício novo ali, como se chegou a aventar, não espelha um olhar nostálgico para o passado por parte de Lina, mas sim a valorização da qualidade construtiva e tectônica daqueles edifícios de tijolo com estrutura de concreto à vista, aliada a uma sensível percepção da potencialidade lúdica dos seus espaços, observada em visitas à fábrica de tambores desativada, quando crianças, adultos e pessoas mais velhas brincavam ali festivamente. Isto é, sua atitude diante da fábrica abandonada

não fetichiza o objeto. Ao contrário, entende, por meio de seus espaços, novos usos possíveis para cidades que se transformam. Essa é uma bela lição aprendida junto a ela por Francisco Fanucci e Marcelo Ferraz.

Voltando ao ponto inicial, extraído da provocativa afirmação de Koolhaas, podemos dizer que o peculiar modo como trabalham Ferraz e Fanucci os situa fora da dualidade esquizofrênica entre o arquiteto demiurgo todo-poderoso, qualificado como *onipotente*, e o arquiteto deprimido ou ressentido, qualificado como *impotente*. Nem uma coisa nem outra. Buscando modos novos e convincentes de inventar formas e programas, seduzir pessoas e vender suas ideias, Chico e Marcelo procuram oportunidades de transformação dos edifícios e espaços urbanos. Sua arquitetura se orienta pela militância. Uma militância pela memória e por sua atualização na vida contemporânea. Pela sobrevivência e resistência de minorias exploradas e alijadas nos nossos processos violentos e desiguais de urbanização. Uma luta por cidades mais dignas e plurais.

Notas

1. KOOLHAAS, Rem. Conferência 21/1/1991, p. 10-11.
2. A Praça das Artes é a realização arquitetônica mais significativa da administração de Carlos Augusto Calil à frente da Secretaria Municipal de Cultura de São Paulo, que através de ações como a Virada Cultural, as reformas do Teatro Municipal e da Biblioteca Mário de Andrade, além da desapropriação de importantes cinemas de rua do centro visando recriar a Cinelândia paulistana, caracterizou-se por um sentido de forte urbanidade, entendendo a arquitetura e o urbanismo como partes essenciais da ideia de cultura. Ver: WISNIK, Guilherme. Prêmio APCA 2012 – Categoria "Cliente/ promotor". Premiado: Carlos Augusto Calil/Secretaria de Cultura da Prefeitura de São Paulo.
3. Focado no estudo e na prática da música e da dança, o conjunto Praça das Artes inclui as orquestras Sinfônica Municipal e Experimental de Repertório, os corais Lírico e Paulistano, o Quarteto Municipal de Cordas, a Escola Municipal de Música e a sala de concertos do antigo Conservatório Dramático e Musical. As atividades de dança são representadas pelo Balé da Cidade e pela Escola de Bailado. Além desses organismos, o conjunto abriga um centro de documentação, a discoteca Oneyda Alvarenga, uma galeria de exposições, áreas administrativas, de convivência, restaurantes, cafés e estacionamento em dois níveis de subsolo.
4. GUERRA, Abilio. Quadra aberta. Uma tipologia urbana rara em São Paulo.
5. GUERRA, Abilio. Prêmio APCA 2012 – Categoria "Obra de arquitetura". Premiado: Praça das Artes / Brasil Arquitetura e Marcos Cartum.
6. KOOLHAAS, Rem. *Nova York delirante: um manifesto retroativo para Manhattan*.
7. OITICICA, Hélio. Esquema geral da Nova Objetividade (1967), p. 101.
8. SOLÀ-MORALES, Ignasí de. Terrain vague.
9. Ver: SANTOS, Cecília Rodrigues dos. Arquiteturas do Brasil: Brasil Arquitetura.
10. Francisco Fanucci nasceu em Cambuí, Minas Gerais, e Marcelo Ferraz em Carmo de Minas, tendo sido criado também em Cambuí. Ver: FERRAZ, Marcelo Carvalho. *Arquitetura rural na Serra da Mantiqueira*.
11. BARDI, Lina Bo. *Tempos de grossura: o design no impasse*, p. 12.
12. O escritório foi fundado em 1981 por Marcelo Ferraz, Francisco Fanucci e Marcelo Suzuki, que deixou a sociedade em 1995.

Projetos

Os 36 projetos selecionados – construídos, não construídos e em obras –, referente ao período de 2005 a 2020, contemplam a variedade de programas das encomendas e a diversidade de regiões de suas localizações. Os textos que os apresentam, produzidos em diferentes circunstâncias – memoriais de apresentação para clientes, concursos ou mesmo publicações especializadas – foram adaptados para este livro, mas ainda mantêm o espírito do original.

Instituto Socioambiental – ISA
São Gabriel da Cachoeira, Amazonas, 2000

São Gabriel da Cachoeira é um município de cerca de 45 mil habitantes, de maioria indígena, no qual convivem 22 etnias. Situada mil quilômetros a Noroeste de Manaus, localiza-se na região amazônica onde Brasil, Colômbia e Venezuela fazem fronteira. A implantação da sede do Instituto Socioambiental – ISA na cidade, entre o tecido urbano mais denso e a margem do Rio Negro, foi pensada justamente para evidenciar a possibilidade de se estabelecer uma relação mais gentil e amigável entre a ocupação humana e o meio ambiente, entre *urbis* e natureza.

Trata-se de um esforço em se contrapor à prática recorrente em cidades ribeirinhas de se construir de costas para as águas, utilizando os rios como esgoto doméstico ou coletor de lixo. Nesse sentido, o edifício do ISA se abre para a cidade como um equipamento democrático de uso público e coletivo e também reverencia a paisagem natural – o rio com suas belas águas negras e praias de areia branca, na imensidão de mata amazônica, a se perder de vista.

O projeto teve como fatores determinantes, e até norteadores, as dificuldades construtivas da região, devido ao seu isolamento, e as reduzidas opções de materiais disponíveis. Como resultado, chegamos a uma arquitetura bastante simples, sintética. O edifício é um cubo branco de 16 x 16 m, com três pavimentos, construído com técnicas tradicionais de alvenaria revestida e caiada. Uma pele de madeira o protege das fortes chuvas amazônicas com rajadas de vento, e uma grande cobertura de palha piaçava, material farto na região, proporciona-lhe conforto térmico, assemelhando-o a uma maloca indígena.

Recorremos às habilidades da mão de obra nativa – não só da região, mas também da Colômbia e da Bahia – no trabalho com madeira, cipós e palha para a cobertura e também para a estrutura periférica que veste a construção central e abriga toda a circulação vertical e horizontal, formando marquises, balcões e escadas.

O edifício do ISA procura aliar e fundir todas as concepções espaciais ao programa de uso rico e variado proposto pelos dirigentes da instituição e pelos conselhos indígenas. Uma circulação externa independente – escadas e varandas – dá acesso ao salão multiuso para trabalho, área para exposições, projeções e conferências, biblioteca, apartamentos para pesquisadores e visitantes, cozinha coletiva e uma grande sala de convivência com um *redário* para descanso ou reuniões.

Com suas varandas, seu salão aberto e acolhedor no térreo e seu terraço panorâmico na cobertura, podemos afirmar que o edifício todo é uma grande área de encontros de trabalho e lazer dos usuários e visitantes. Todo o projeto, também em sua relação com a cidade e com a natureza, está fundado nos princípios da convivência.

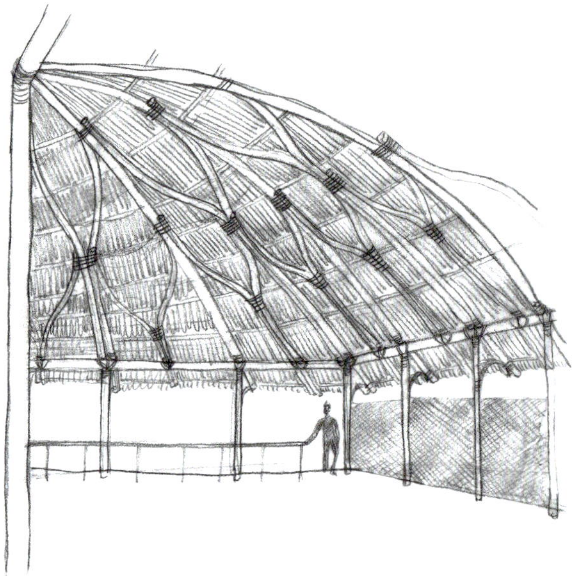

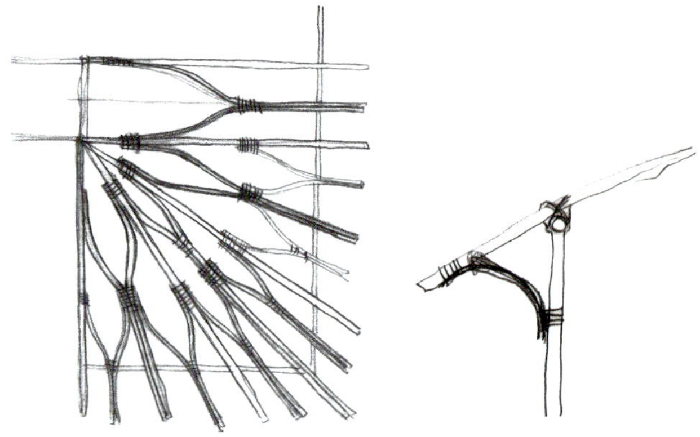

Bio Graphia

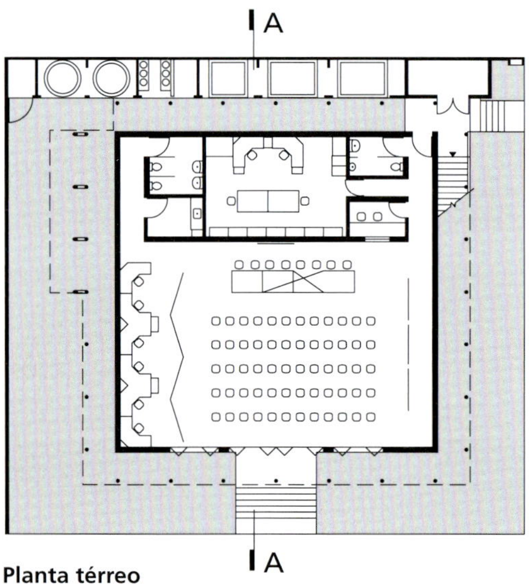

Planta térreo
(palestras, exposições, área de trabalho e biblioteca)

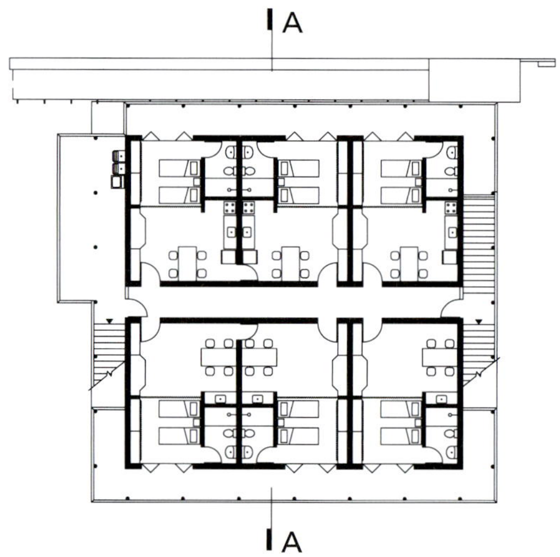

Planta 1° pavimento
(apartamentos pesquisadores e visitantes)

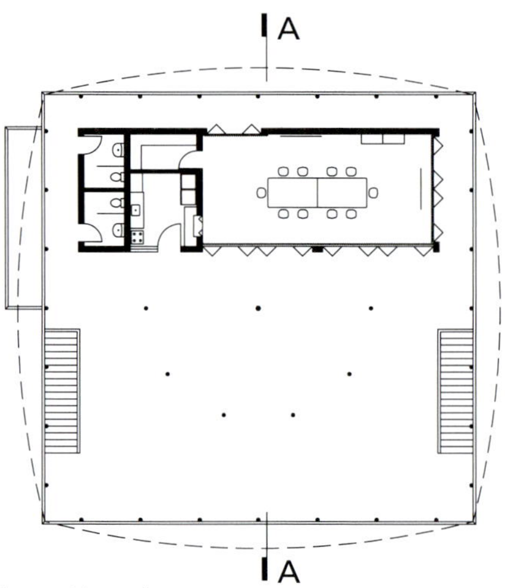

Planta 2° pavimento
(área de convivência, cozinha coletiva e espaço para reuniões)

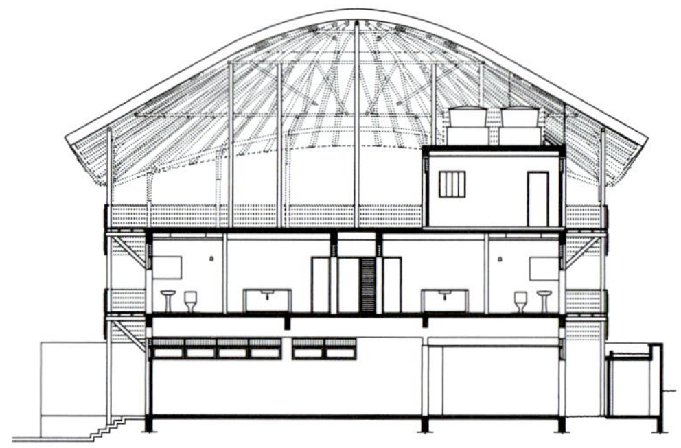

Corte AA

Federação das Organizações Indígenas do Rio Negro – Foirn

São Gabriel da Cachoeira, Amazonas, 2003

Situado também no miolo urbano de São Gabriel da Cachoeira, o edifício-sede da Federação das Organizações Indígenas do Rio Negro – Foirn foi pensado para agregar cerca de quarenta organizações reunidas em torno da entidade, criada há mais de trinta anos e dedicada à luta pela demarcação de terras indígenas, à promoção de ações de saúde e educação e à valorização da cultura dos povos da região.

O programa do edifício é composto basicamente por escritórios, salão de exposições e salão de reuniões e festas. Além de cuidar da administração da entidade, os escritórios servem de apoio logístico e central radiofônica para a comunicação entre todas as organizações.

O terreno em declive onde foi construída a sede é limitado por um igarapé. Por causa da umidade do lote, definiu-se que nos pavimentos aflorados em relação à rua ficariam as áreas de utilização pública: enquanto no térreo está o salão de exposições, no piso superior fica o de reuniões. Abaixo do nível da via pública estão os setores administrativos: escritórios no primeiro pavimento inferior, depósito no segundo.

O projeto arquitetônico baseia-se em duas torres laterais de alvenaria pintadas de branco, ladeando um volume de estrutura, pisos e fechamentos de madeira. As torres abrigam espaços servidores (serviços e circulação vertical), e no bloco central ficam os espaços servidos (salões da administração, de exposições e de festas). A contraposição é realçada pela diferença de cobertura: laje nas primeiras e estrutura de madeira inclinada e coberta com piaçava no segundo. Os fechamentos de madeira possuem vãos que permitem a constante ventilação cruzada.

No dia 9 de junho de 2014, a edificação foi totalmente consumida por um grande incêndio. Apesar de as causas não terem sido esclarecidas, há suspeitas de que tenha sido um incêndio criminoso.

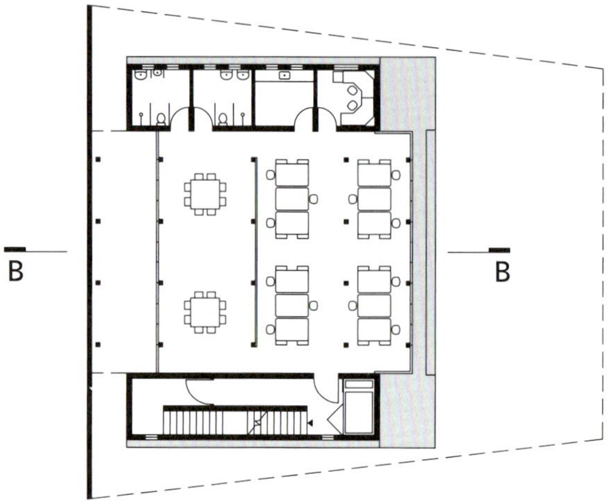

Planta subsolo
(área de trabalho e escritórios)

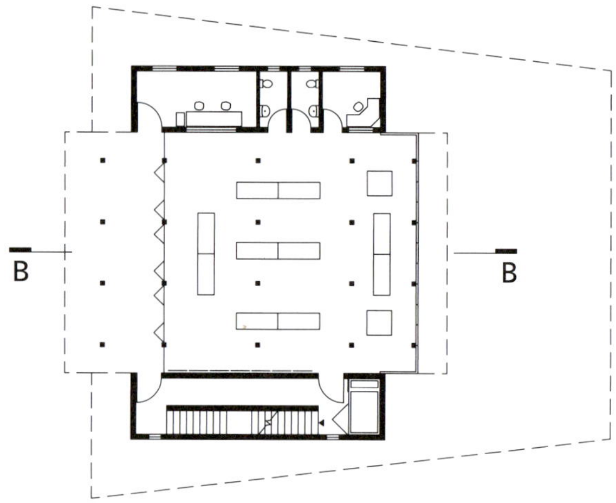

Planta térreo
(exposições e loja)

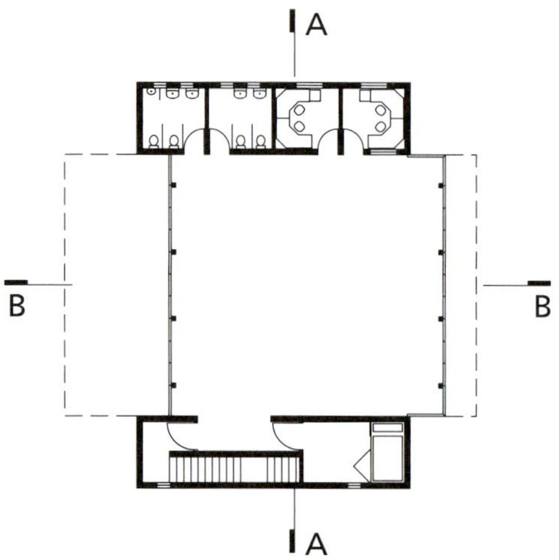

Planta 1° pavimento
(salão multiuso)

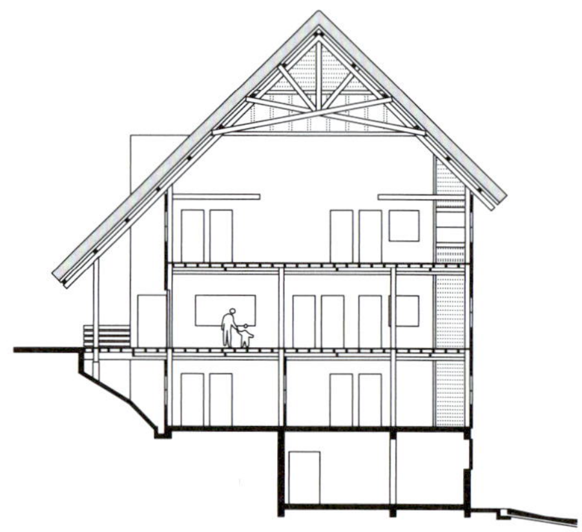

Corte AA

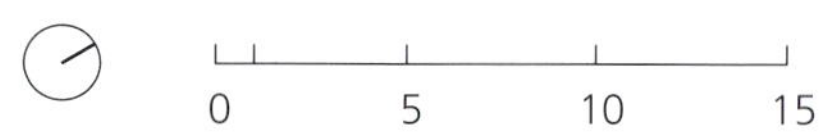

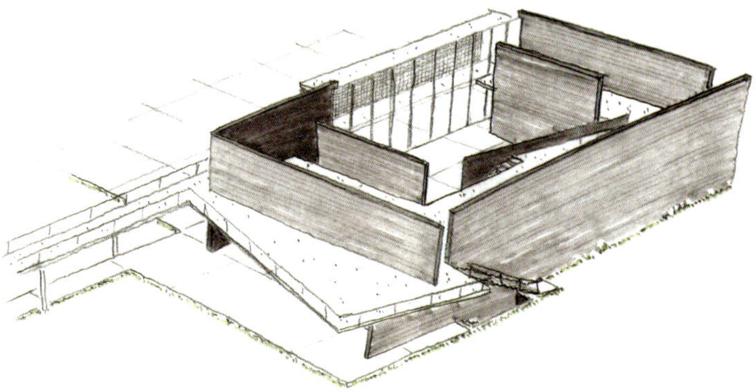

Museu Rodin Bahia

Salvador, Bahia, 2002

Numa dessas ideias loucas e ousadas que surgem de vez em quando, Emanoel Araújo e Jacques Villain resolveram criar na Bahia uma filial do Museu Rodin de Paris, mais precisamente na rua da Graça, em Salvador, num palacete eclético francês do início do século passado. O governo do estado da Bahia topou e levou adiante a brilhante ideia. Muitos perguntaram: "Museu Rodin na Bahia? Mas por que na Bahia?". E a única resposta foi: "Por que não na Bahia?".

O Museu Rodin Bahia, conhecido também como Palacete das Artes, foi concebido como primeira filial do Museu Rodin de Paris e está implantado no Palacete Comendador Catharino, construído em 1912 com recursos oriundos do cacau. Os salões do edifício e seu belo jardim se destinariam às obras do mestre francês, enquanto as exposições temporárias ocupariam um novo bloco, projetado e construído para esse fim.

Em meio a um jardim, já formado por antigas mangueiras e outras árvores tropicais, cada edifício deveria expressar sua época, com valores e personalidades próprias, sem se sobrepor, mas também sem um se submeter ao outro. A arquitetura eclética e a contemporânea em uma convivência "respeitosa, calorosa, tensa, desafiadora e amorosa". Convívio de diferentes que se tocam.

O palacete recebeu intervenções delicadas e pontuais, necessárias para prepará-lo para uma nova vida, mantendo suas características essenciais. Acrescentamos mais um lance à escadaria original, abrindo acesso ao surpreendente espaço do sótão, agora um pequeno auditório, destinado a palestras, seminários e concertos musicais.

A necessidade de criar um novo sistema de circulação vertical ágil e eficiente no palacete nos levou a propor sua implantação na parte posterior da edificação, justamente no centro geométrico de todo o conjunto. Um volume de concreto aparente, amalgamado ao edifício histórico e contendo escada e elevador, liga seus três pavimentos principais e anuncia o novo bloco.

Os pontos que nortearam nossa proposta para a inserção desse novo bloco no terreno foram: não interferir significativamente nas centenárias árvores do jardim; não competir com a presença dominante da construção histórica; e, sobretudo, se somar ao que já existia, formando um conjunto articulado e fluido.

Uma lâmina de concreto, como passarela e marquise, parte do palacete penetrando e abraçando a nova construção. Esta, por sua vez, se insere numa clareira entre as grandes árvores, na parte posterior do lote. Mantém uma distância respeitosa e, com uma área construída equivalente à do palacete, guarda uma relação de escala e de diálogo, reafirmada em seus alinhamentos verticais e horizontais.

Pelo térreo ou pela passarela é possível acessar o novo edifício por vários pontos. Seus espaços são construídos com a associação de grandes planos de concreto aparente, vidro e treliças de madeira. O núcleo desse edifício é seu salão central, com pé-direito duplo e iluminação zenital controlada. A passarela externa ao caixilho e os mezaninos que o circundam oferecem diversos ângulos para a observação do que ali se expõe.

O tratamento dado ao jardim valoriza os caminhos através do uso de um piso modulado de pedra portuguesa por todo o terreno. Ao longo desses caminhos, as obras de Rodin em meio à rica vegetação tropical, a leitura à sombra de uma mangueira, o lanche dos escolares, a simples contemplação, o nada fazer... Inspiração primeira de todo o projeto, esse jardim – com cafeteria, restaurante e loja – é o principal apelo à convivência, hoje obrigatória em um museu que assume também a função de centro de encontros por meio da arte e da cultura. Encontro dos habitantes da Bahia e dos que por ali passarem, cidadãos brasileiros e de todo o planeta.

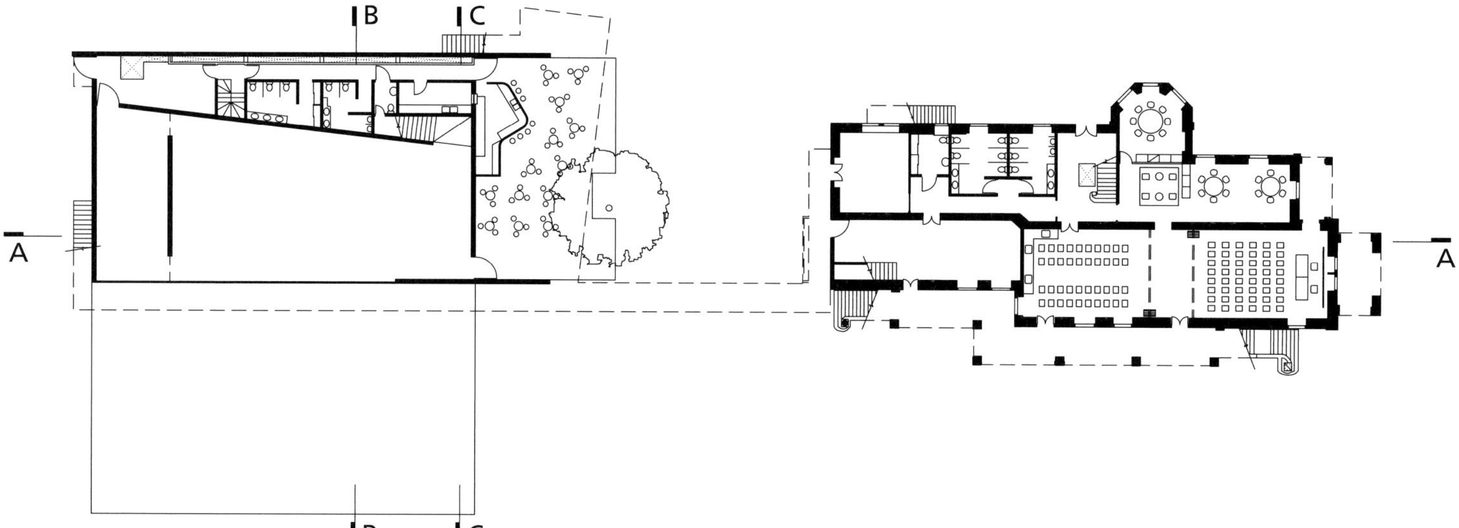

Planta térreo

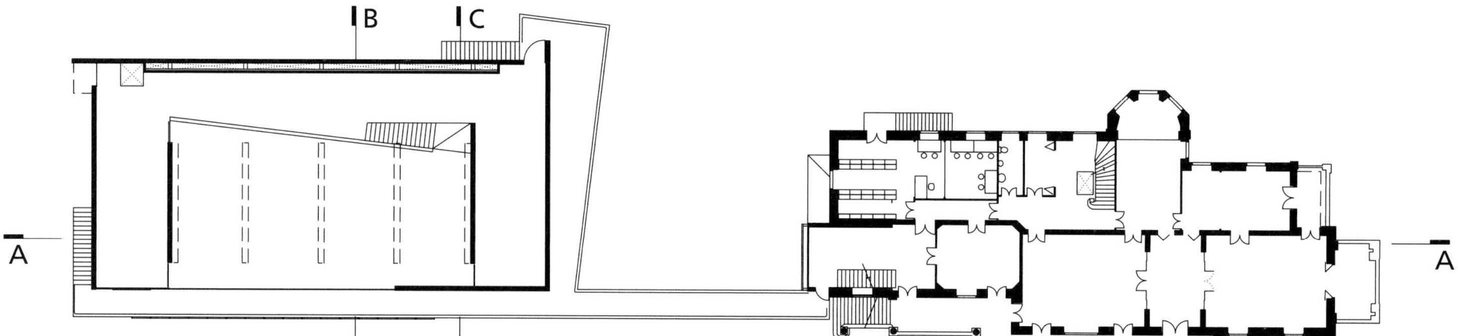

Planta 1° pavimento

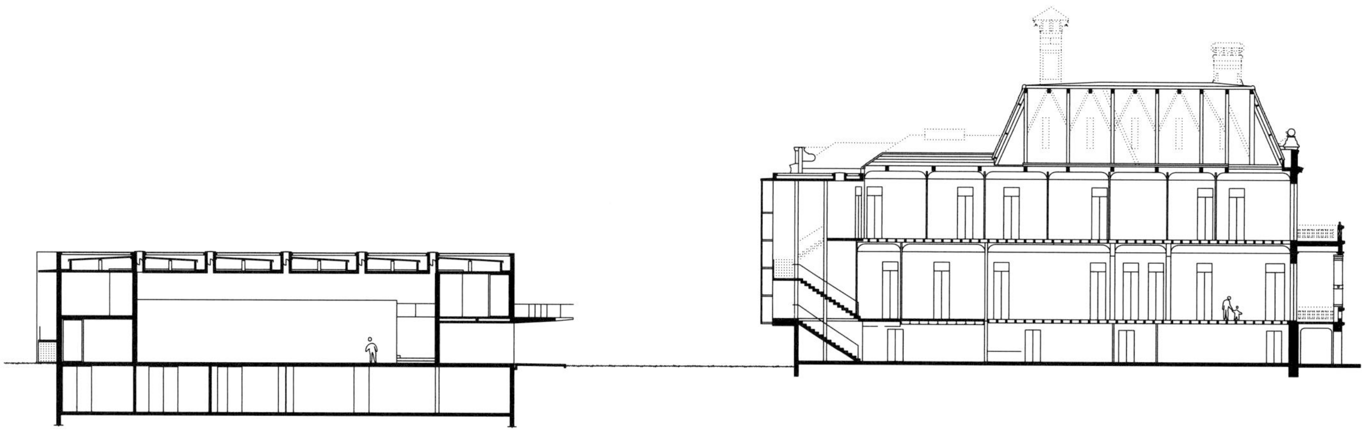

Corte AA

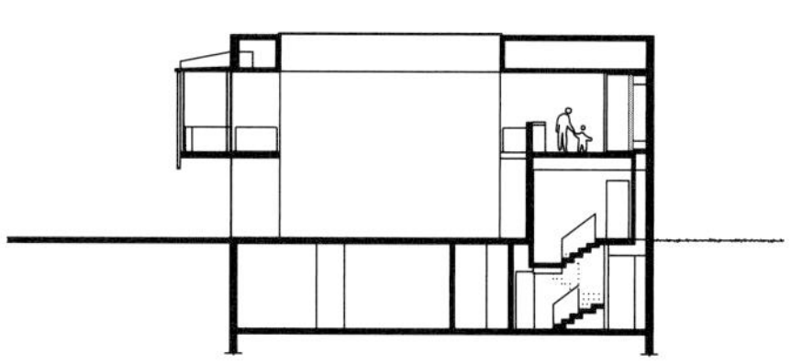

Corte BB

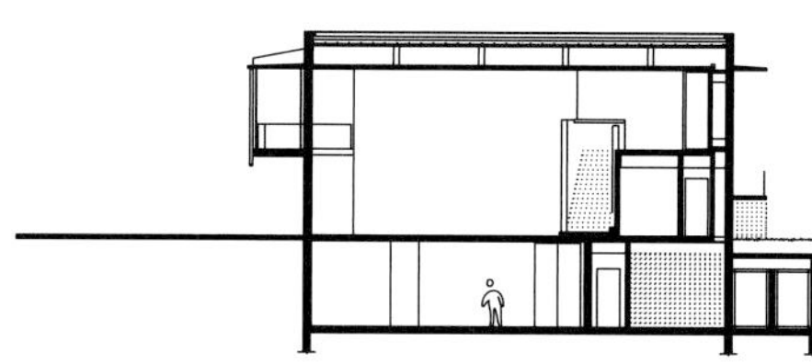

Corte CC

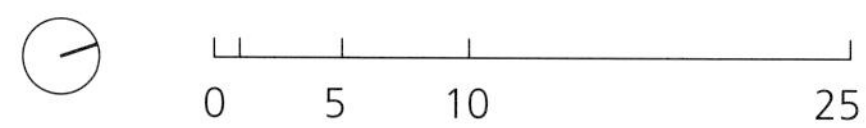

Pavilhão Girassol
São Paulo, 2004

Uma estrutura metálica dá suporte a uma construção discreta, acomodada ao desnível do terreno em declive, na Vila Madalena. Não é uma casa, não é um clube, não é um salão de festas, não é uma academia, não é um atelier. É um pouco disso tudo junto, e no princípio do projeto chegou até a ser chamado de Pavilhão de Tudo.

Duas grandes vigas metálicas invertidas, à la Mies van der Rohe no Crown Hall, suportam uma cobertura plana, de estrutura secundária também metálica, descarregando o peso até o solo em quatro pilares. Nas duas bordas laterais do terreno, dois grandes muros participam da estrutura, dividindo as cargas e fazendo os fechamentos. Os pilares já servem de marcos para as grandes portas que abrem para a frente e para os fundos do lote, grandes bocas – como hangar de avião – criando ventilação cruzada total e integração dos espaços internos e externos.

Um muro de arrimo de concreto contém o corte de acerto do terreno e suporta a parte frontal da estrutura metálica. No programa, uma grande cozinha, sauna, piscina aquecida, espaços para descansar ou morar e ateliê cercam o que poderíamos chamar de praça coberta. Logo na entrada, um jardim intimista, com muita vegetação e tanques de peixes, recebe o visitante. Nos fundos, ligado ao grande espaço *praça* e ao deck da piscina, uma escada-arrimo faz a ligação com um pequeno campo de futebol. Espaço múltiplo, pavilhão de tudo.

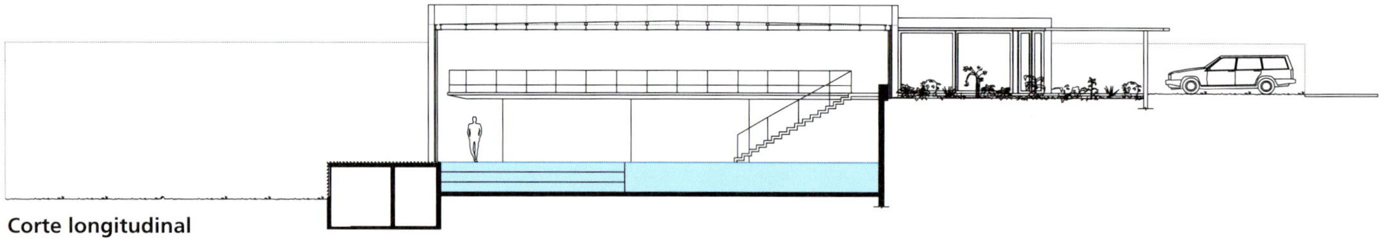

Corte longitudinal

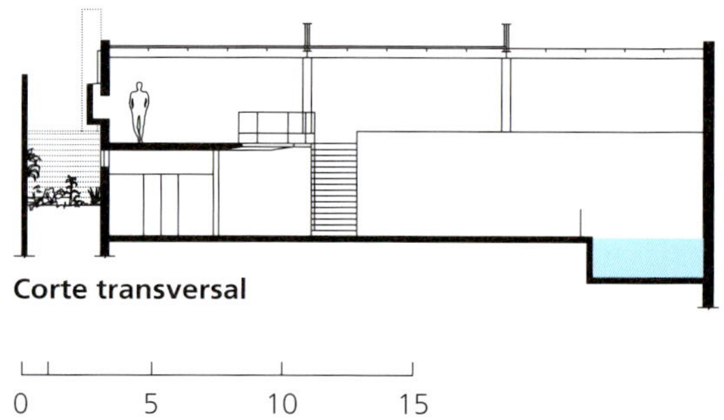

Corte transversal

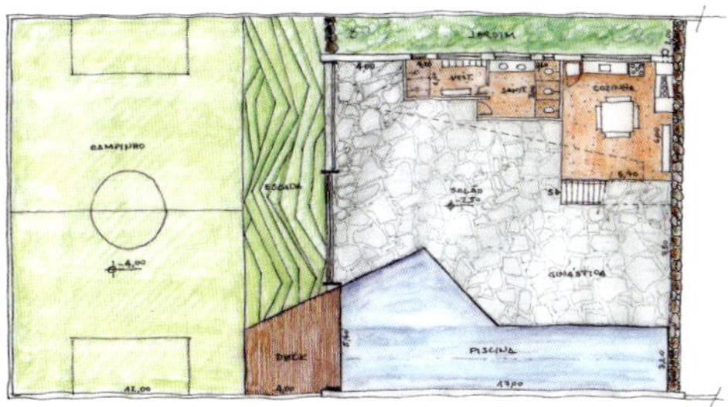
JARDIM
CAMPINHO
ESCADA
COZINHA
SALÃO
GINÁSTICA
DECK
PISCINA

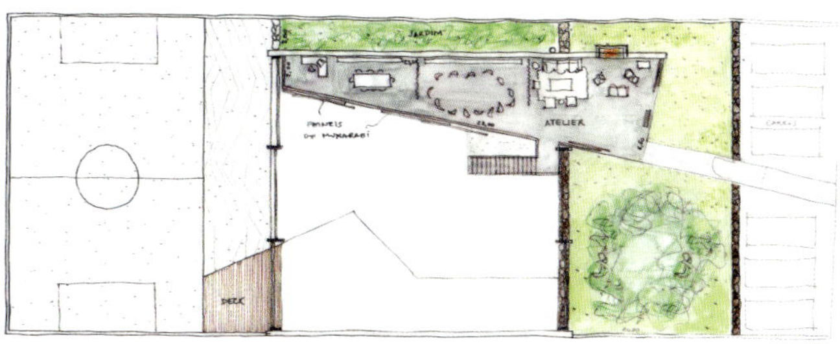
JARDIM
ATELIER
PAINEIS DE MUXARABI
DECK

Museu do Pão – Moinho Colognese

com Anselmo Turazzi

Ilópolis, Rio Grande do Sul, 2005

É preciso encarar a cultura como algo que vai da tradição à invenção. Temos de preservar o que de melhor criamos e construímos em história, sob pena de nos aprisionarmos num presente desfigurador. E precisamos apostar no novo, porque ele é ingrediente fundamental de afirmação e de transformação de nossas comunidades e do conjunto da sociedade. Essa dialética permanente entre tradição e invenção, somada à nossa abertura crítica para assimilar e recriar linguagens e informações produzidas em outros cantos do planeta, é um traço central da cultura brasileira.

Dentro dessa ótica os imigrantes italianos construíram o moinho de Ilópolis. Foi também dentro dessa mesma ótica que restauramos o Moinho Colognese e criamos o Museu do Pão, conjunto que compreende o museu, a oficina de panificação e o próprio moinho.

No final do século 19 e início do 20, o Brasil recebeu uma grande quantidade de imigrantes vindos dos mais diversos países, como Alemanha, Japão, Itália, Líbano, Ucrânia e Polônia. Tratava-se de uma tentativa do governo brasileiro de *branquear* um país predominantemente negro, recém-saído de séculos de escravidão, recebendo trabalhadores estrangeiros que fugiam da fome e da pobreza em suas terras de origem.

Da Itália, bastante empobrecida, vieram principalmente habitantes da região do Vêneto, que se fixaram, em sua maioria, em São Paulo e no Sul do país. Como novos colonizadores, esses imigrantes desbravaram as terras que receberam do governo e que ficavam em regiões serranas de difícil acesso, uma vez que as terras mais planas e férteis já estavam nas mãos dos alemães, que haviam chegado antes.

Era, novamente, a conquista da América; o sonho de uma nova vida, uma nova era. E do encontro de italianos e brasileiros nasceu uma cultura miscigenada, com traços originais e singulares.

Um dos testemunhos mais fortes dessa época e dessa epopeia são as construções dos moinhos coloniais que ainda hoje encontramos na região da Serra Gaúcha. Esses artefatos, destinados à fixação das comunidades em torno da produção de farinha, são frutos do conhecimento e da engenhosidade trazida pelo imigrante e do encontro, na região, de novos materiais – basicamente a madeira da araucária, o pinho brasileiro.

Os remanescentes desses moinhos, encontrados aqui e ali na exuberante paisagem da serra, são belos e insubstituíveis documentos da nobre junção da técnica com a estética.

Mas apesar de sua importância histórica, esses moinhos estavam fadados a desaparecer em virtude do abandono e do esquecimento típicos de nossos dias. Em 2003, num grupo de amigos, foi lançada a ideia da criação de uma rota turístico-cultural – o Caminho dos Moinhos – e iniciada uma campanha de coleta de fundos para a recuperação de um primeiro exemplar, o Moinho Colognese, construído no início do século passado em Ilópolis – pequena cidade encravada no alto do Vale do Taquari.

Para não cair num projeto nostálgico, decidimos agregar a esse moinho – que deveria ser restaurado para voltar a funcionar e produzir farinha de milho para polenta – o Museu do Pão e a Oficina de Panificação. Novas necessidades, usos contemporâneos. E assim nasceu o projeto arquitetônico do conjunto.

Com uma linguagem contemporânea e bastante brasileira, dois novos blocos em concreto e vidro dialogam com o velho moinho de madeira. Cem anos os separam no tempo, mas uma ideia forte os une, e é justamente a da celebração da madeira. Tudo ali é araucária: o moinho e seus mecanismos, as novas varandas e os passadiços que lembram as casas dos imigrantes, os painéis corrediços brise-soleil, os capitéis dos pilares a lembrar das fantásticas estruturas internas dos moinhos e até o concreto armado, marcado – como em fotografias – pelas formas de tábuas.

Com o tempo, todos esses elementos se aproximaram em aparência pelo tom acinzentado do envelhecimento da madeira: mimese à distância e verdade dos materiais quando vistos de perto.

Nesse pequeno conjunto, tudo é museu e museografia, incluindo aí a arquitetura, o jardim, os objetos e seus significados. A peça principal desse museu é o próprio moinho; no jardim uma coleção de pedras mó – granito e basalto de várias cores e durezas, destinadas a diferentes tipos de moagem de milho e trigo; no entorno, um pequeno canal de água alimentado por uma nascente embaixo do moinho delimita o terreno do museu; é uma referência e uma homenagem a Carlo Scarpa, grande arquiteto, também do Vêneto, que tantas lições nos deixou no diálogo da arquitetura contemporânea com a antiga.

Acreditamos que nessa obra a arquitetura cumpre seu nobre papel de renovação cultural, protagonizando o reencontro da comunidade local com sua história, agora em novas bases de sonhos e utopia: arquitetura de raízes e antenas.

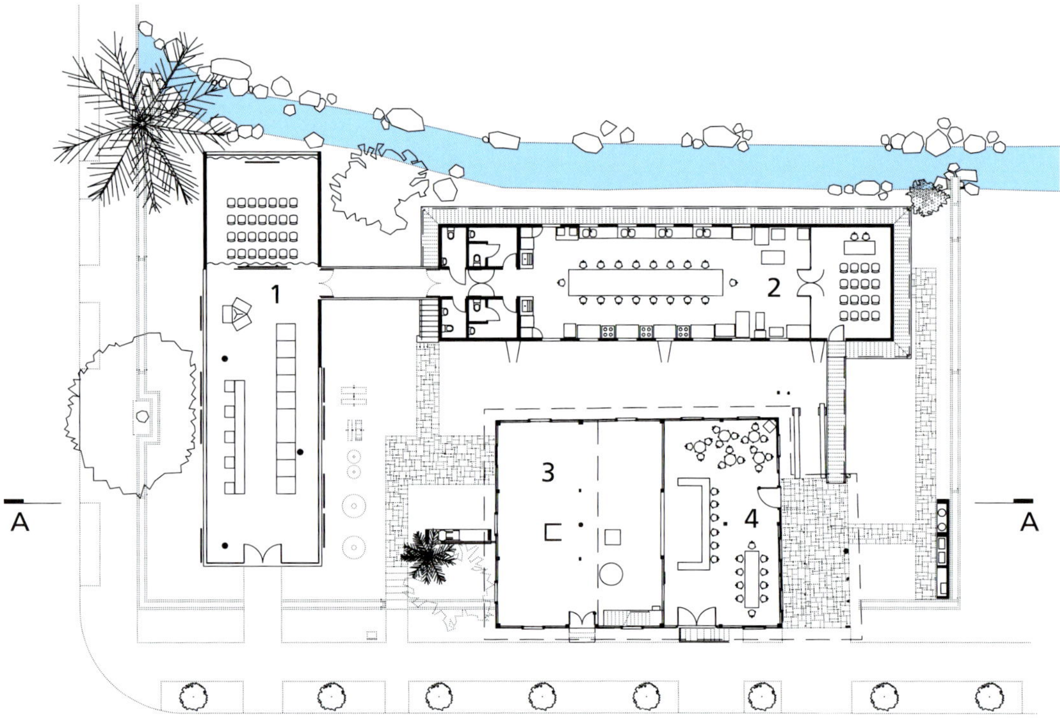

LEGENDA
1. Museu do Pão
2. Escola de Panificação
3. Moinho
4. Bodega

Implantação

Corte AA

Elevação Nordeste

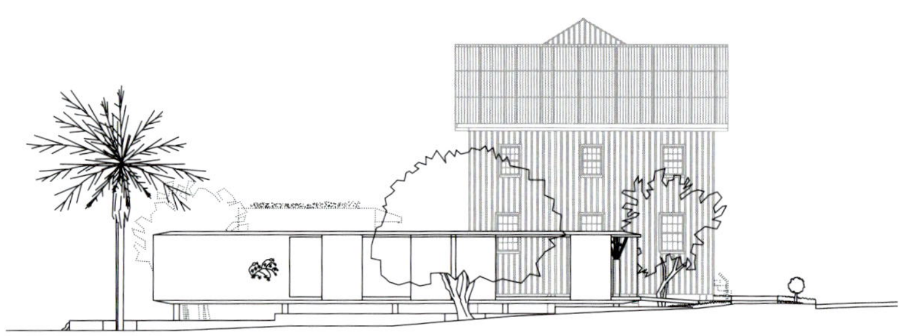

Elevação Sudeste

Villa Isabella

Finlândia, 2005

É impossível pensar na arquitetura moderna brasileira sem a forte influência da Finlândia por meio da obra genial de Alvar Aalto. Em nossa formação acadêmica esmiuçávamos seus projetos ávidos por entender sua (difícil) lógica e o fascínio que nos causava. Era como tentar decifrar um enigma de algo que gostávamos, mas que causava certo incômodo por não entendermos direito, como se dá em geral com obras de arte.

Quando fomos convidados a participar de um concurso fechado entre quatro arquitetos brasileiros para projetar a Villa Isabella, a demanda era clara e explícita de que os clientes queriam uma casa com elementos brasileiros, ou de certa forma e na medida do possível, em moldes brasileiros de construir e morar. Chegamos até a acreditar que isso poderia existir. Bem, o desafio estava colocado.

Mergulhamos imediatamente numa autoanálise de nosso fazer arquitetônico buscando nossas raízes, ou melhor, nossas matrizes referenciais e, para surpresa, deparamo-nos com estruturas, concepções espaciais, lógicas construtivas, apropriação de materiais e relação com o ambiente natural e urbano oriundas da experiência finlandesa na arquitetura. Mais precisamente da obra de Aalto.

Brasil e Finlândia, "tão longe, tão perto", por intermédio da arquitetura.

Podemos afirmar que o projeto para a Villa Isabella é marcado por uma vontade de aparecer e desaparecer; colocar-se clara e contundentemente na paisagem, no território, e, por outro lado, mimetizar o bosque, camuflar-se, ser quase invisível. Parece contraditório, mas em arquitetura isso é possível.

A casa se apresenta com personalidade forte na paisagem, porém sem agredi-la. Sua integração com a natureza é dosada, calculada e variável de acordo com cada estação do ano: sob diferentes circunstâncias – na radicalidade das quatro estações climáticas finlandesas –, luzes, materiais, cores e elementos construtivos propiciam diferentes experiências.

Em função do clima agressivo e frio dominante na maior parte do ano, a vida necessariamente acontece *indoor*. Essa constatação nos levou a abandonar a ideia de compactação dos espaços e propor uma casa espraiada, em que os deslocamentos de um ambiente para outro fossem valorizados, como passeios numa minúscula vila. Corredores envidraçados, pisos de pedra branca de Goiás e muros de pedra bruta da Lapônia (que ainda hoje mantêm vivos pequenos musgos) acentuam essa sensação e fazem dessas caminhadas espécies de idas ao exterior sem sair do interior.

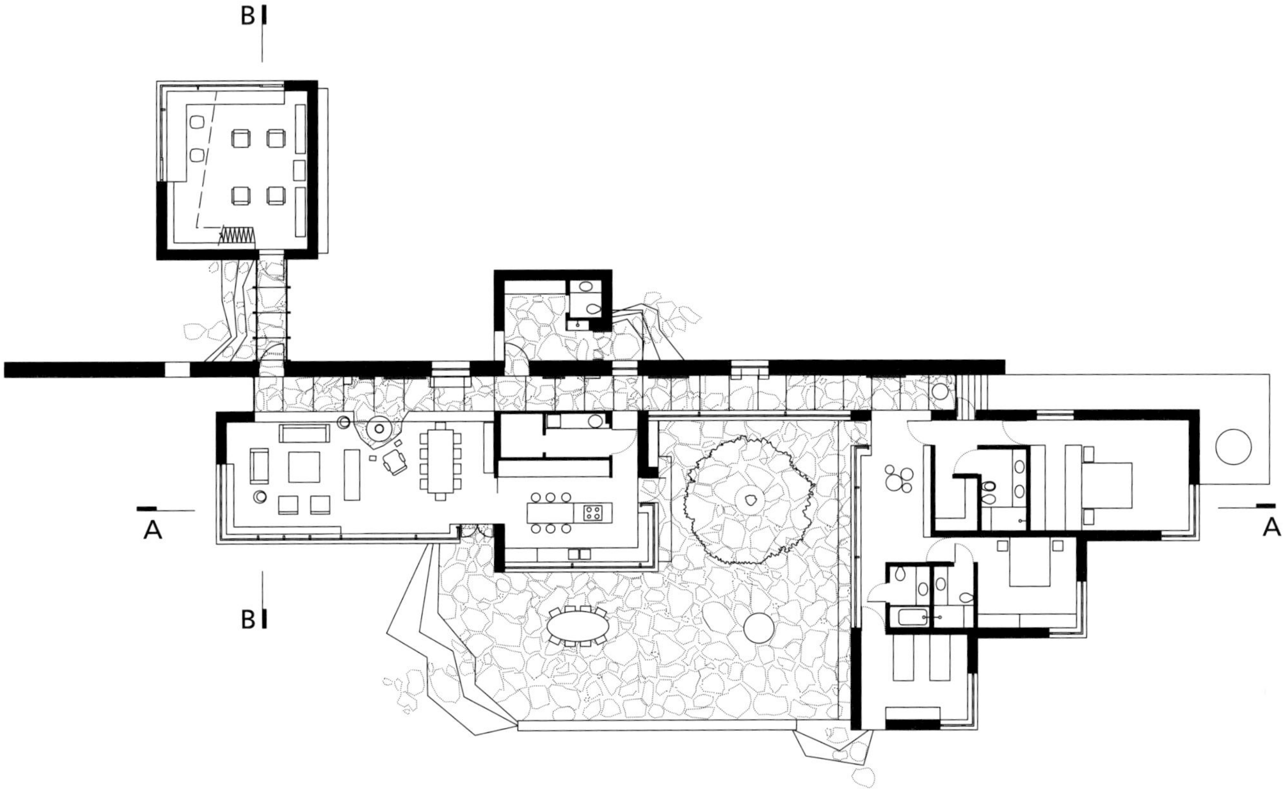

Planta térreo

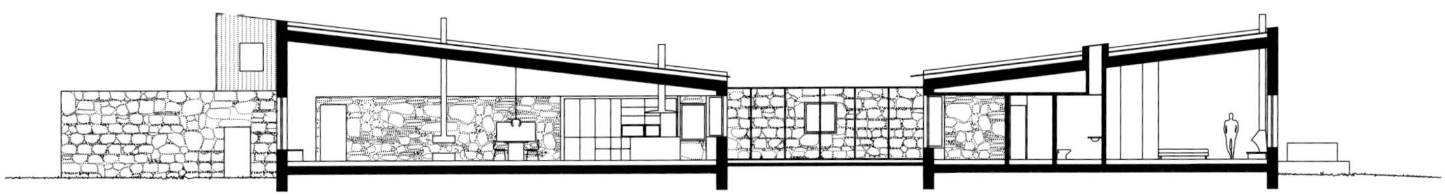

Corte AA

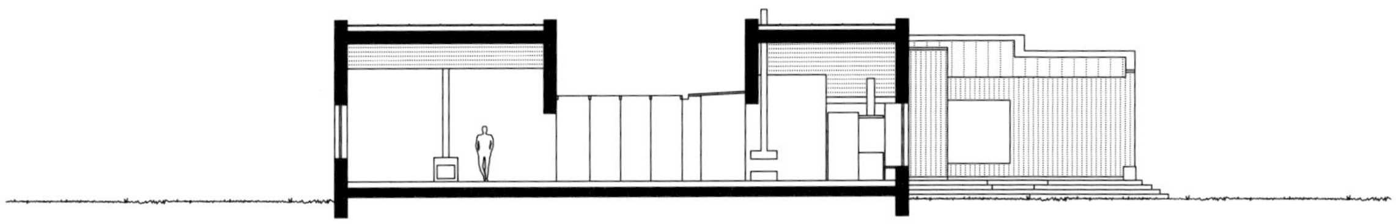

Corte BB

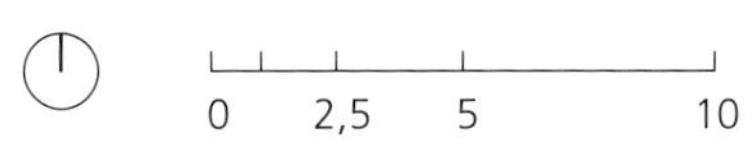

Villa Carolina
Finlândia, 2017

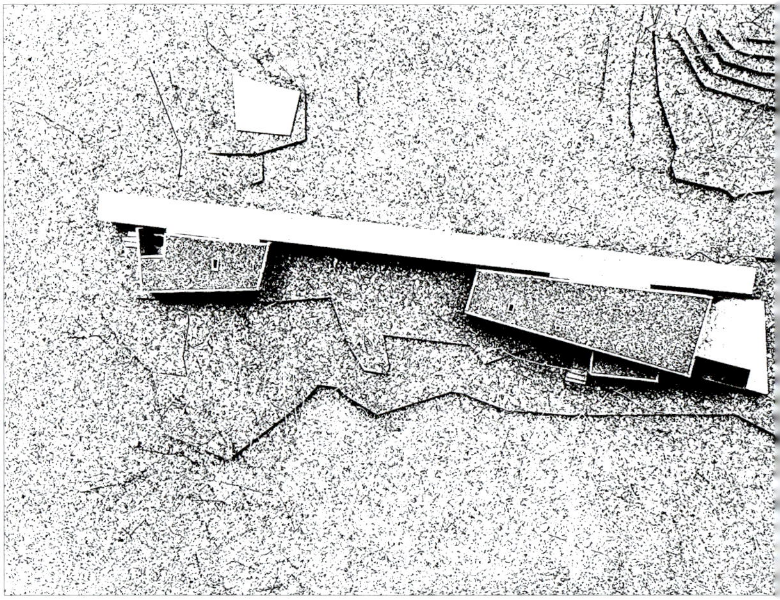

Dez anos depois de inaugurada a Villa Isabella, fomos convidados para projetar uma outra casa em sua vizinhança, dessa vez um pouco menor, também entre a floresta e o mar. E, junto a ela, uma sauna com apartamento de hóspedes.

Nesse projeto procuramos utilizar ao máximo a pedra e a madeira. São dois volumes com telhados jardins inclinados que lembram os *finish turf roof*, conectados por uma longa varanda ao Sul, que dá unidade ao conjunto, e também independência de uso – casa e sauna.

A fachada Sul, em madeira e vidro nos dois volumes, será aberta ao sol e ao mar; vista livre e horizonte longo. Em contraste, ao Norte, fachadas quase cegas, com paredes de pedra e aberturas contidas, pequenas e precisas, como seteiras de proteção vigiando a mata escura.

A cobertura da varanda, quase plana, em contraste com os volumes inclinados, permitirá a entrada de sol e luz pela parte superior dos caixilhos frontais da fachada Sul. Uma luz saudável e bem-vinda no clima frio agressivo da Finlândia. Utilizaremos pilares de pedra maciça na varanda, com capitéis, para sustentar a estrutura de madeira de sua cobertura.

INSTANT SPAN

Praça das Artes
com Marcos Cartum
São Paulo, 2006

Há projetos de arquitetura que se impõem soberanos em grandes espaços livres, situações aprazíveis e visíveis à distância. Há também projetos que se acomodam em situações adversas, espaços mínimos, nesgas de terrenos comprimidos por construções preexistentes, sobras de áreas urbanas, projetos em que os parâmetros para seu desenvolvimento são ditados pelas dificuldades. O caso da Praça das Artes se enquadra entre estes últimos.

Nosso projeto nasce de dentro para fora, das entranhas, e se conforma a partir delas; se apresenta à cidade como uma denúncia da falência de um modelo urbano que já não serve, já não funciona na escala da metrópole. Casas ou pequenos edifícios com quintais nos fundos de longos lotes não mais se justificam e acabam dando lugar ao vazio inútil. Buscamos entender o que estava obsoleto, sem uso ou função, o que tinha caducado desse velho desenho urbano, e fazer disso nossa matéria-prima de projeto. Dessa sobra, ou melhor, com esse bagaço que a cidade cuspiu, construímos a Praça das Artes.

Por isso mesmo, como denúncia, os vazios no rés do chão não foram ocupados, nem mesmo com colunas, criando uma grande passagem pública a céu aberto – um espaço de encontros, a praça que dá nome ao conjunto. Os novos edifícios se apoiam nas bordas dos terrenos, resultado de uma arquitetura que se faz a partir de adversidades e restrições e que não precisa da terra arrasada como pedestal.

O que nos leva a uma escolha e decisão conceitual é, precisamente, a natureza do lugar e sua compreensão enquanto espaço resultante de fatores sociopolíticos ao longo de décadas – ou séculos – de formação da cidade. Compreender o lugar não somente como objeto físico, mas como espaço de tensão, de conflitos de interesses, de subutilização ou mesmo abandono, tudo importa.

Se, por um lado, o projeto deveria responder à demanda de um programa de diversos novos usos ligados às artes musicais e do corpo, deveria também responder de maneira clara e transformadora a uma situação física e espacial preexistente, com vida intensa e com uma vizinhança fortemente presente. Mais ainda: deveria regenerar espaços degradados, criar novos espaços de convivência a partir da geografia urbana, da história local e dos valores contemporâneos da vida pública. Podemos dizer que, nesse caso, projetar é captar e inventar o lugar a um só tempo, numa mesma ação.

A partir do centro da quadra, o novo edifício se desenvolve em três direções – Vale do Anhangabaú, avenida São João e rua Conselheiro Crispiniano –, como um polvo a estender seus tentáculos e ocupar espaços. Um conjunto de edifícios em concreto aparente pigmentado, com área total de 28.500 metros quadrados, suspenso sobre as passagens urbanas, é o elemento principal que estabelece um novo diálogo com os edifícios remanescentes da quadra e do entorno.

O antigo Conservatório Dramático Musical de São Paulo, um importante marco histórico e arquitetônico da cidade que há décadas estava inutilizado, foi incorporado ao conjunto como sala de recitais e espaço expositivo. Restaurado e reabilitado, esse edifício passou a integrar um complexo de novas construções que abrigam as instalações para o funcionamento das escolas de música e dança e dos corpos artísticos do Theatro Municipal – orquestra sinfônica, corais e balé da cidade, além de centro de documentação, restaurantes, estacionamentos e áreas de convivência.

A implantação desse equipamento cultural, além de atender à histórica carência de espaços para o funcionamento do Theatro Municipal, desempenha papel estratégico na requalificação da área central da cidade, priorizando o pedestre. A partir de um rico e complexo programa de uso, focado nas atividades profissionais e educacionais de música e dança, ele marca fortemente seu caráter público, indutor da convivência e da vida urbana.

PRAÇA
ARTES

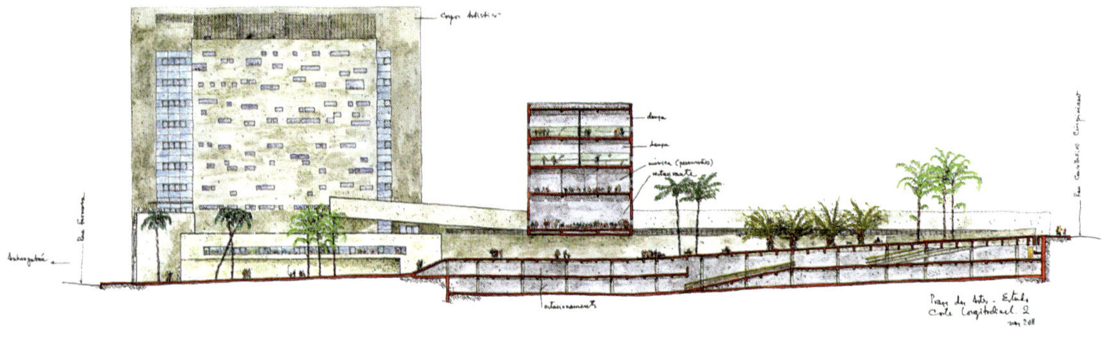

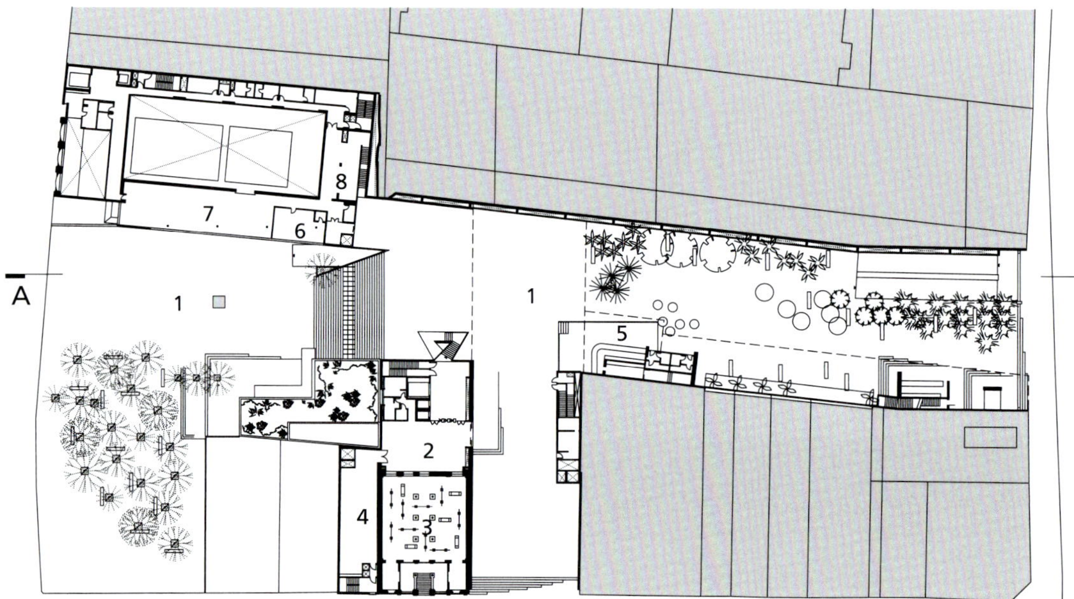

Planta níveis 735.45/738.38

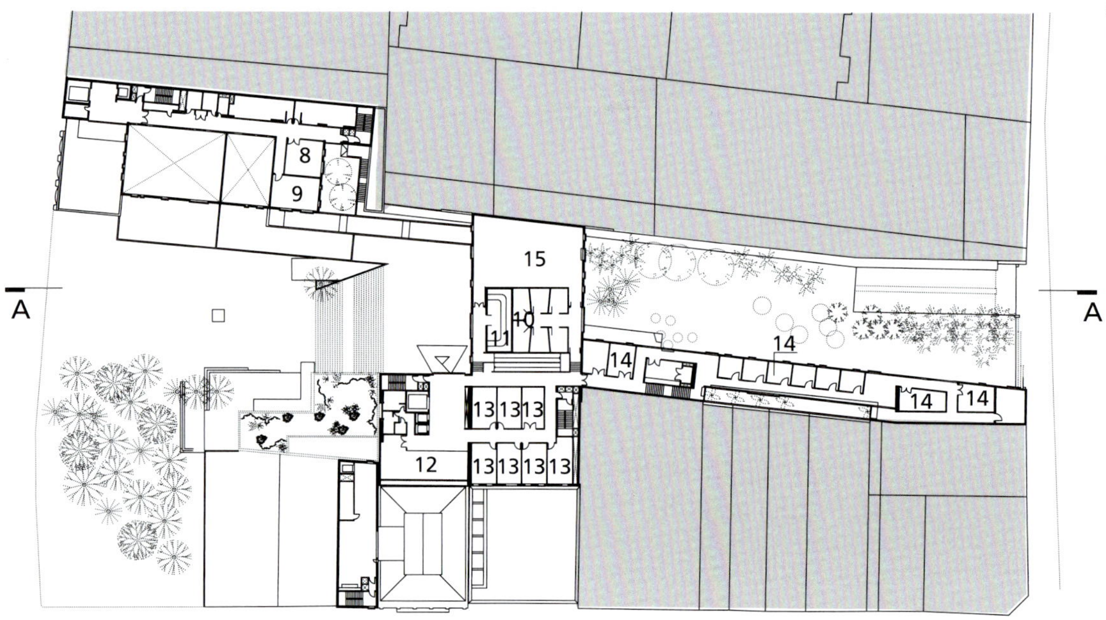

Planta níveis 749.97/751.14

0 10 25 50

LEGENDA

1. Praça central
2. Foyer do museu
3. Museu
4. Apoio do museu
5. Lanchonete
6. Sala do maestro
7. Direção artística do Theatro Municipal
8. Arquivo
9. Quarteto
10. Percussão
11. Sala do coral
12. Guarda e restauro de instrumentos
13. Sala de teoria
14. Sala de estudos de instrumentos
15. Sala de ensaio da orquestra

Futuro restaurante e espaço de convivência, tapeçarias de Edmar de Almeida e tecedeiras do Triângulo Mineiro

Acima, sala de concertos com luminária Urucum, projeto e execução de Rodrigo Moreira e Madeeeeira Marcenaria Serralheria; abaixo, sala de exposições

Antigo Conservatório Dramático Musical transformado em sala de concertos e exposições

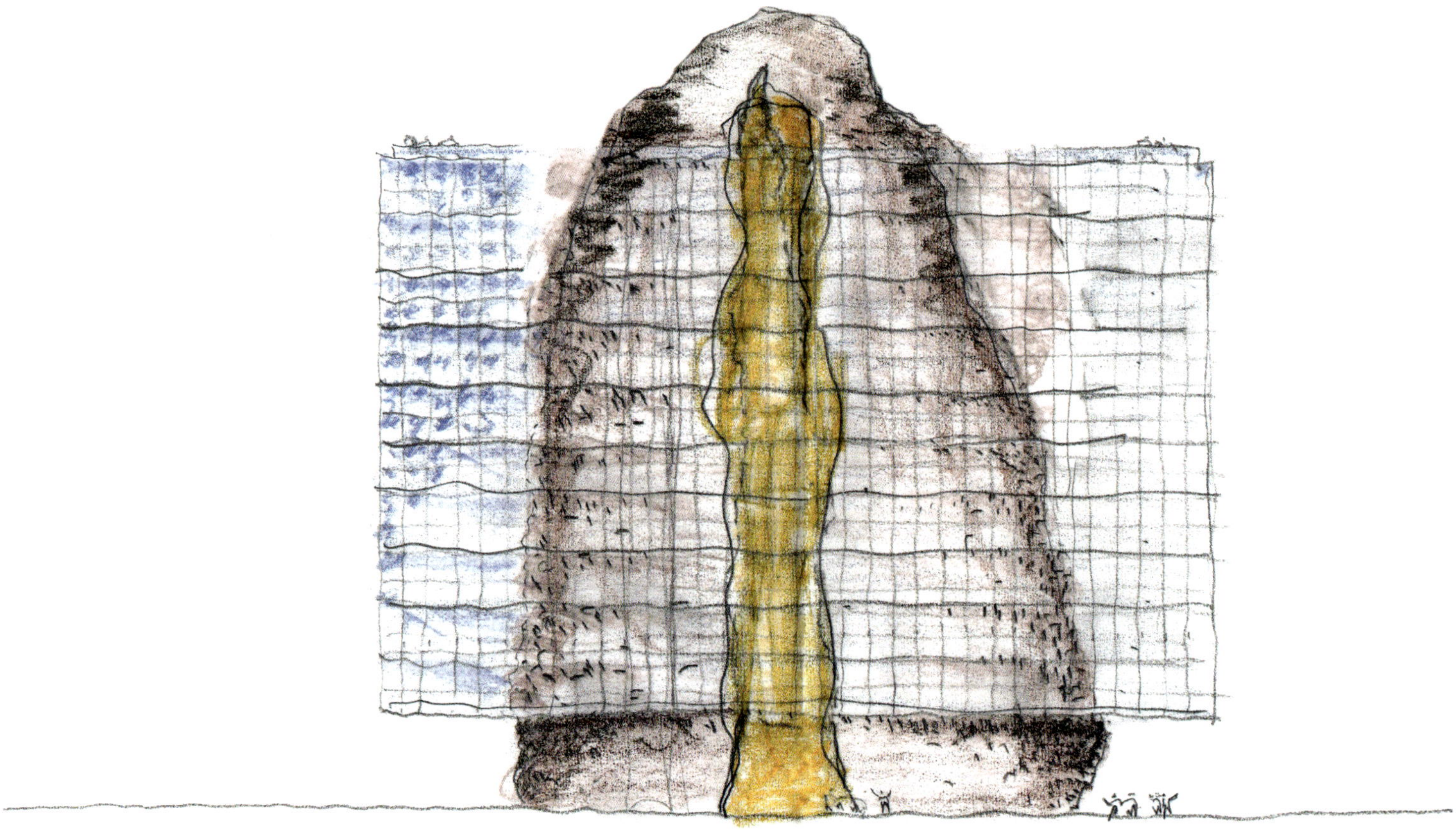

Biblioteca Nacional de Praga

Praga, República Tcheca, 2006

O edifício da nova biblioteca é uma pedra bruta natural envolta pelas formas puras e humanas da geometria. Um cubo de vidro suspenso por um núcleo monolítico e irregular de concreto – a pedra – que guarda em sua parte interna um tesouro, como uma gema de cristais preciosos. Uma grande fenda vertical ao Norte, aberta para a cidade, revela o interior dessa gema como um *tesouro das cavernas*: o ambiente mágico dos livros.

Duas cascas, as paredes duplas desse volume de concreto, intertravadas por septos horizontais e verticais, formam um núcleo estrutural que ancora lajes em balanços internos e externos, criando três situações espaciais bastante distintas: do lado de fora (dentro do cubo de vidro), áreas de leitura, de pesquisa e de administração abertas para a paisagem urbana; nos espaços entre as duas cascas do núcleo estrutural, salas especiais para guardar livros raros e toda a infraestrutura predial verticalizada; no interior da *pedra*, em torno de um grande vazio central, a guarda dos livros protegidos da luz do sol e distribuídos por estantes semicirculares numa sequência de mezaninos nos oito pavimentos duplos.

A superfície externa do núcleo estrutural será executada em concreto pigmentado e jateado, conferindo cor e aspecto de rudeza e irregularidade à sua superfície. A casca interior será executada em concreto com formas triangulares de diferentes dimensões que, associadas entre si pelos seus vértices, resultarão em uma rica superfície multifacetada totalmente branca.

Toda a área do pavimento térreo será aberta e pública. Portas em forma de buracos no núcleo estrutural darão acesso ao interior do edifício, aos elevadores e às escadas. O grande hall, localizado no primeiro subsolo, será um espaço generoso destinado ao acolhimento dos visitantes e abrigará o café, a livraria e exposições. Na cobertura – rompimento da pedra com o volume de vidro – instalaremos o restaurante, circundado por uma grande varanda belvedere. A Biblioteca Nacional de Praga poderá ser um novo marco na paisagem da cidade.

SKRIVANEK

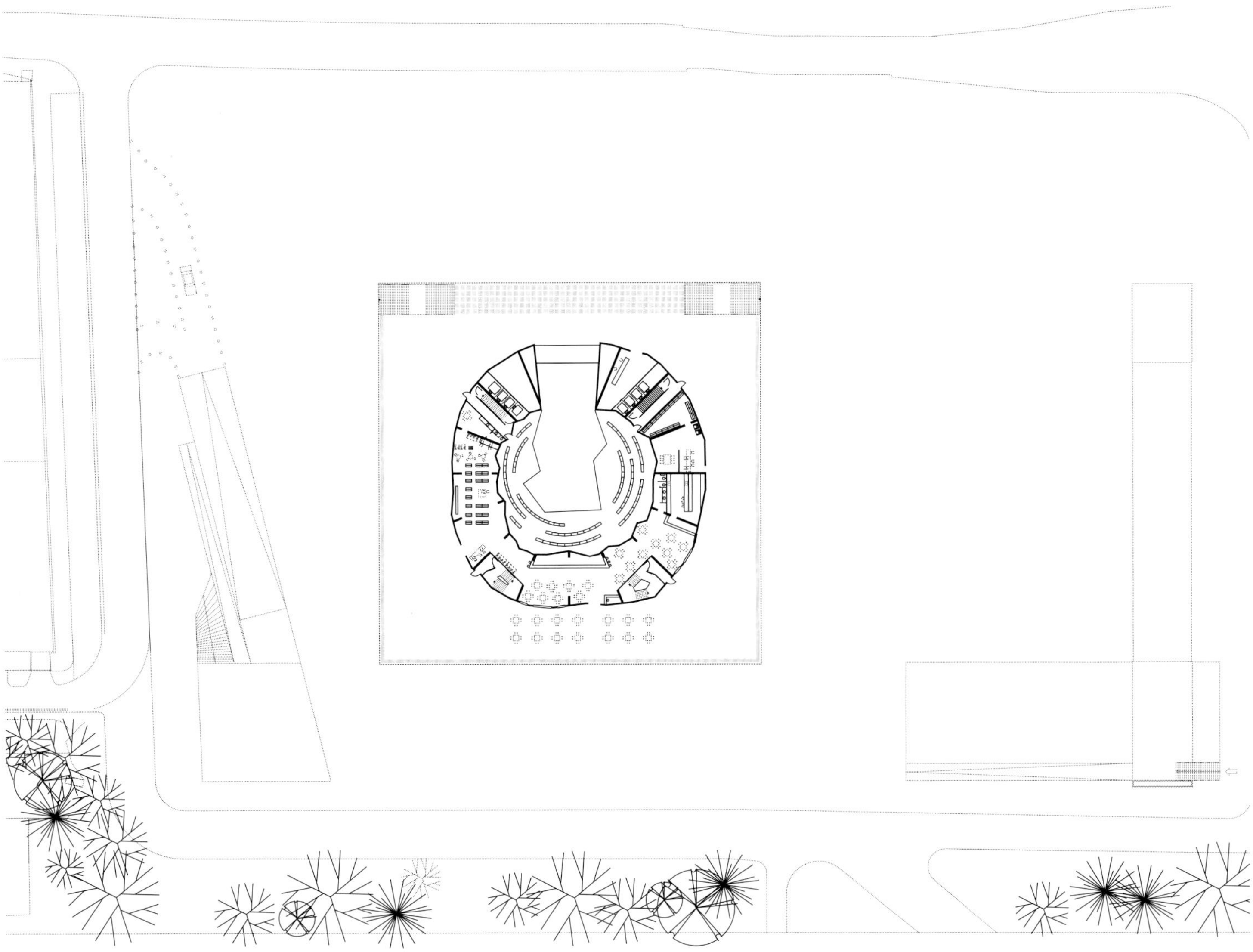

Implantação

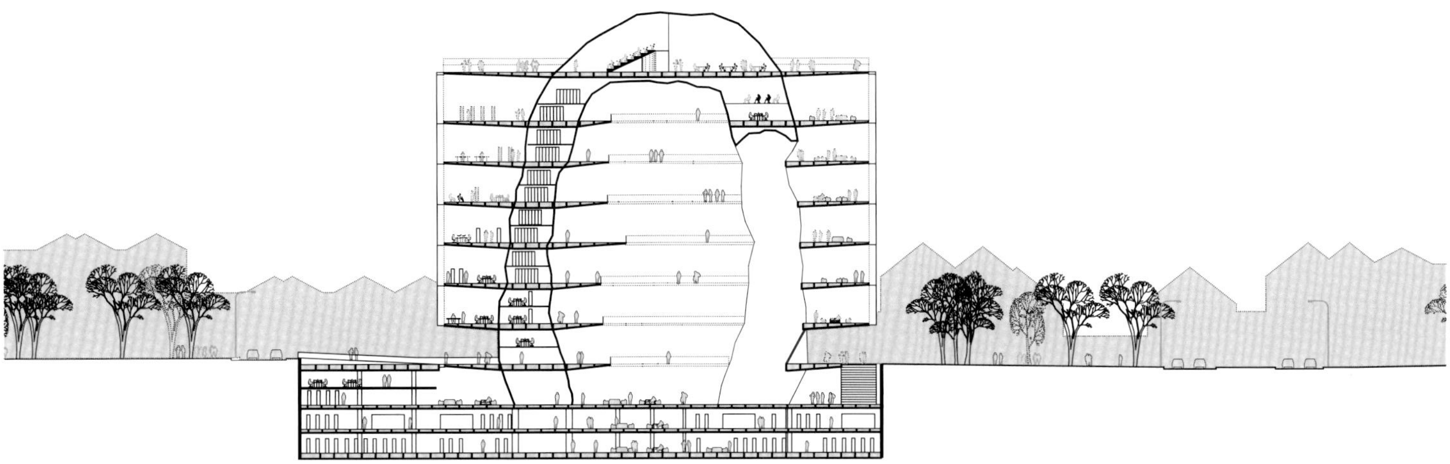

Corte transversal

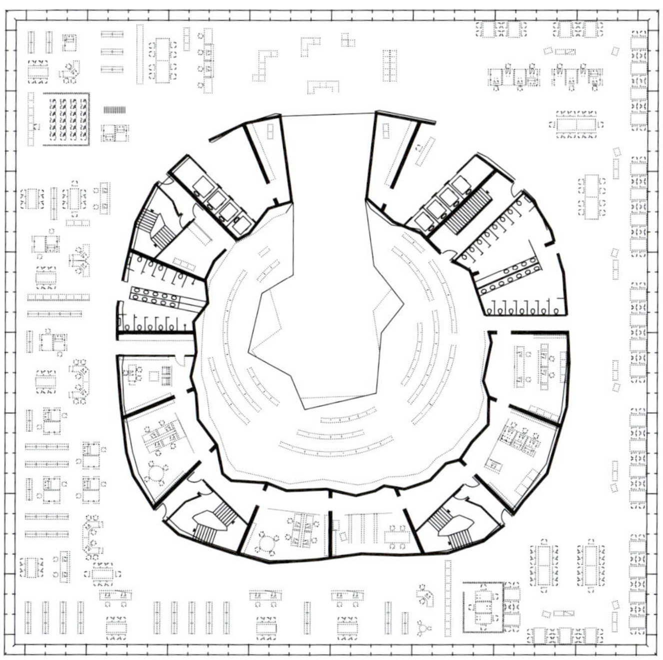

Planta 1° pavimento

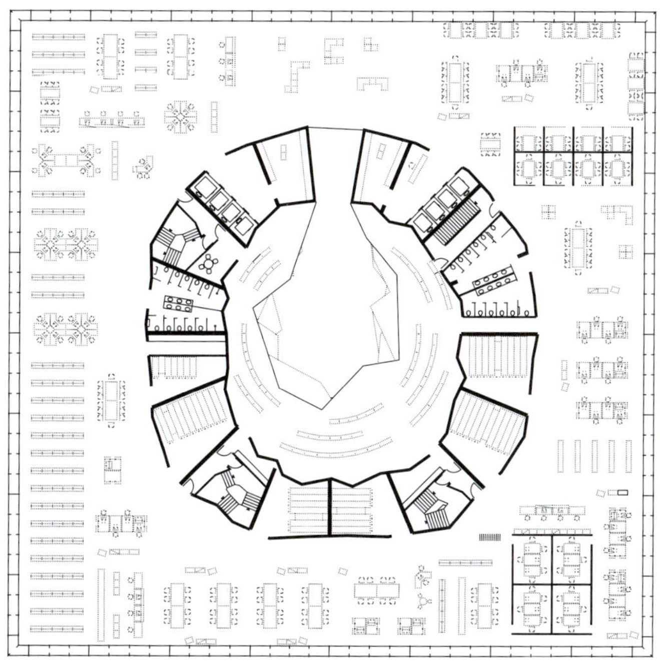

Planta 4° pavimento

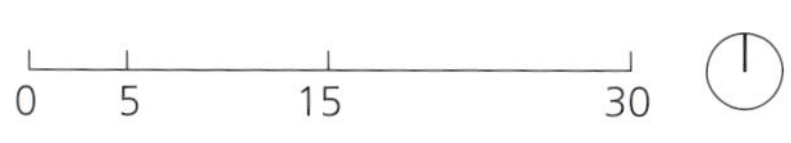

São Bartolomeu

Salvador, Bahia, 2008

O projeto São Bartolomeu é norteado por ações de reurbanização que visam estabelecer condições dignas de habitabilidade para toda a comunidade que vive em situação precária, insalubre, sem equipamentos públicos de uso coletivo e em território com alto risco de inundação, por conta da ocupação do mangue.

Situada junto à foz do Rio do Cobre na Enseada do Cabrito, toda a área recebeu intervenções urbanísticas e de reurbanização acima da cota 2,5 metros, visando a segurança para os moradores e a consequente recuperação do manguezal, um dos últimos remanescentes dentro da área urbana de Salvador. Foram demolidos 374 imóveis e construídas 360 novas moradias em edifícios de dois pavimentos, uma creche, uma praça com área comercial e o Centro de Referência de São Bartolomeu. Este último funciona como porta de entrada e acolhimento aos frequentadores e visitantes do Parque São Bartolomeu, área de proteção ambiental e espécie de *santuário* do candomblé na Bahia.

Com a eliminação de todas as construções abaixo da cota 2,5 metros (inundação em marés altas) e a manutenção das 262 edificações no trecho do bairro em cotas mais elevadas, o projeto modificou a estrutura de ocupação do solo existente, visando a regeneração do tecido urbano através de novo desenho para as ruas, acessos e passagens, escadas, rampas, vegetação, iluminação etc. As novas habitações, distribuídas em dois pavimentos, proporcionam maior densidade à implantação, liberando as áreas inundáveis para a recomposição do mangue.

O Centro de Referência de São Bartolomeu impõe-se na paisagem com duas grandes águas de telhado cobrindo um edifício sólido, assentado ao rés do chão. Foi construído com materiais baratos e tecnologia convencional – paredes de blocos de concreto, laje de concreto armado, escadas, passarelas, varandas e estrutura da cobertura de madeira (eucalipto tratado), bem como telhas metálicas termoacústicas. Como uma grande oca, abriga atividades de um centro de convivência multiuso e um programa de educação para a cidadania e estudos das tradições afro-baianas, especialmente do culto do candomblé.

A creche, assentada numa cota mais elevada, ocupa a encosta da montanha. Com vista para o mar e ladeada pela vegetação, foi construída com os mesmos materiais e em moldes idênticos aos do Centro de Referência.

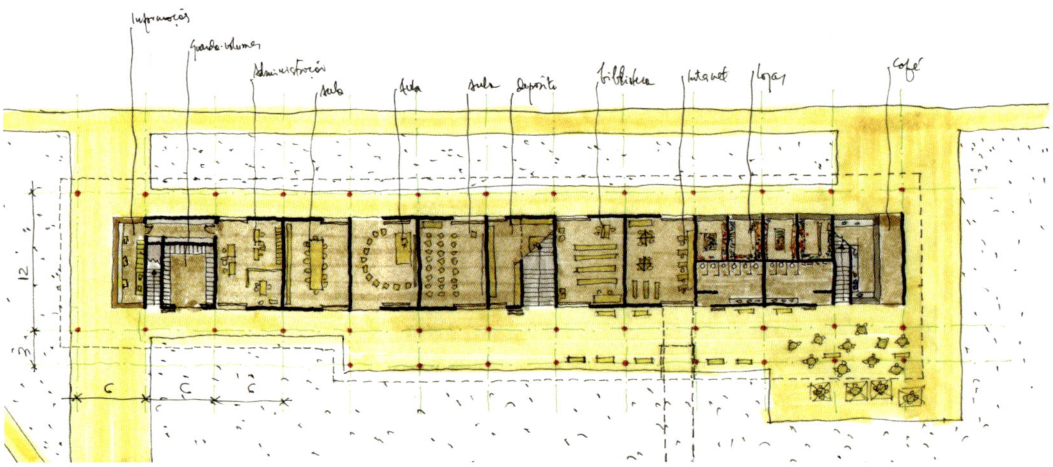

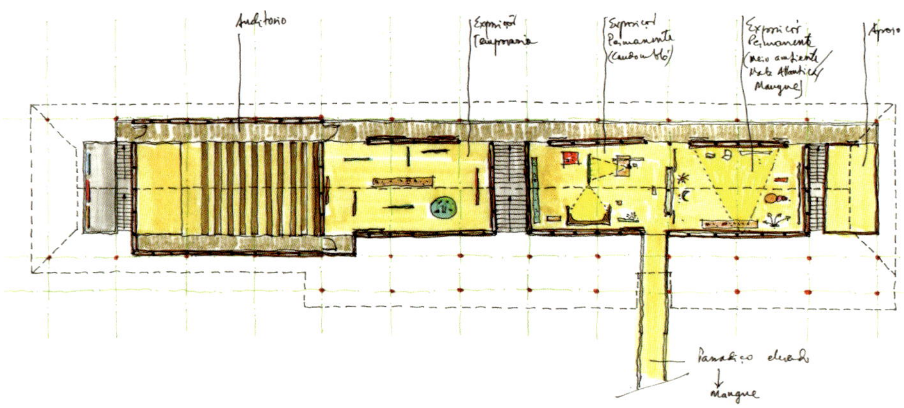

Centro de Referência de São Bartolomeu, plantas, perspectiva e vista do edifício

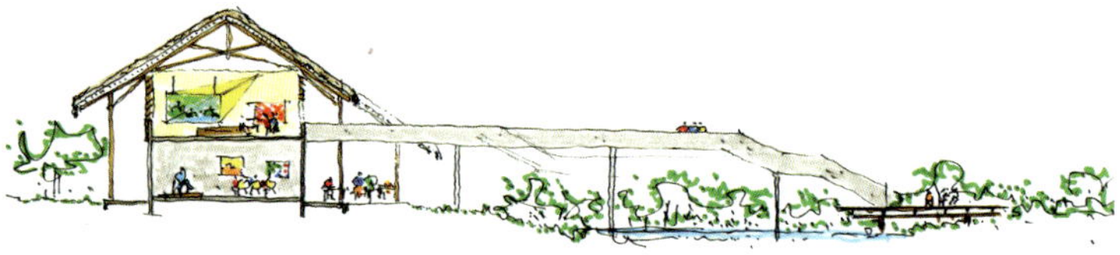

Acima, Centro de Referência, perspectiva e cortes; abaixo, Creche

Conjunto de moradias, vista, perspectiva e maquete

Museu de Igatu

Igatu, Bahia, 2008

Das entranhas das pedras reviradas da Vila de Igatu nascerá seu Centro de Referência e Memória a ser construído na entrada do Parque Histórico. Nele, pretende-se resgatar e guardar a história do lugar: a ascensão e queda da atividade garimpeira de diamantes, o *bamburrar* de muitos aventureiros, a decadência e o abandono do lugar.

Não será apenas um museu, mas um centro vivo no qual serão tematizados os traços e costumes da gente que ali viveu e ainda vive – a cultura local, a transmissão oral da história, a organização da vida cotidiana, o diálogo com a natureza exuberante do entorno, a culinária, os fazeres manuais, cênicos e as criações que apontam para o futuro. E será, acima de tudo, um centro de convivência entre moradores, visitantes e turistas; convivência entre diferentes épocas nas histórias do passado e do futuro, nos objetos, nos cacos de memória, no cascalho; convivência entre pedra e água, entre pedras naturais e pedras construídas – o concreto.

O lugar escolhido para o Centro de Referência e Memória de Igatu, bem na entrada do parque, é uma espécie de bacia, encravada na encosta da antiga usina de geração de energia elétrica, hoje abandonada.

Em linguagem contemporânea, o novo conjunto de construções, que abrigará exposições, acolhimento, café e auditório, procura criar tensão e harmonia com a paisagem natural envolvente, como numa sequência musical. Busca, no todo e em cada detalhe, o diálogo da ordem humana com a ordem da natureza.

Assim, na chegada, uma longa ponte de concreto nos levará até o outro lado da bacia. Nessa travessia seremos saudados por uma coluna circular de concreto que irá dialogar com outras quatro colunas quadradas, esculpidas em pedra única, com capitéis também de pedra, todas elas suportando uma laje levíssima, uma verdadeira tenda que abrigará o visitante do sol e da chuva na mirada da mais bela vista para o Vale do Paraguassu: um belvedere único.

Essas colunas serão esculpidas na pedra rosada de Igatu, material que também será utilizado na composição do concreto, transformado em *pedra moldada*.

Ainda nesse diálogo, a laje-ponte cruzará um jardim aquático de ninfeias que cobrirá o corpo principal da construção (sala de exposições e acolhimento) e levará o visitante ao jardim rupestre sobre o matacão de pedra, com suas orquídeas, cactos e bromélias. De um lado, o jardim aquático geométrico, construído e controlado; de outro, o jardim natural de pedras, livre e acidentado.

Concreto e vidro; pedra moldada e pedra moída; opacidade para a introspecção das exposições e transparência para a paisagem envoltória; o dentro e o fora se alternando e se confundindo; separação e fusão. Estes são princípios que guiam a arquitetura desse pequeno conjunto, encravado entre pedras e mato rude. Princípios que buscam fundir conteúdo e continente numa experiência original e genuína de percepção do espaço. Todos os sentidos em alerta, embalados pelo silêncio mágico de Xique-Xique de Igatu.

godó de carne com banana
bamburrar cachoeira garimpo
pedra rosa galinha caipira bromélia **água**
chapada **picado de palma** orquídea vento
cachaça caco cerâmico limão-cravo
mato vidro bateia **cascalho** concreto
batata da serra matacão história
jardim rupestre rio Xique-Xique barro
ruína diamante feijão gruna

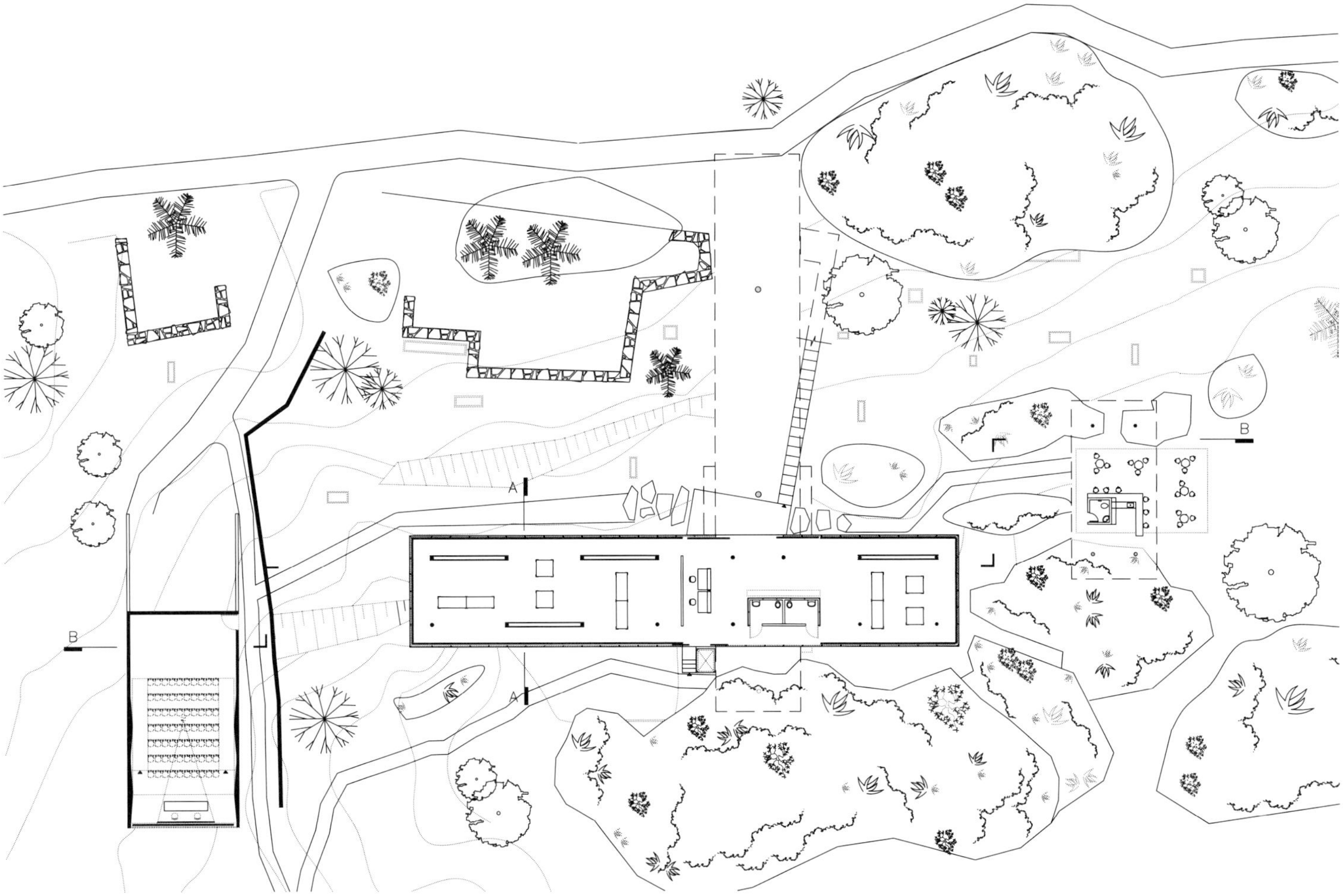

Planta térreo

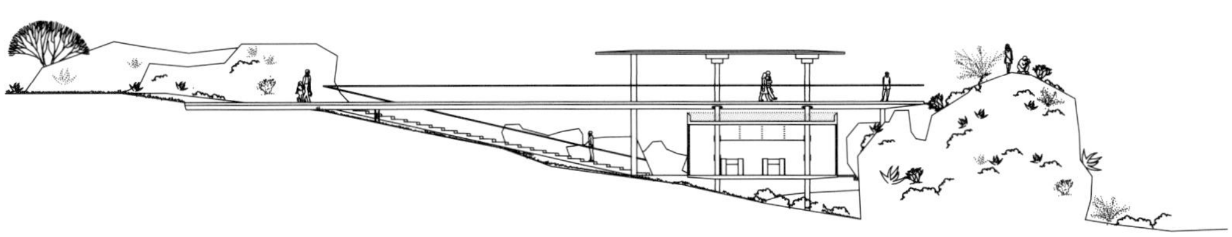

Corte AA

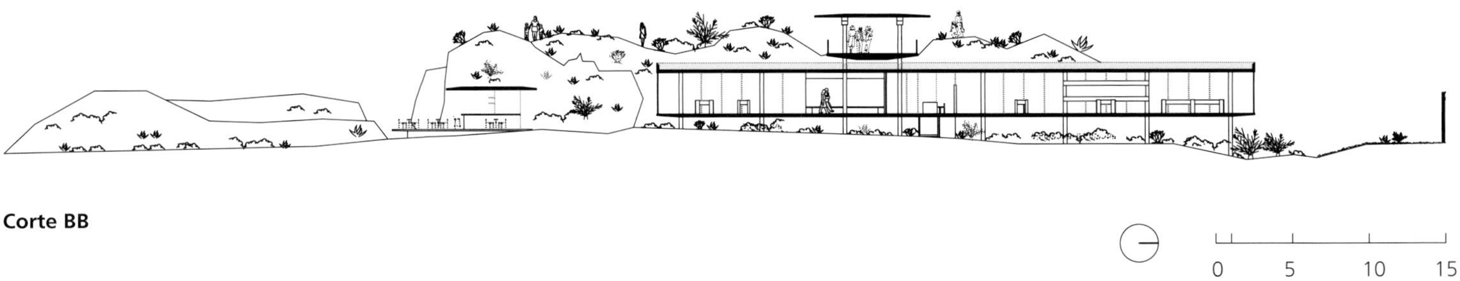

Corte BB

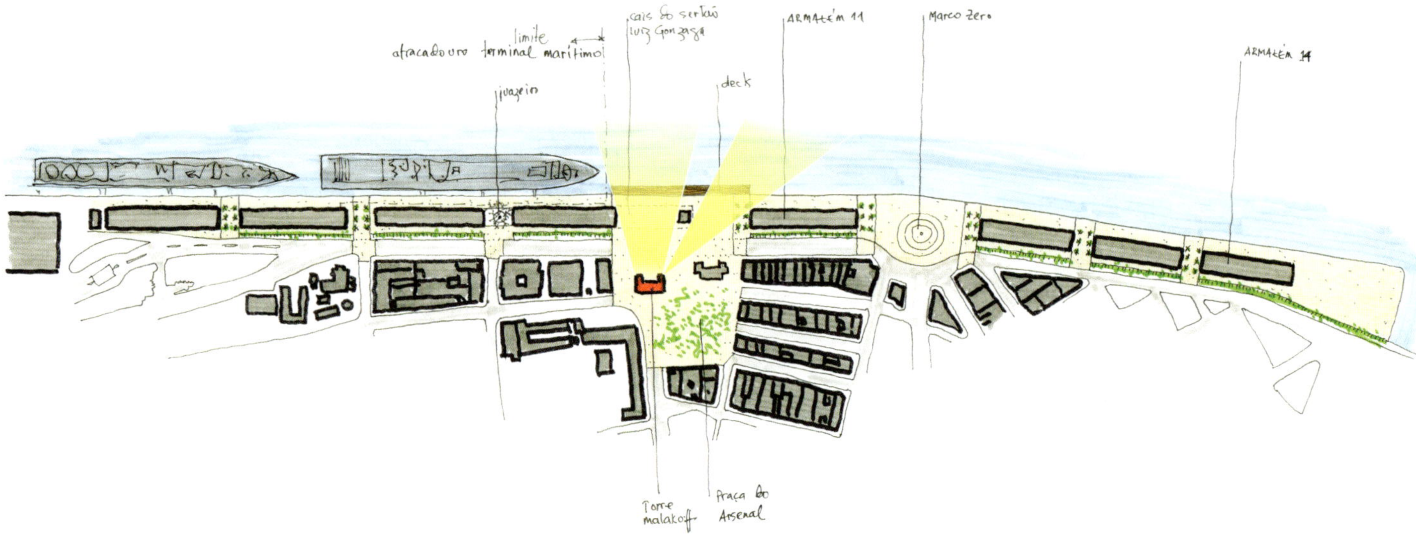

Cais do Sertão

Recife, Pernambuco, 2009

Em 2009, o governo federal decidiu fazer um museu em homenagem a Luiz Gonzaga. Um grande museu que contasse sua trajetória de vida e mostrasse por que esse homem, com sua vasta obra, transformou-se em um dos mais sólidos pilares da cultura brasileira. Não é preciso dizer aqui quem é Luiz Gonzaga, o Mestre Lua, pois ele habita o espírito e o imaginário de todos os brasileiros, mesmo sem que muitos de nós tenhamos clareza disso.

A partir da indicação do antropólogo Antonio Risério, que escreveu o texto fundador do museu, fomos convidados pelo Ministério da Cultura para elaborar o projeto. Montamos uma equipe multidisciplinar para, desde o início, pensar arquitetura e conteúdo como um conjunto. Pensar nos espaços e nas sensações a criar no espectador, nas informações a serem transmitidas e nas experiências a serem vividas naquele espaço. Para a construção do museu, o governo do estado de Pernambuco destinou um dos armazéns do antigo Porto do Recife e uma grande área contígua. Uma área à beira-mar, na ilha histórica onde nasceu a cidade do Recife, junto ao marco zero.

Ao mergulhar na obra de Gonzaga, nos deparamos com o óbvio: ninguém melhor que ele cantou (e contou) o sertão. Não há aspecto da vida sertaneja que tenha ficado fora de suas quase setecentas canções, verdadeiras joias da música brasileira. Decidimos então que o museu deveria, ao cantar Luiz Gonzaga, contar o sertão e, inversamente, contar o genial inventor cantando o sertão. Já não sendo somente um museu em homenagem ao artista, deveria trazer o sertão para a beira do mar, abrindo os olhos para o universo fantástico, ao mesmo tempo rico e pobre, trágico e festivo, violento e poético de grande parte da população que habita essa vastidão territorial chamada sertão.

Assim nasceu o Cais do Sertão Luiz Gonzaga. Em consonância com a proposta urbanística do estado e do município de manter os antigos galpões do porto, dando-lhes novas funções, começamos a desenvolver nosso projeto com o aproveitamento de um deles (2.500 metros quadrados) e criando um novo edifício (5 mil metros quadrados) conectado ao galpão, reforçando a estrutura longilínea de construções do porto, para abrigar todo o programa do museu.

Para o antigo galpão, inaugurado em 2014, foram destinadas as funções de museu propriamente ditas, com a exposição de longa duração em homenagem a Gonzaga e ao mundo sertanejo. O novo edifício, por sua vez, inaugurado em 2018, abriga um auditório com trezentos lugares, salas para exposições temporárias, cursos, reserva técnica, biblioteca e um restaurante sertanejo no jardim da cobertura, de onde se descortina de um lado o Recife antigo e, do outro, o mar e seu arrecife.

Para esse novo edifício utilizamos o concreto pigmentado amarelo-ocre, que remete ao solo quente do agreste. Com uma estrutura de concreto protendido, projetamos um grande vão de aproximadamente 65 metros, justamente em frente à Torre Malakoff, para criar uma grande praça coberta, abrigo do forte sol e das muitas chuvas da cidade. Essa praça coberta, como uma varanda urbana, possibilita uma infinidade de usos ao abrigo do sol e da chuva.

Mas o mais importante elemento da arquitetura é o cobogó gigante, criado especialmente para o projeto. Nada mais justo do que o uso do cobogó nas construções do Recife, cidade onde ele nasceu, pelas suas características de amenizar a relação dos espaços interior/exterior: filtro de luz para os de dentro e uma doce e amaciada fachada para os de fora. São 2.100 peças de 1m x 1m, com 140 quilos cada, com desenho que remete à galhada da caatinga ou às rachaduras de solo seco – além de outras interpretações possíveis. No conjunto, uma verdadeira renda branca sobre o concreto amarelo.

Se tivéssemos que resumir em poucas palavras o que é o Cais do Sertão Luiz Gonzaga, diríamos que é o encontro da técnica com a poética, do high-tech com o low-tech, do rigoroso e rico conteúdo com a possibilidade da livre interpretação e desfrute; enfim, lugar para o gozo estético. Sertão à beira-mar.

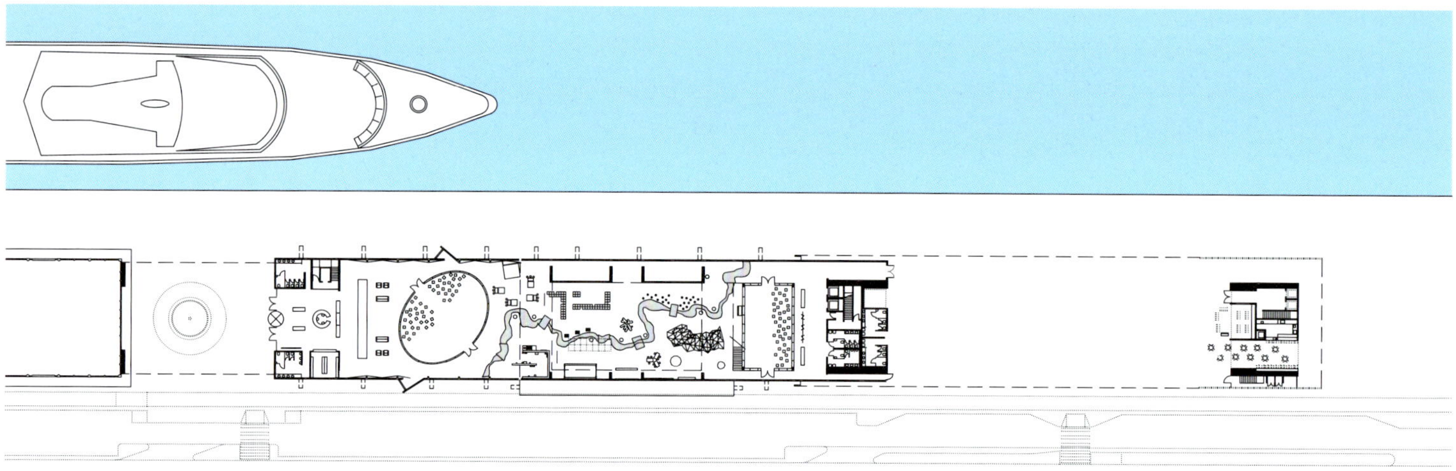

Planta térreo
(praça, acolhimento e exposição)

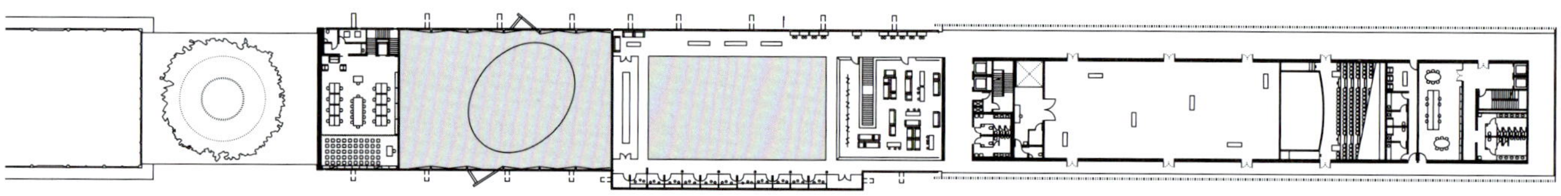

Planta 1° pavimento
(administração, exposição e auditório)

Corte transversal

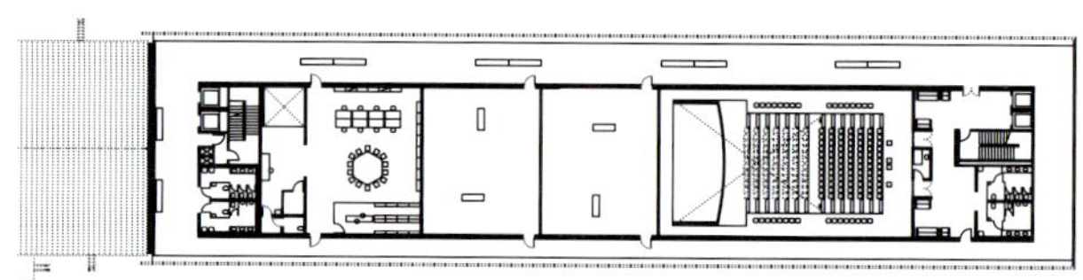

Planta 2° pavimento
(auditório, biblioteca e reserva técnica)

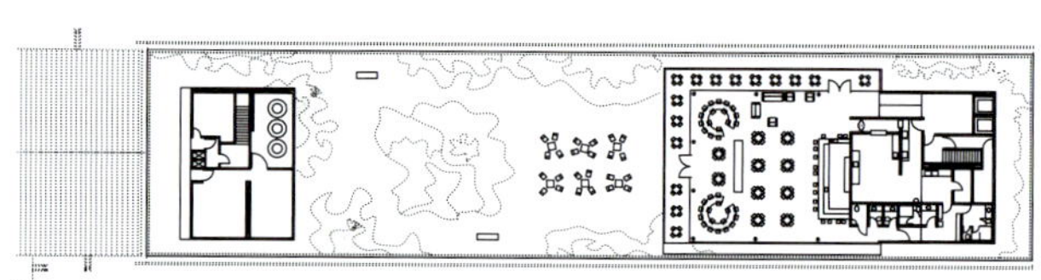

Planta 3° pavimento
(cobertura, restaurante)

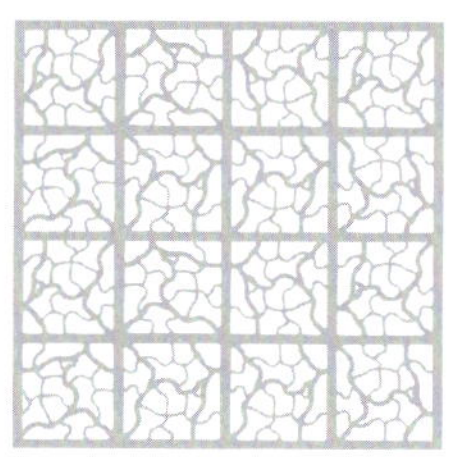

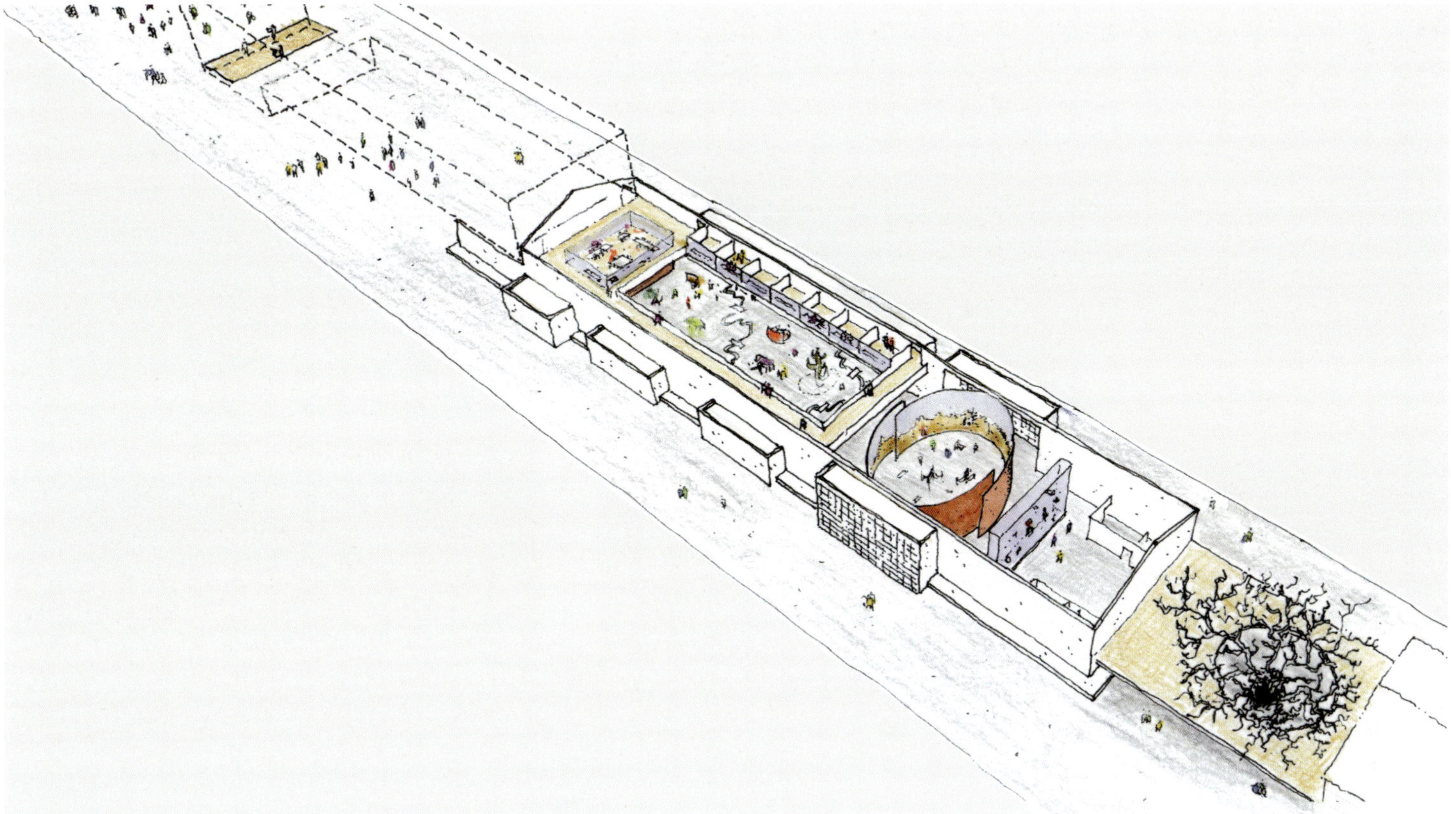

Auditório, revestimento acústico com rendas brancas tradicionais

SERTÃO

Instalações museográficas no interior do museu

VI
VER

O
CU
PAR
CAN
TAR

Museu da Imagem e do Som do Rio de Janeiro – MIS RJ

Rio de Janeiro, 2009

O edifício da nova sede do Museu da Imagem e do Som – MIS deverá marcar presença na paisagem do Rio de Janeiro. Ao ocupar um ponto nobre e privilegiado no cartão-postal de Copacabana, foi pensado para se anunciar já a partir de sua arquitetura contundente, sempre em diálogo com o seu entorno; ser atrativo e acessível a todos.

Como forma de se integrar à paisagem já sedimentada, o MIS deverá também guardar respeito ao gabarito de altura dominante em todo o *front* marítimo. Museu democrático, abrirá suas portas sobre o calçadão de forma franca e honesta, convidando todos a vivenciar uma experiência nova e instigante em seu interior.

O museu será um edifício de sete pavimentos, todo em concreto branco autolimpante, que, com uma enorme abertura (ou fenda) que rasga sua fachada de cima a baixo, fará o diálogo com a praia, o céu, os morros e o Oceano Atlântico. Essa será sua face principal, uma imagem intrigante que convidará o transeunte a desvendar seu conteúdo: como nas cavernas, o fascínio do desconhecido, a busca de surpresas e novas experiências – a eterna atração pelo que está dentro e não se vê.

Quando no interior do edifício, além de conhecer os conteúdos expostos no museu, o visitante passará a desfrutar, pela sinuosa fenda, dos diversos enquadramentos da paisagem – com variações de sol, chuva, luar... Esse passeio terá seu apogeu no *terraço mirante*, de onde se descortinará toda Copacabana, cercada pela magnífica natureza do Rio de Janeiro.

Ao acessar o pavimento térreo estaremos diante de um grande buraco, ou melhor, de uma sequência de buracos a perfurar todas as lajes; buracos de diversas dimensões, formas livres e anômalas, que farão a comunicação visual interna entre todos os pisos e permitirão a compreensão imediata do funcionamento do museu.

O edifício terá um sistema estrutural extremamente racional e simples: lajes nervuradas apoiadas nas espessas paredes periféricas. O recuo lateral no pavimento térreo será utilizado como esplanada avançada do bar/café e também como passagem pública da avenida Atlântica para a rua Aires de Saldanha. Portanto, se por um lado o prédio se integra à paisagem de Copacabana, recompondo seu gabarito, por outro reforça a fluidez da circulação de pedestres: acessibilidade, gentileza e conforto urbano.

E sobre essa passagem, como que flutuando, uma esfera em aço brilhante abrigará o auditório de projeção múltipla. Uma escultura urbana, uma nova imagem intrigante na orla de Copacabana, além de espelho de uma das mais belas paisagens da cidade maravilhosa.

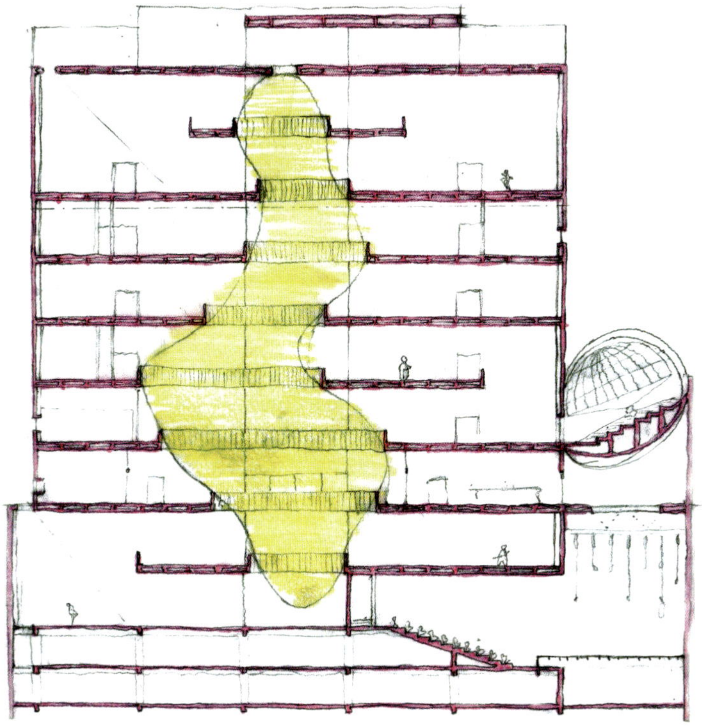

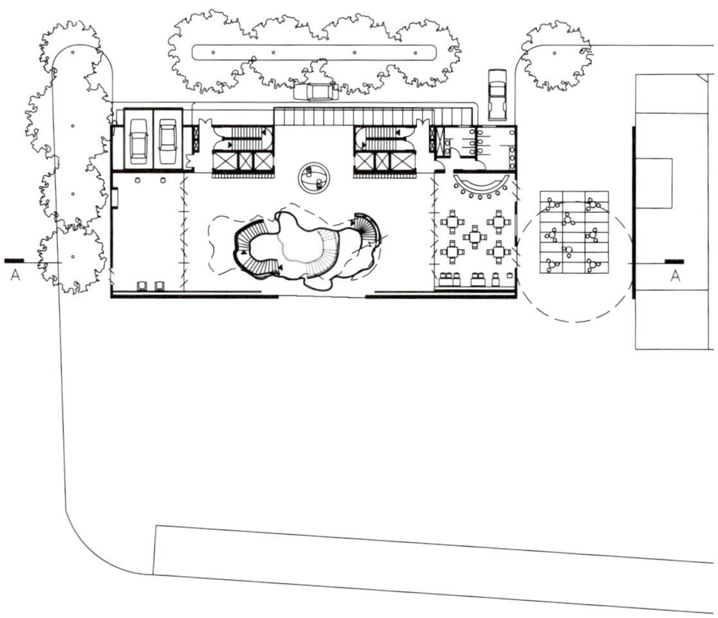

Planta térreo

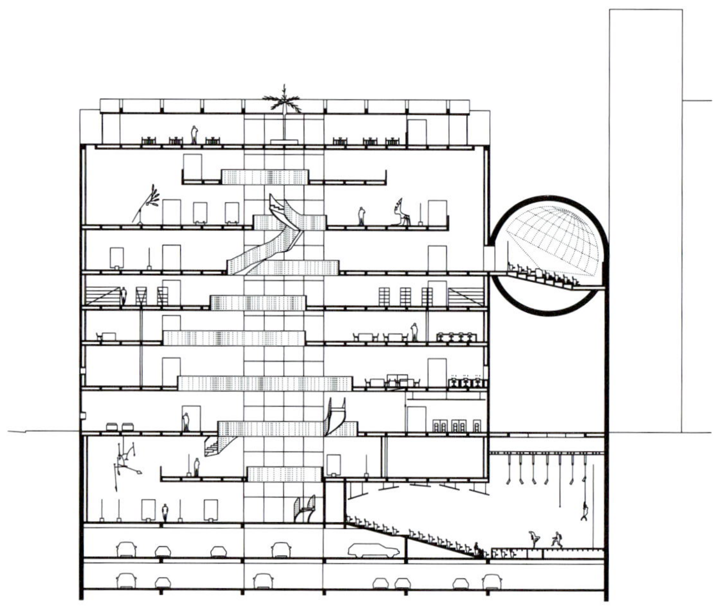

Corte AA

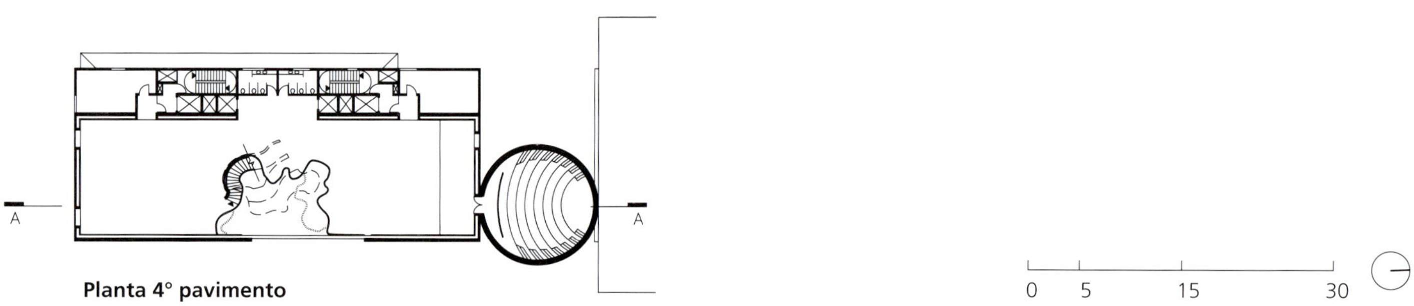

Planta 4º pavimento

Teatro do Engenho Central

Piracicaba, São Paulo, 2009

São poucas as cidades brasileiras que conservam uma relação saudável e de respeito com seus rios. Piracicaba é uma delas. O Rio Piracicaba corta o centro da cidade com diversas áreas livres e públicas em suas margens, espaços que funcionam como respiros e dão a possibilidade de se desenvolver algo exemplar no que toca à vida e ao conforto urbanos. E isso se deve, em parte, a fatores contingenciais ou históricos, como no caso do Engenho Central, uma antiga indústria de açúcar e álcool localizada às margens do rio, desativada na década de 1970 e tombada como patrimônio histórico municipal e estadual. Posteriormente, desapropriada pelo poder público, passou a ser parte da vida dos habitantes enquanto importante centro de lazer e cultura.

O Engenho Central está implantado na margem direita do Rio Piracicaba, bem próximo ao centro urbano da cidade. Seus volumes avermelhados em tijolo aparente oferecem uma visão impressionante para quem passa pela outra margem do rio. Suas águas, após superar as corredeiras, retomam a calma e espelham as luzes do engenho. Um cenário singular da paisagem urbana.

O conjunto mantém-se com a integridade de quando foi desativado, resistente às grandes mudanças pelas quais passou o seu entorno nas últimas décadas. Mas não nasceu como está. Ao longo de sua vida foi recebendo acréscimos, reformas, demolições que guardam registros de várias épocas. Nesse processo, coisas belas se perderam e outras foram sendo incorporadas para formar aquilo que talvez corresponda a seu melhor valor: a cidadela.

O conjunto do Engenho Central é um dos maiores e mais importantes testemunhos arquitetônicos do modo de produção de açúcar e álcool que vigorou entre meados dos séculos 19 e 20. De seu maquinário quase nada restou, mas suas inúmeras e variadas construções estão lá. E o mais importante desse patrimônio, além de sua sábia implantação, é justamente a relação espacial entre as várias construções, que nos ajuda a desvendar a lógica da produção e suas transformações ao longo desses cem anos de vida, aquilo que poderíamos chamar de urbanismo industrial. São galpões e casas de escalas variadas, quase todos em tijolos à vista – linguagem universal da indústria do século 19.

Em 2002 elaboramos, junto a um grupo de colaboradores de Piracicaba, um plano diretor para toda a área do Engenho Central. Esse plano visava justamente dar um rumo e balizar as futuras intervenções que fossem feitas ali. Num dos mais belos e antigos de todos os galpões, projetamos o Teatro do Engenho Central (Teatro Erotides de Campos). Uma arquitetura que parte do interior do edifício e transforma os vazios em hall público, salas acusticamente equipadas, plateia, palco, galerias, bar e restaurante, salas de ensaio, camarins, salas técnicas de apoio. Ou seja, tudo que um teatro atual carece para funcionar em sua plenitude.

Com um palco expandido e em dupla face, que se abre também para a praça central – coração de todo o conjunto –, o teatro é um importante equipamento de fomento e apoio às festas abertas, ao ar livre. É um espaço contemporâneo multiuso já investido de história. Sim, o antigo galpão era um grande depósito de tonéis gigantes e uma destilaria de álcool. Essa memória está nas dimensões industriais de seu pé-direito, em seu grande vão central e nos materiais empregados em sua construção – tijolos, telhas de barro, vigas de ferro e concreto –, que nos impressionam e nos levam a refletir sobre esses artefatos humanos construídos no passado. Nesse caso, um antigo local de trabalho árduo e duro, de sofrimento de muitos, um testemunho do trabalho humano, foi transformado em fábrica de diversão, criação, celebração e convivência, sem apagar sua vida pregressa.

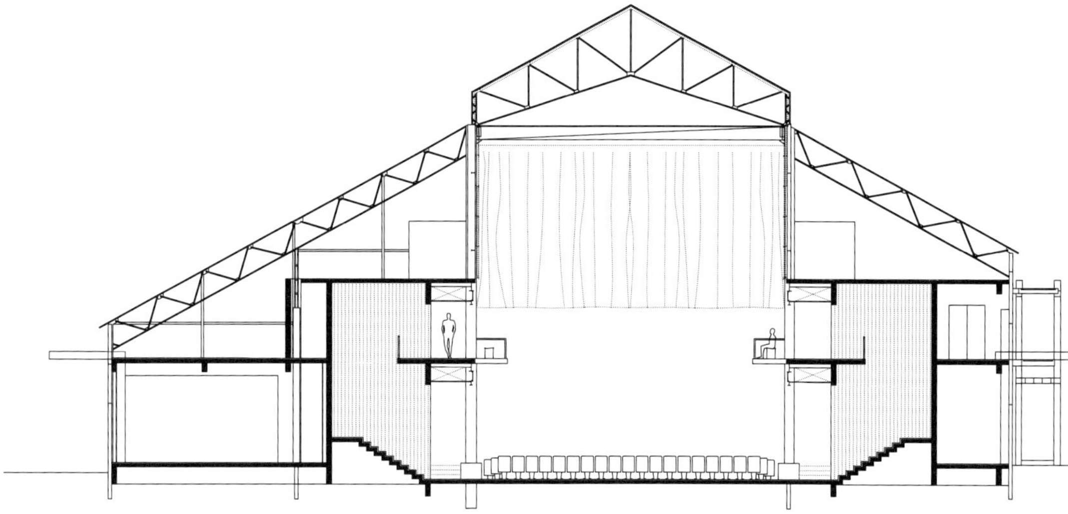

Corte AA

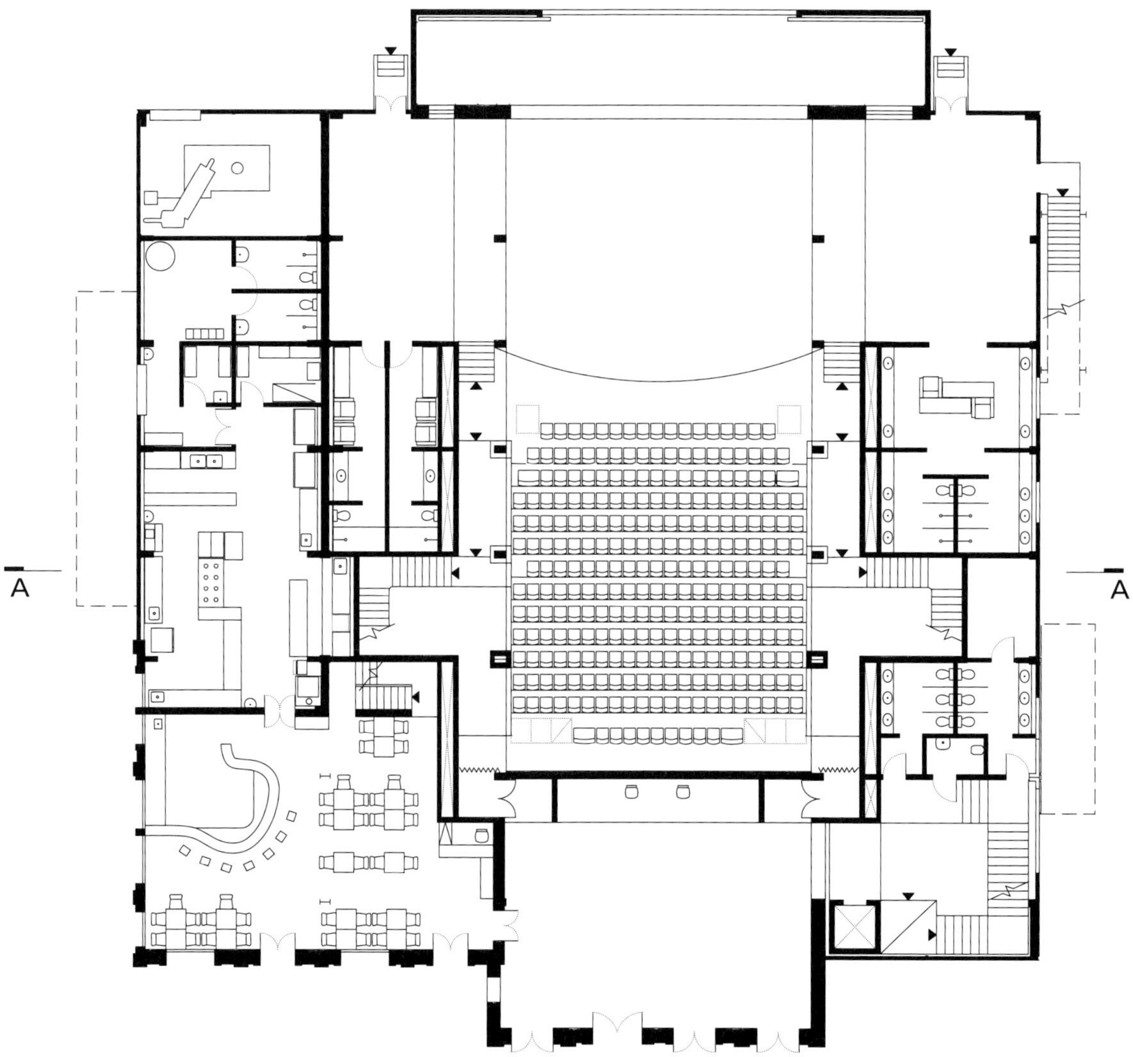

Planta térreo

Cidade Baixa

com Roberto Pinho, Maurício Chagas, Alexandre Prisco, Nivaldo Andrade, Sergio Ekerman e Marcio Targa

Salvador, Bahia, 2009

Podemos afirmar com segurança que, dos anos 1960 para cá, nossas grandes cidades cresceram descontroladamente e pioraram muito, seja no trato do espaço público, seja no conforto necessário à vida gregária. Enfim, retrocedemos em matéria de urbanidade.

Paradoxalmente, elas nunca deixaram de simbolizar a esperança de uma vida melhor, com trabalho, escola, futuro para os jovens, acolhendo levas e levas de migrantes do campo e de pequenas comunidades.

Mas a realidade bate forte: esse crescimento descontrolado e perverso nas relações de poder e da posse da terra, esse inchaço aliado à ignorância e a interesses escusos na gestão do espaço urbano transformou a cidade, que passou de promessa de *céu* a verdadeiro inferno de violências e tragédias.

Temos um grande passivo a ser recuperado se ainda acreditamos na possibilidade de uma vida cidadã. Os planos diretores tecnoburocráticos das últimas décadas ficaram no papel por absoluta falta de sensibilidade política de ouvir, ver e propor a partir das necessidades e da realidade da vida de cada lugar, em nossa sociedade plural.

Cada cidade, com sua história, sua geografia física e humana, suas características e originalidades, aponta saídas e soluções diferenciadas para seus problemas urbanos. Não há modelo pronto. Salvador, com toda sua exuberância e saber de *experiência feito*, tem muito a nos ensinar. Devemos partir desse conhecimento, dessa lição de fazer cidade, para tratar de qualquer problema urbano atual.

Convidados para elaborar um plano para toda a Cidade Baixa de Salvador – do Solar do Unhão até a Ribeira, abrangendo toda a península de Itapagipe –, apresentamos publicamente, dentro de uma ação mais ampla da Prefeitura, um projeto ambicioso que vai da borda da água até o topo da cumeada do frontispício.

Mais que um plano, é um projeto urbano que pode ser resumido em alguns pontos: abertura da frente marítima da cidade para toda a população; criação de espaços públicos qualificados visando a acessibilidade universal – no sentido físico e socioeconômico – e o conforto urbano; recuperação urbanística e paisagística de toda a encosta, em especial o frontispício, como a mais forte imagem da cidade; criação de sistema eficiente de transporte público que articule todos os setores da Cidade Baixa e estabeleça novas conexões com a Cidade Alta; incremento da habitação com a recuperação e a ocupação dos edifícios e áreas degradadas e/ou subutilizadas; implantação de rede de equipamentos de grande porte destinados à cultura, ao esporte e ao lazer da população, as cidadelas sociais.

É um projeto viável. E como motor é preciso ter em mente o que foi Salvador nos séculos passados, até os anos 1950, tomar a sabedoria arquitetônica e urbanística dos nossos antepassados como espelho ou desafio às novas intervenções. E isso deve nos encorajar a propor e tomar decisões.

Acreditamos que, com uma ação integrada do poder público com o poder privado e a sociedade civil, podemos mudar uma cidade maltratada e ofendida por décadas de negligência e abandono. Parafraseando Antonio Risério em seu brilhante ensaio sobre Dorival Caymmi, que a Cidade da Bahia possa voltar a ser "uma utopia de lugar".

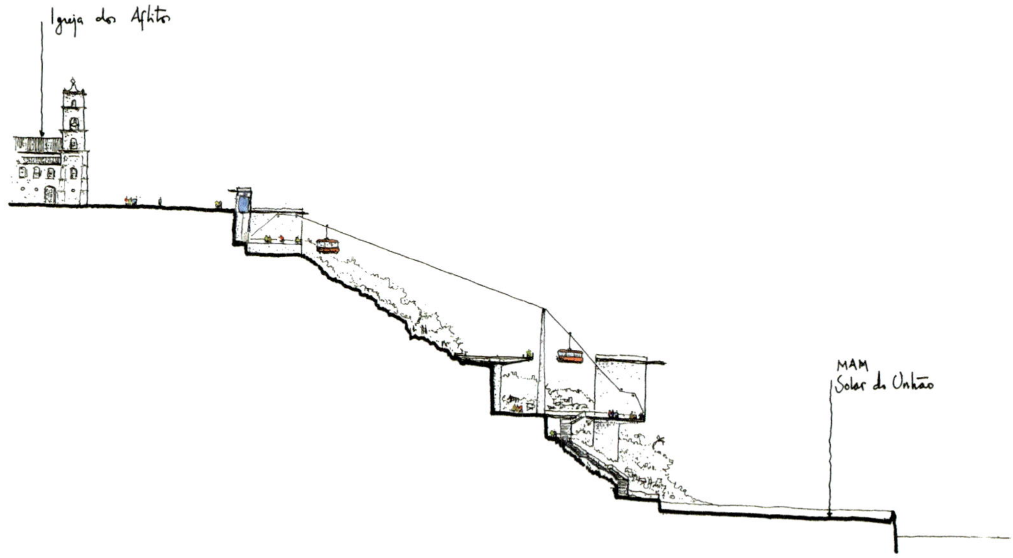
Igreja dos Aflitos
MAM
Solar do Unhão

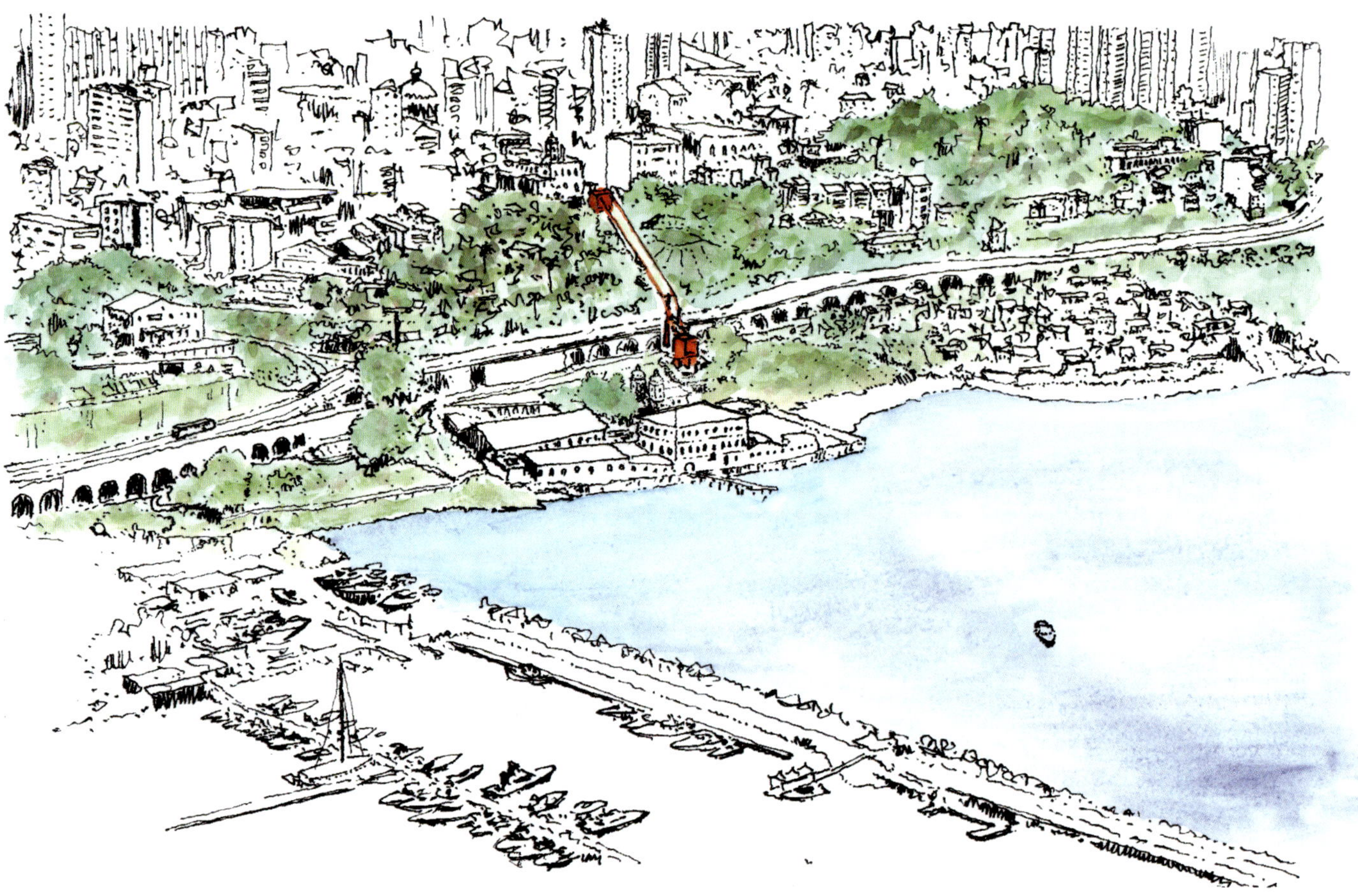

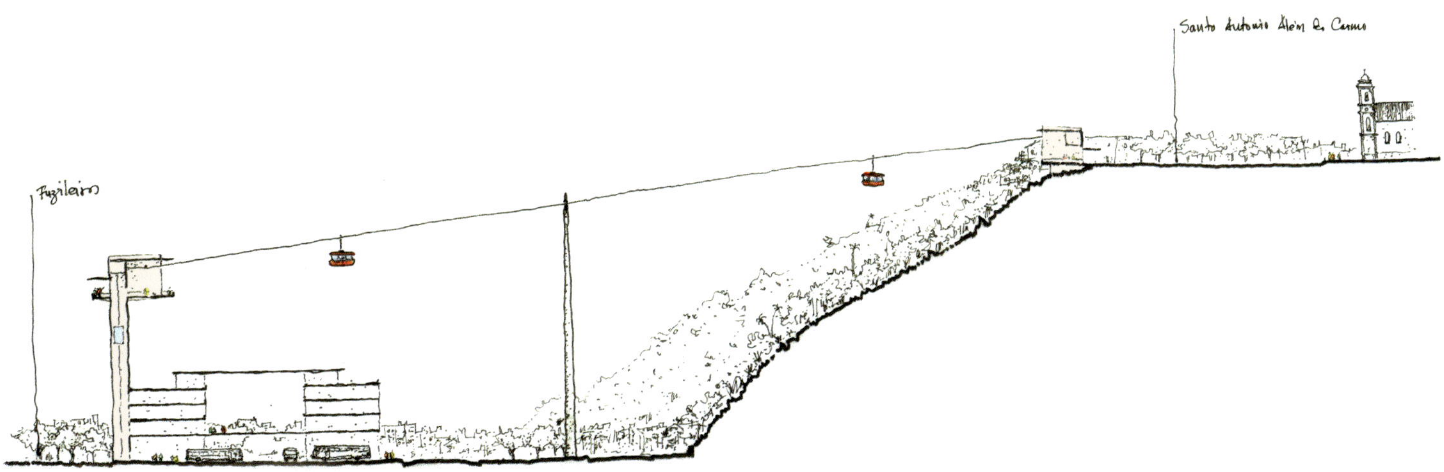
Santo Antonio Além do Carmo
Fuzileiros

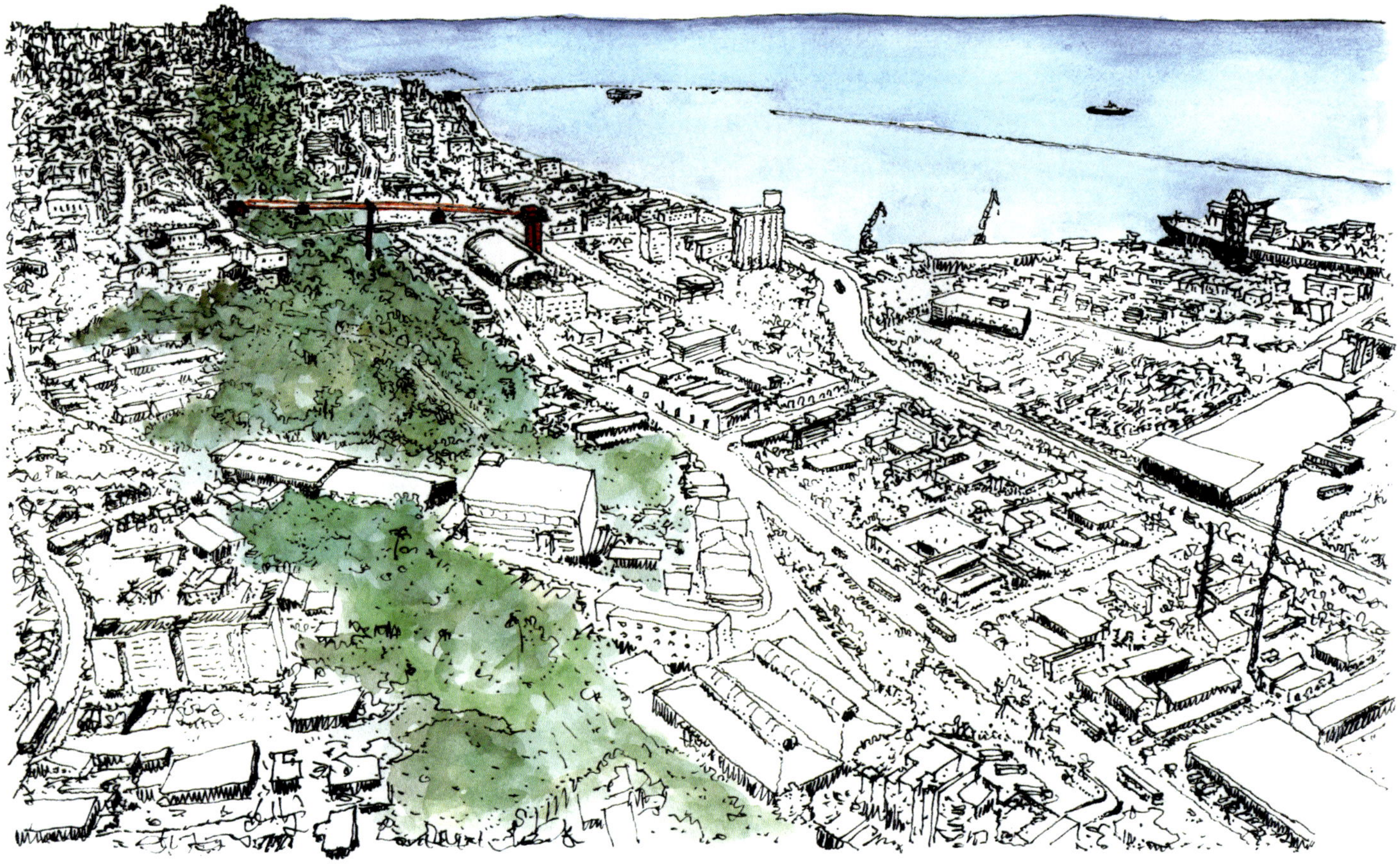

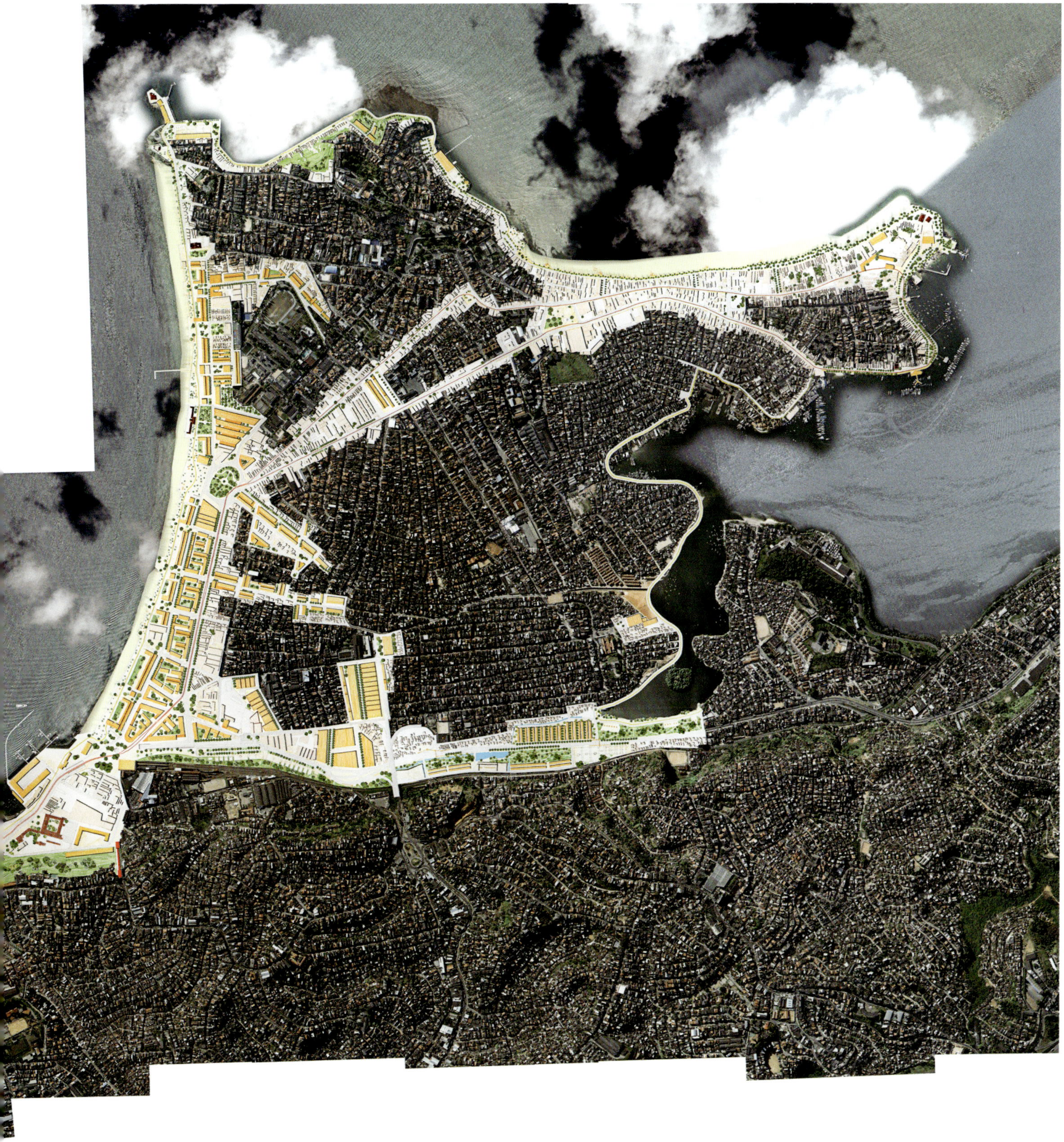

Casa da Lapa
São Paulo, 2009

Implantada a quatro metros acima da rua em um terreno em aclive, a casa se desenvolve em forma de "U" ao redor de um pátio quadrado, epicentro – ou *core* – de todas as atividades do dia a dia dos moradores.

O pavimento principal, ou térreo elevado, abriga os ambientes de convivência – sala de estar, jantar, cozinha e estúdio. Esses espaços, além de conectados ao pátio, são também ligados por uma longa e única parede vermelha que define usos, acolhendo aberturas, passagens, reentrâncias e suportes para objetos e obras de arte.

O concreto aparente da laje, que se desenvolve a partir da marquise de acolhimento desde o portão de entrada até o estúdio nos fundos do lote, tem também uma presença unificadora de todos os espaços. O piso de ladrilho hidráulico reforça essa unidade.

O pavimento superior abriga os quartos e uma área de lazer, que se abre para um jardim na cobertura com vista generosa dos arredores.

O sistema construtivo é simples: estrutura convencional de concreto e vedação em tijolos comuns caiados de branco. Caixilhos de madeira e vidro, ora fixos, ora em grandes portas de correr, permitem amplas aberturas, dando continuidade e integrando os espaços externos e internos.

803

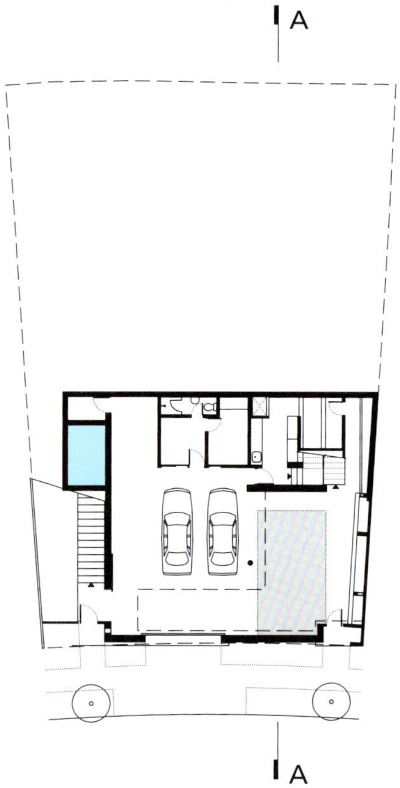

Planta térreo

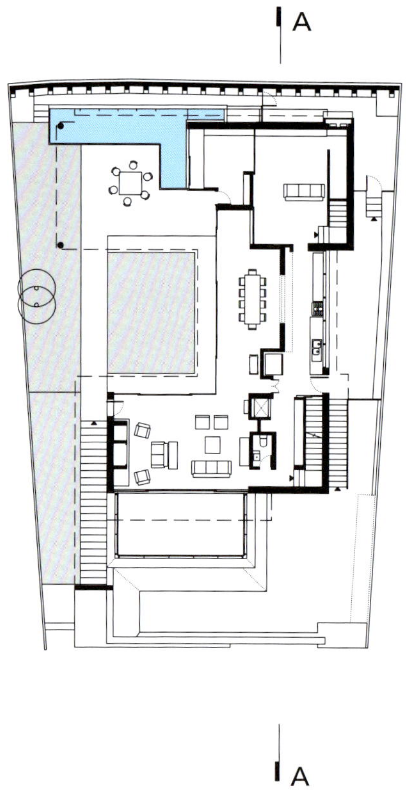

Planta 1° pavimento

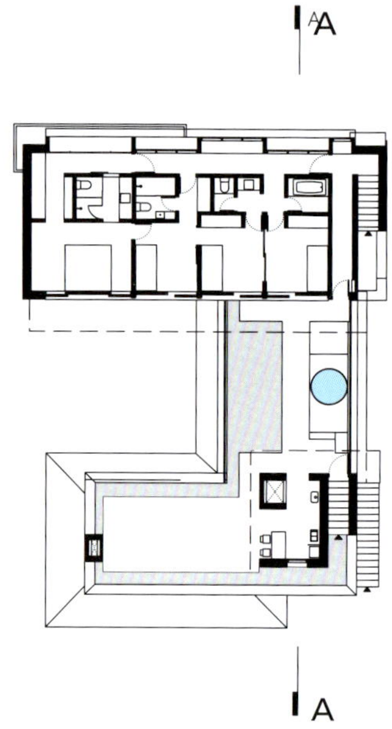

Planta 2° pavimento

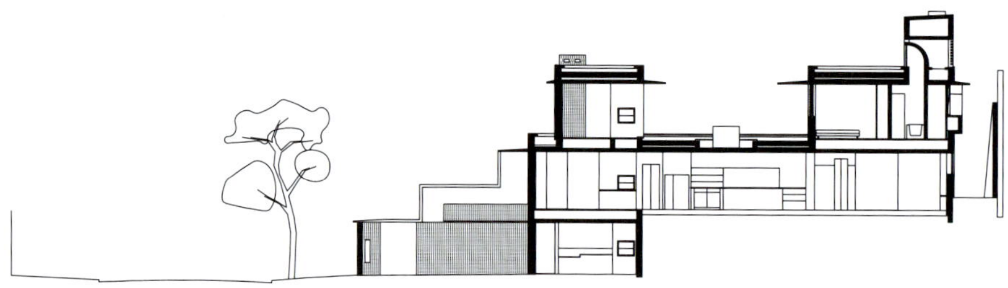

Corte AA

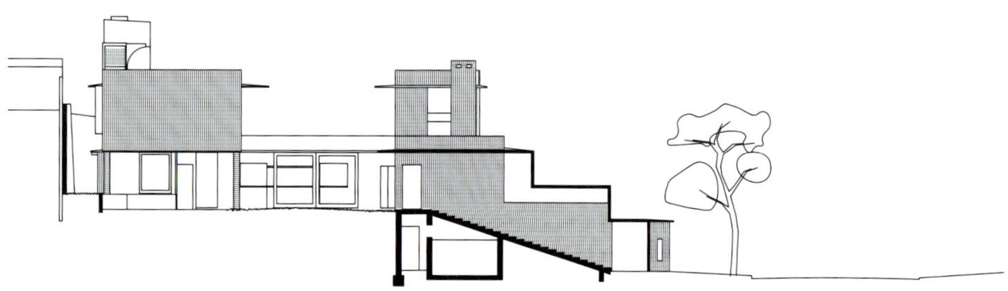

Corte BB

Museu do Pampa

Jaguarão, Rio Grande do Sul, 2009

O tema central do Museu do Pampa é a singularidade da paisagem física e humana do que se chama pampa, no quadro da experiência brasileira. Trata-se de um museu no qual os visitantes poderão vivenciar a especificidade e a riqueza da natureza, da cultura e da história da região, bem como da sua importância para a formação do país.

O museu organiza um vasto conjunto de informações a partir de alguns eixos centrais. O primeiro deles é a singularidade da paisagem natural do pampa, com seus ecossistemas. O segundo eixo é a antiguidade da ocupação da região, habitada sucessivamente por povos e culturas desde a Pré-História. O terceiro aspecto é a mestiçagem genética e simbólica únicas que se deram no pampa – uma mistura singular de povos indígenas, ibéricos e africanos que gerou o gaúcho – e a produção cultural específica que essa mistura propiciou. O quarto eixo trata das guerras de fronteira e da constituição de uma identidade local.

O espaço destinado à instalação do museu é uma antiga edificação militar datada de 1883, em estilo neoclássico, estrategicamente erigida na coxilha denominada Cerro da Pólvora. O edifício, hoje tombado como patrimônio histórico nacional, foi abandonado no final da década de 1970 e, com o passar dos anos, entrou em estado de degradação, até serem iniciadas as obras de recuperação e reabilitação para a instalação do museu, ou Museu do Pampa, seu nome oficial.

Pela qualidade de sua arquitetura e pela imponência de sua implantação, o edifício marca fortemente a paisagem jaguarense – de onde se tem uma vista privilegiada do território uruguaio vizinho –, como que a guardar o pampa e a fronteira, como sentinela avançada. Conhecido como antiga enfermaria de Jaguarão, o conjunto teve esse nome cunhado pelo seu uso durante a Guerra do Paraguai. Nos anos mais duros da ditadura militar, serviu também como prisão política.

O edifício da antiga enfermaria foi recuperado com a manutenção de seu aspecto externo de ruína. O projeto procura, justamente, valorizar com essa imagem de abandono a força simbólica já impregnada no imaginário da comunidade de Jaguarão há quase quarenta anos.

Uma construção contemporânea em concreto e vidro, interna e discreta no interior do conjunto, complementa com novas áreas as necessidades do programa do museu. Também em concreto foram complementadas algumas partes do que o tempo destruiu, como os muros que definem o quadrado perfeito do conjunto ou uma esquina do edifício principal. São as novas marcas do tempo, dentre tantas outras, que se amalgamam para contar a história através das pedras da alvenaria.

As antigas janelas, já desaparecidas com o tempo, não foram refeitas. Em seu lugar foram fixados somente tampões de aço corten ou vidro, reforçando a ideia de buracos abertos na

fachada. Com o mesmo objetivo de acentuar a ideia de abandono, os telhados foram substituídos por laje plana, com um jardim matagal composto por vegetação trazida pelo vento ou pássaros. Um auditório cavado na rocha bruta de basalto, totalmente subterrâneo, complementa o projeto e a ideia de mistério que cerca a história do conjunto, impregnada em sua arquitetura.

Em síntese, quando finalizada toda a obra, teremos por fora o *fantasma* solene, abandonado na paisagem a intrigar o visitante, desafiando-o a entrar e descobrir seu conteúdo. No interior, com acabamentos e o conforto que um museu contemporâneo requer e com a mais moderna tecnologia expositiva, teremos uma viagem ao pampa – sua natureza e seu imaginário.

Todos esses elementos – conceitos – utilizados na reabilitação da edificação histórica promoverão a transformação e a adequação do conjunto à sua nova vida. Um documento do passado cheio de glória, dor e sofrimento – feitos e fatos humanos – será agora ferramenta do futuro a ser construído, pautado na convivência.

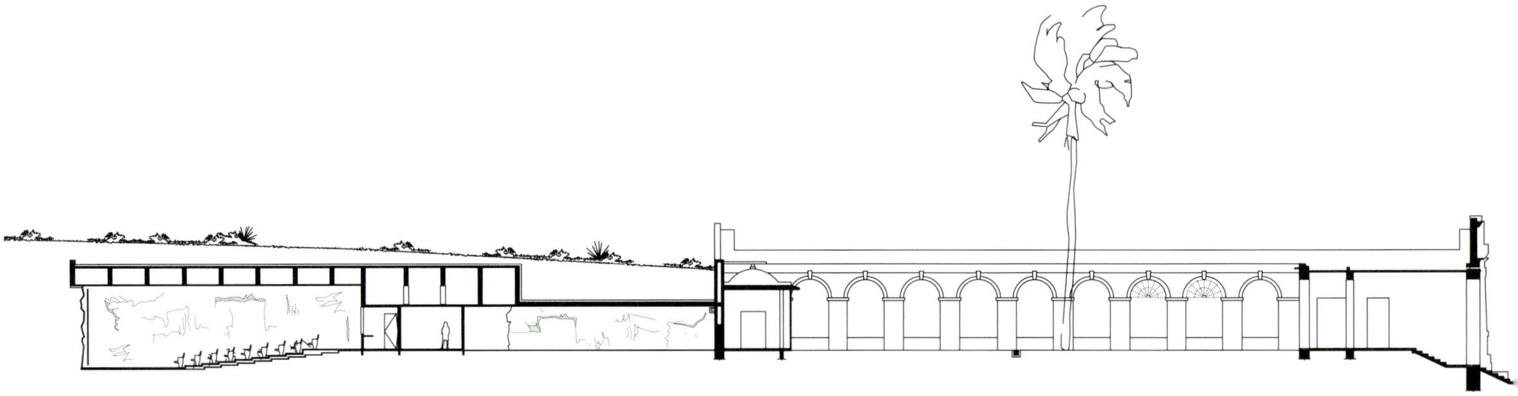

Corte longitudinal

0 5 10 20

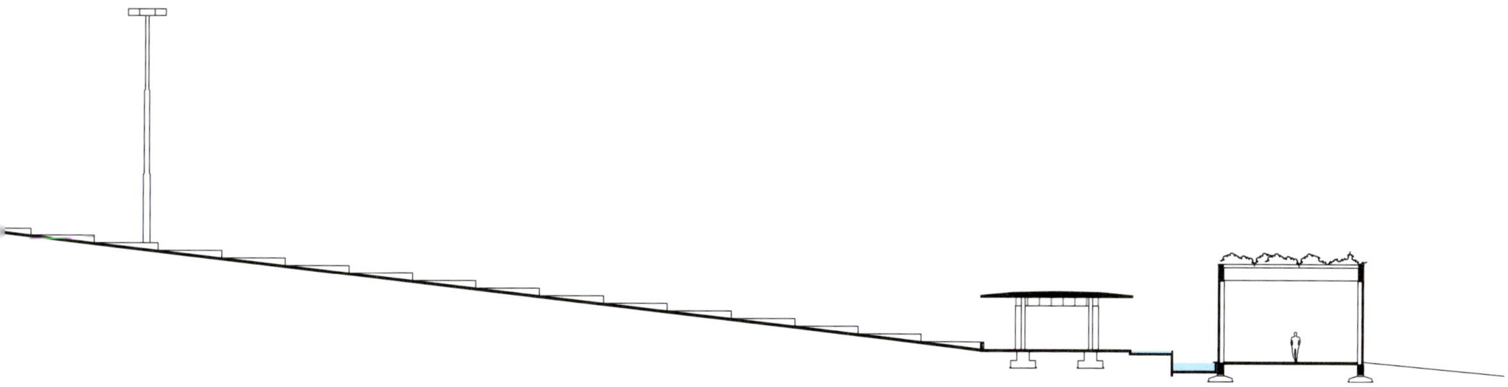

Estudo para aplicação de gravuras de Danúbio Gonçalves no muro de entrada do museu

cabo de relho trotear coxilhas milonga
pelego charque **fronteira** butiá encilha
mate bate-coxa guaipeca minuano
capim-mimoso povoado charrua bagual
chinoca farrapos macela crioulo **trova**
folguedo anu-preto guaiaca querência
história **fortificações** pilcha guaraxaim
pandorga gaudério mondongo piá chiru
meia-lã califórnias farinha de cachorro
cevador tropeiro **guarda do cerrito**
morocha poncho zorillho caturrita cuia
cerro da pólvora **estância** maturrango
ruína quer-quero arroio soga tachã

Auditório junto à rocha, estudo e obra

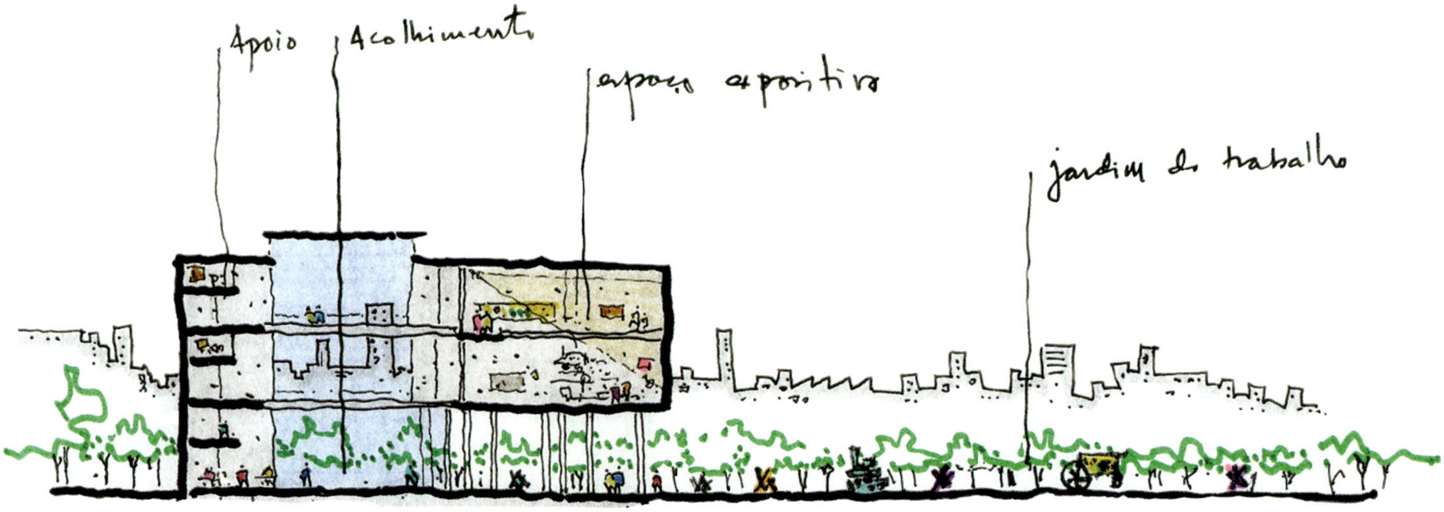

Museu do Trabalho e do Trabalhador

São Bernardo do Campo, São Paulo, 2010

O Museu do Trabalho e do Trabalhador foi concebido dentro de um grande plano urbanístico para a nova centralidade de São Bernardo do Campo. O centro da cidade possui um conjunto arquitetônico moderno, com grandes espaços públicos, que foi descaracterizado por um desenvolvimento caótico e acelerado, perdendo sua qualidade espacial como centralidade. O novo plano define novas referências urbanas com a criação de um parque central que redesenha o sistema viário dessa zona, liberando o nível térreo para a circulação de pedestres, e cria uma área verde contínua que liga diversos equipamentos públicos. É nesse contexto que se insere o Museu do Trabalho e do Trabalhador, em um terreno de 10 mil metros quadrados originalmente ocupado pelo mercado municipal, ao lado do Paço Municipal.

O museu está implantado na extensão desse parque, em meio a um jardim com árvores, arbustos e trepadeiras entremeados por grandes máquinas e artefatos industriais em desuso – objetos que remetem às origens e vivências do trabalho ao longo da história, ligados ao período da industrialização. O jardim encenará certo confronto entre o natural e o humano, com a vegetação envolvendo e se apossando das máquinas.

Esse jardim público do trabalho adentra sob o corpo sobrelevado do museu e revela o seu grande espaço central de acolhimento. Espaço *rua* que dá acesso, cruza longitudinalmente e organiza o terreno e o edifício, inserindo-os no tecido da cidade.

De um lado temos o bloco que abriga funções administrativas e de apoio, reserva técnica, um pequeno auditório, salas de máquinas e sistemas de circulação vertical. De outro, o volume elevado que abriga os espaços expositivos.

Os dois blocos são conectados por passarelas que cortam o vazio vertical do *espaço* rua. Esse local de acolhimento, alargado em seu centro por dobraduras nas paredes estruturais de concreto e protegido em seu entorno por grandes planos de vidro, deixa à mostra o movimento e a vida do museu. No piso térreo, a loja e o café fazem parte também do principal espaço da convivência – entre visitantes e transeuntes, entre museu e cidade.

O Museu do Trabalho e do Trabalhador tratará da história do trabalho de um modo amplo e universal, desde a Pré-História até os dias atuais, colocando-se em diálogo permanente com outros museus pelo mundo afora.

Por outro lado, tratará também da especificidade nacional e local. São Bernardo do Campo e a região do ABC são, provavelmente, o que melhor representa o desenvolvimento industrial moderno em nosso país. Desde os anos 1950, quando ali foram instaladas diversas montadoras automobilísticas, fábricas de autopeças, eletrodomésticos, indústrias químicas e de plásticos, entre várias outras, a cidade adentrou o imaginário nacional como a capital do automóvel, um símbolo do progresso fabril e de uma nova era de desenvolvimento. A região é também nacional e internacionalmente conhecida pelas lutas sociais desenvolvidas por seus operários.

Nesse sentido, o museu pretende ser um centro articulador da memória e história dos trabalhadores, apresentando a diversidade de suas experiências e vivências em seus locais de trabalho e moradia, em suas múltiplas formas de sociabilidade e de ação coletiva. Tendo como eixos transversais as relações de gênero, étnicas e geracionais, a sua narrativa busca estabelecer um diálogo permanente com o variado conjunto de práticas construídas na região, no país e no mundo.

O Museu do Trabalho e do Trabalhador pretende constituir-se em espaço vibrante de convivência, diversão e conhecimento, atraindo visitantes locais e de todas as regiões do país.

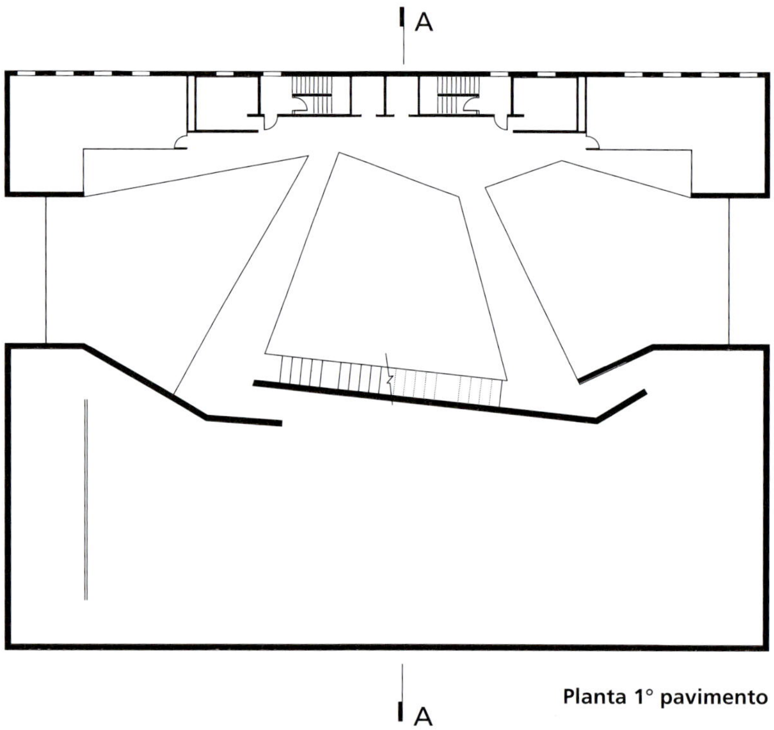

Planta 1° pavimento

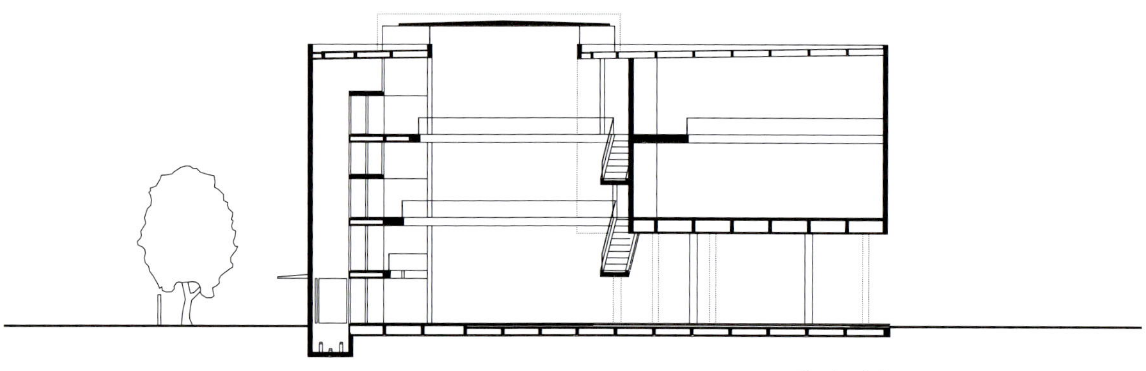

Corte AA

Edifício em fase final de obras

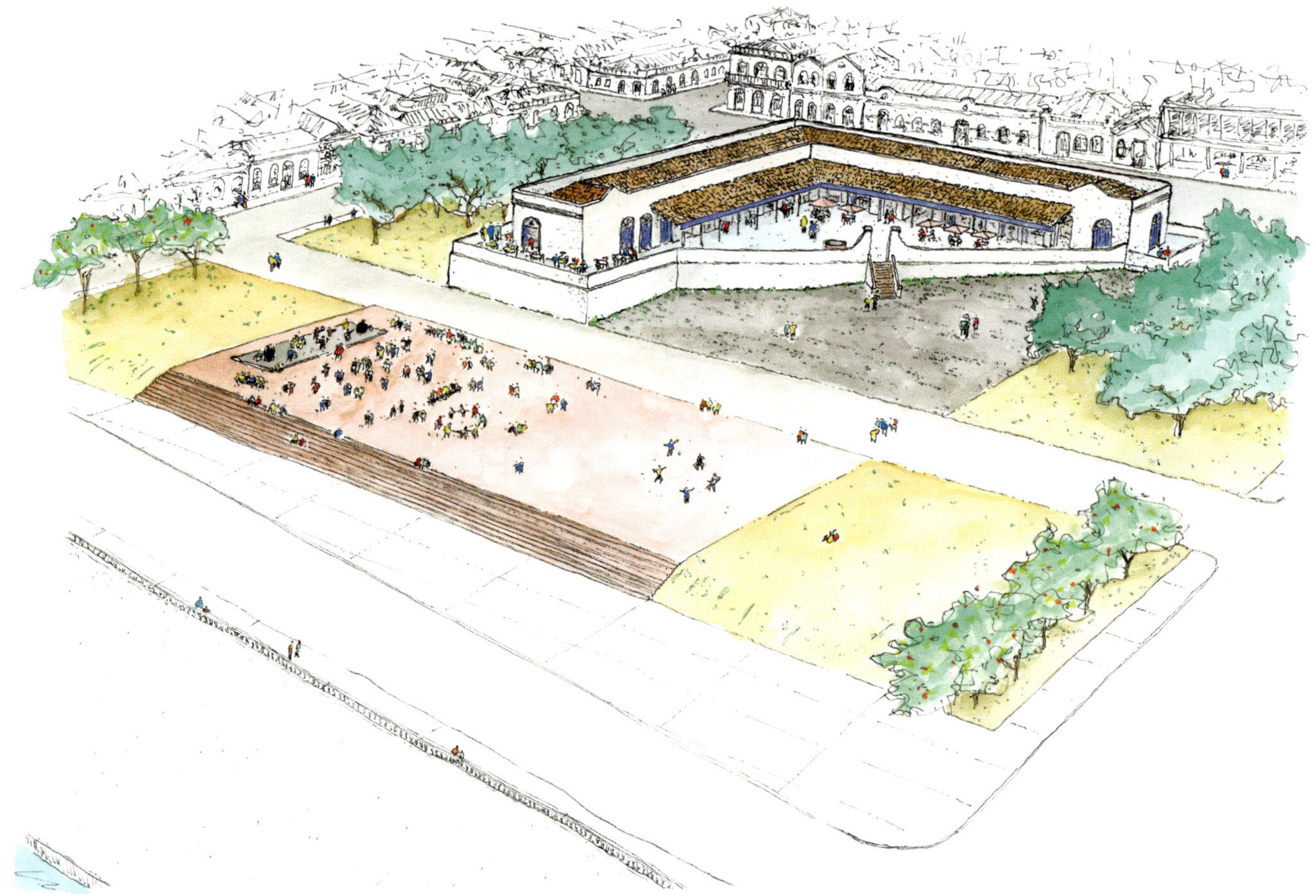

Mercado de Jaguarão

Jaguarão, Rio Grande do Sul, 2010

Local de encontro por excelência, trato público, exercício da cidadania e da urbanidade, os mercados são espelhos das cidades e até retratos de civilizações. Vemos, sentimos e apreendemos a cultura de uma cidade em seus mercados. Neles podemos entender um pouco melhor os agrupamentos humanos e seus valores: o que se come, o que se bebe, o que se veste e como as pessoas se comunicam, se relacionam e tratam seus problemas. Os mercados são centralidades inequívocas da vida urbana, pontos altos da convivência humana.

A restauração e reabertura do Mercado Municipal de Jaguarão é mais um importante marco na história da cidade. Tombado como patrimônio estadual pelo Instituto do Patrimônio Histórico e Artístico do Estado – Iphae e pelo Instituto do Patrimônio Histórico e Artístico Nacional – Iphan como monumento nacional, o edifício é um testemunho do assentamento urbano em território de fronteira.

Além de conservar suas características originais construtivas, é um exemplo de sabedoria na escolha do terreno e na implantação urbanística. Está situado estrategicamente no centro da cidade, na encosta suave do Rio Jaguarão, exatamente onde nasceu o povoado há mais de duzentos anos. Construído entre 1864 e 1867, serviu sempre como um importante centro de compras e abastecimento da população, tendo entrado em decadência nas últimas décadas.

Algumas diretrizes básicas guiaram nosso projeto, pautado na requalificação urbana de todo o entorno a partir da abertura da frente ribeirinha. Com a demolição das construções que obstruíam a vista e o acesso pleno ao Rio Jaguarão, propusemos uma nova praça entre o mercado e o rio para receber desde pequenos shows musicais até quermesses, feiras, eventos temáticos ou, simplesmente, proporcionar ao usuário a bela visão das águas, da ponte Barão de Mauá e da encosta uruguaia na outra margem. Trata-se de uma área de lazer e passeio, como um *Malecón*, presente em tantas cidades hispânicas.

No mercado, as interferências foram sutis e delicadas, procurando manter e valorizar as características originais – cores e materiais – sem prejuízo de funcionalidade nos novos usos ligados à gastronomia e à convivência entre usuários e frequentadores.

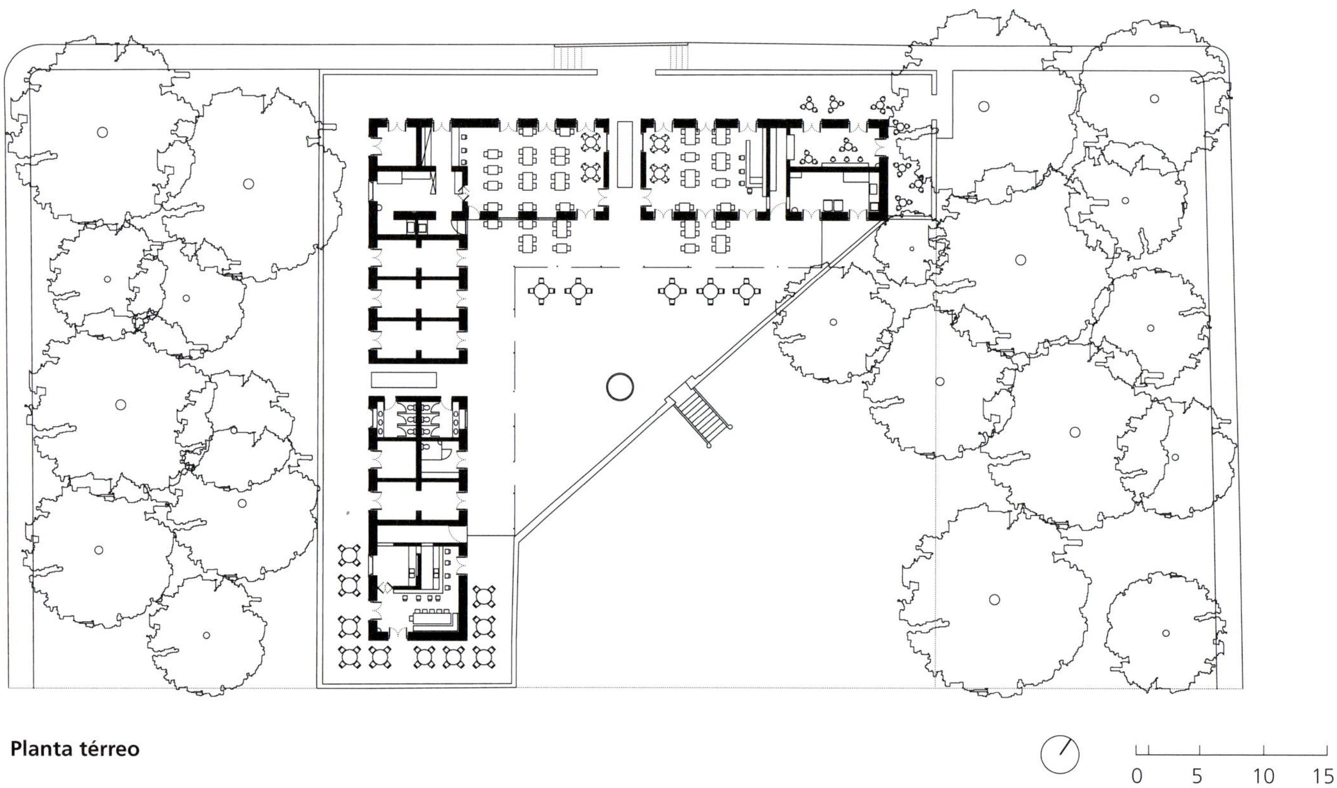

Planta térreo

Casa Dom Viçoso

Dom Viçoso, Minas Gerais, 2010

Implantada na borda de um pequeno platô em meio ao mar de morros – paisagem típica da Serra da Mantiqueira do lado mineiro –, a Casa Dom Viçoso tem como ponto alto do projeto o desfrute da vista aberta para o vale que se desenvolve a partir dali, na face Norte. Na face Sul, ao contrário, temos a proximidade das montanhas a limitar o horizonte, criando o lado introspectivo da casa.

A leitura da paisagem pautou as tomadas de decisões do projeto: de um lado a vastidão a perder de vista – escala dos olhos – e do outro o recolhimento conventual – escala do corpo.

A casa está desenhada em dois blocos volumetricamente diferenciados e funcionalmente demarcados: sala de estar, jantar e cozinha num só ambiente de convívio no primeiro volume e três quartos no segundo. Alinhados e dispostos linearmente de acordo com um eixo longitudinal, esses volumes são interligados por um passadiço, ou túnel de vidro que, ao mesmo tempo que conecta, separa os ambientes íntimos dos sociais.

Muros de concreto ciclópico feitos com as pedras do lugar definem as fundações, embasamentos e patamares não só da casa, mas de todas as construções do entorno – pátio, áreas de trabalho, áreas de benefício e terreiros de café.

A caiação branca é dominante em todas as construções, tornando-as pontos de luz na paisagem verde exuberante. Na casa, o branco é contrastado pelo vermelho das janelas e do volume do lavabo e despensa. Varandas cobertas por lajes de concreto apoiadas em pilares de madeira envolvem o corpo principal da casa e, por serem mais baixas, permitem a entrada de luz em seu interior. A laje de cobertura, com isolamento de água e muita terra, abriga um jardim espontâneo, formado por vegetação trazida pelo vento e pelos passarinhos.

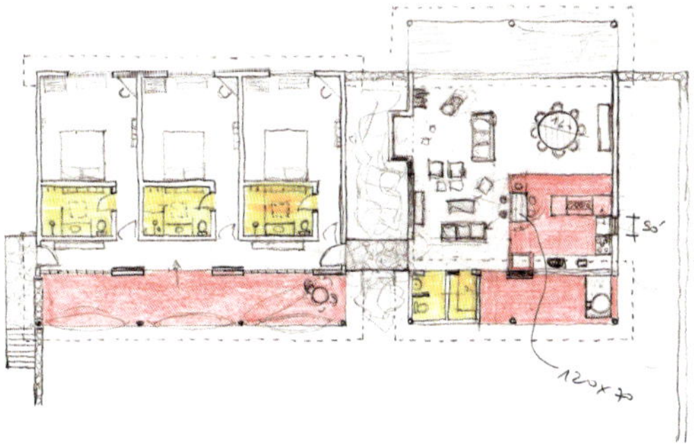

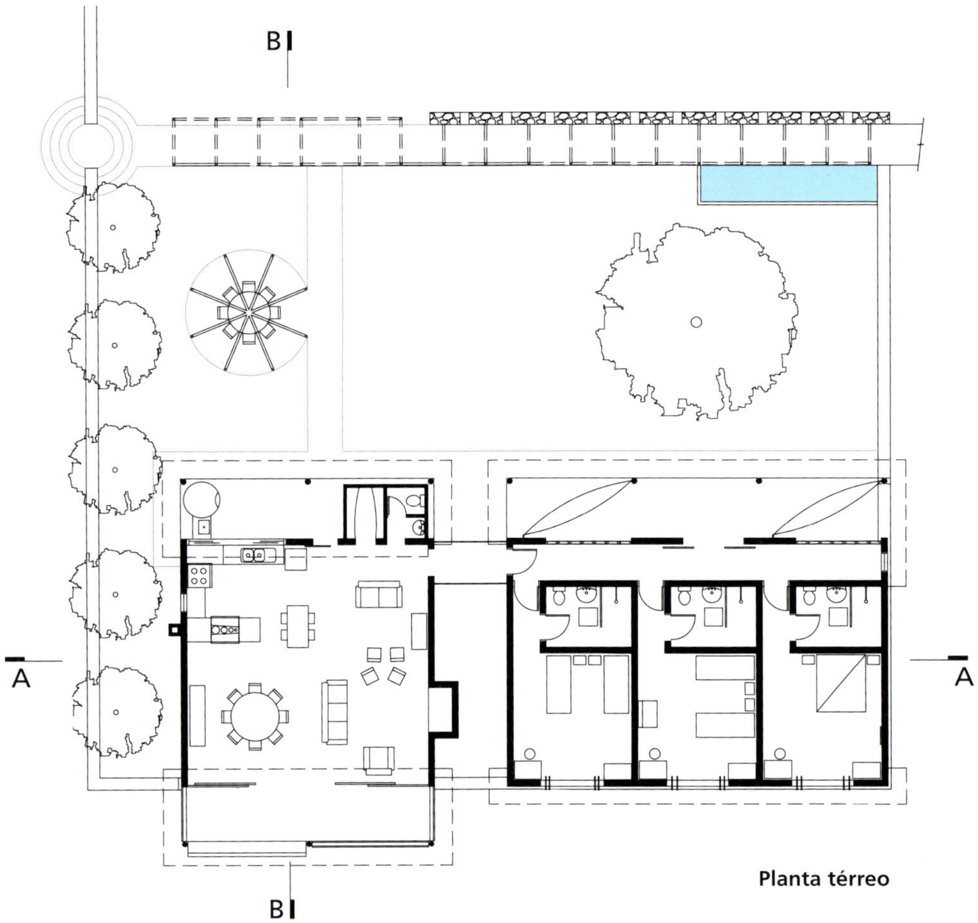

Planta térreo

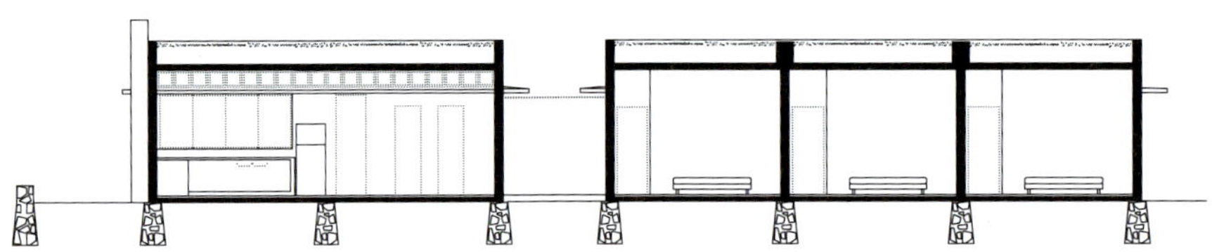

Corte AA

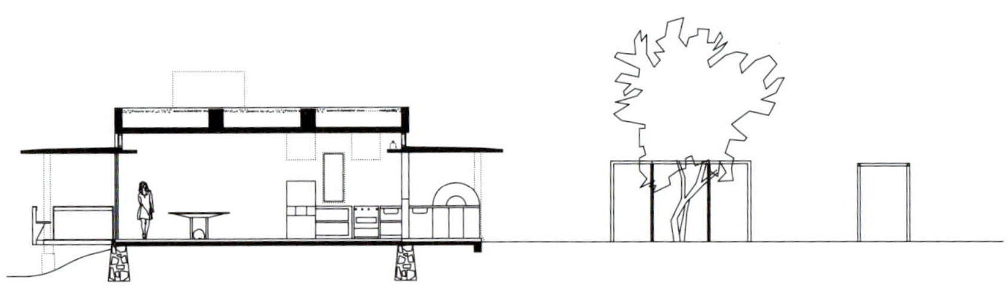

Corte BB

Capela Dom Viçoso

Dom Viçoso, Minas Gerais, 2019

Encaixada no topo de um morro, entre o cafezal e a matinha, a capela da Fazenda Boa Vista nasce da proposta de se criar um espaço simbólico, tão presente na tradição do mundo rural em todo o Brasil.
Um pequeno hexágono de concreto ciclópico feito com pedras do local recebe uma laje de cobertura redonda – e circunscrita internamente a este hexágono –, que deixa a luz celeste entrar pelas arestas, iluminando seu interior.

Internamente, cinco nichos receberão imagens religiosas, a exemplo das paredes do Palácio Real de Ghezo, em Abomei, Benim. O nicho central, aberto para a mata, abrigará o arco de Oxóssi.
Criamos um espaço ecumênico, introspectivo, despojado e solene a um só tempo. Espaço do silêncio. E, nesse caso, em um contraforte da Serra da Mantiqueira, é um silêncio no silêncio.

Figura zoomórfica em nicho na parede do Palácio Real de Ghezo, Abomei, Benim; nas demais fotos, Espírito Santo no teto, pintura de Edmar de Almeida; nichos vazios para receber imagens de crenças; nicho aberto para a mata, que abrigará o arco de Oxossi

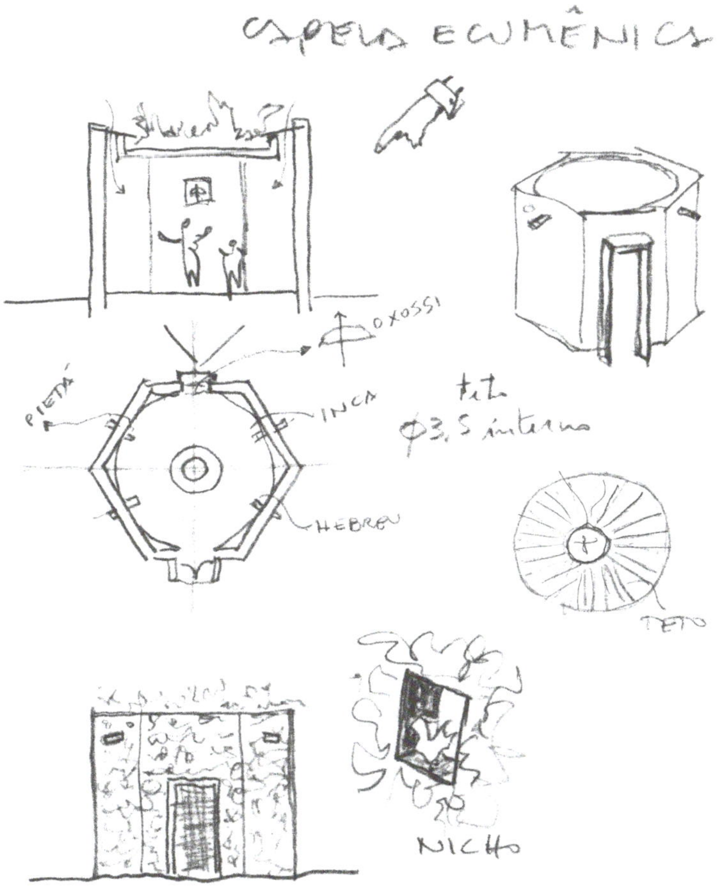

Casa Pepiguari

São Paulo, 2011

Essa casa retoma, de certo modo, a lógica de um dos primeiros projetos, senão o primeiro, de nosso escritório, a Casa Cambuí (Cambuí MG, 1979). É uma construção compacta que ocupa o terreno de lado a lado, sem recuos laterais, mantendo um afastamento obrigatório de frente e um quintal aos fundos, ligados por uma grande sala, espécie de rua coberta.

Esse projeto é caracterizado principalmente pela organização racional do espaço, estruturado por uma parede de concreto que corta o volume desde a rua frontal até o quintal, definindo as áreas internas do pavimento térreo. Essa mesma parede sustenta o pavimento superior, que abriga três quartos e um pequeno estúdio, e também a laje de cobertura com sua caixa-d'água exposta e visível como uma cabine de comando de navio.

Ao fundo do lote, uma construção isolada do corpo principal abriga a biblioteca e o escritório. Toda envidraçada, ela desfruta da visão do quintal com seu antigo e produtivo pé de mexerica ao centro, formando uma espécie de praça entre os dois blocos da casa.

Concreto aparente, aço corten, vidro, paredes caiadas e pisos de pau-marfim resumem os materiais empregados na construção e dão fisionomia à casa. Duas escadas se agarram à fachada frontal de aço: uma interna em concreto leva ao primeiro piso e outra externa em aço leva ao terraço jardim da cobertura, onde se pode desfrutar a paisagem urbana da cidade de São Paulo e a linha do horizonte delineada pela Serra da Cantareira até Pico do Jaraguá.

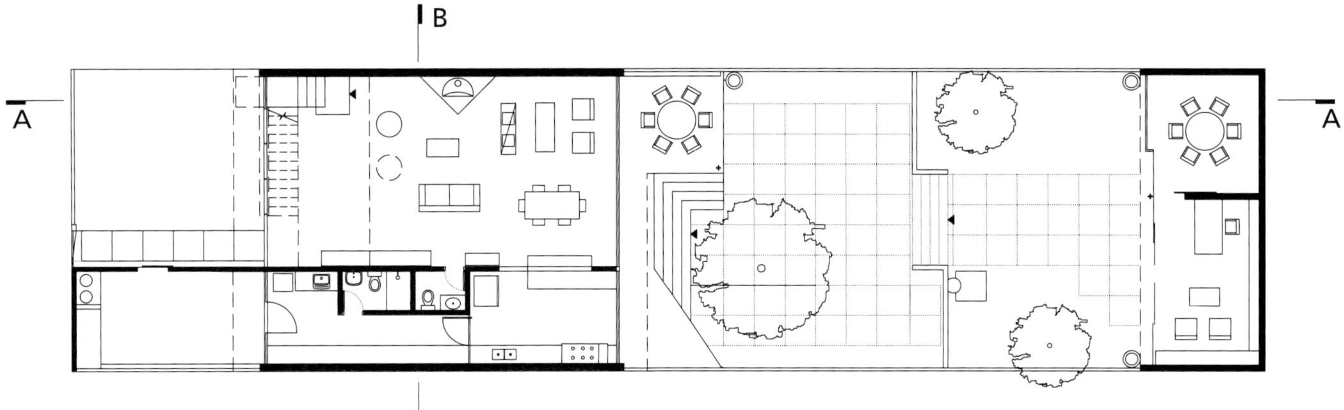

Planta térreo

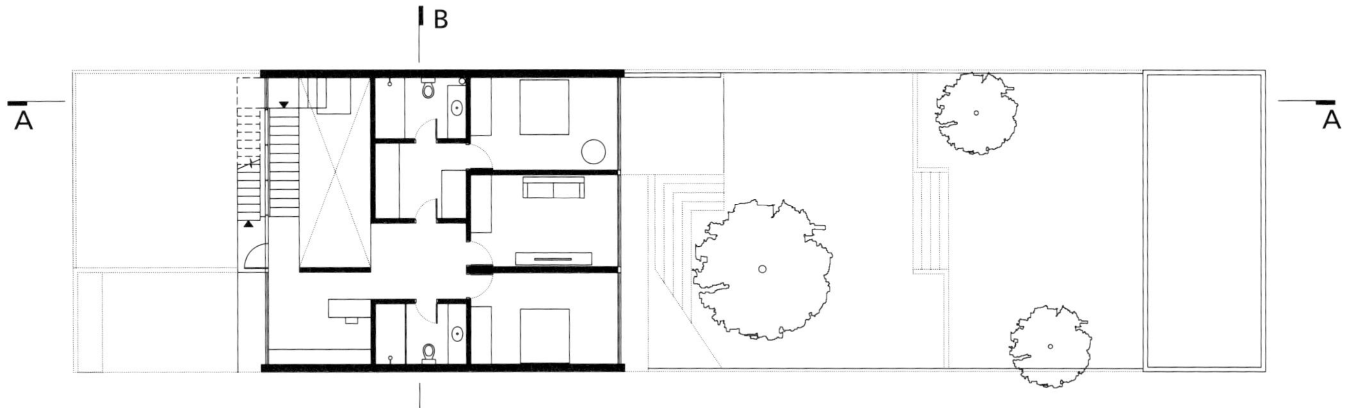

Planta 1° pavimento

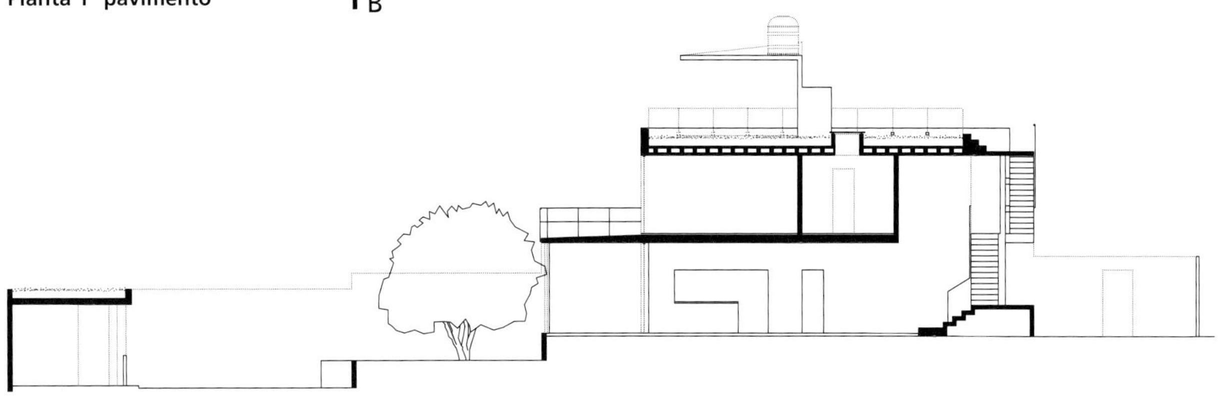

Corte AA

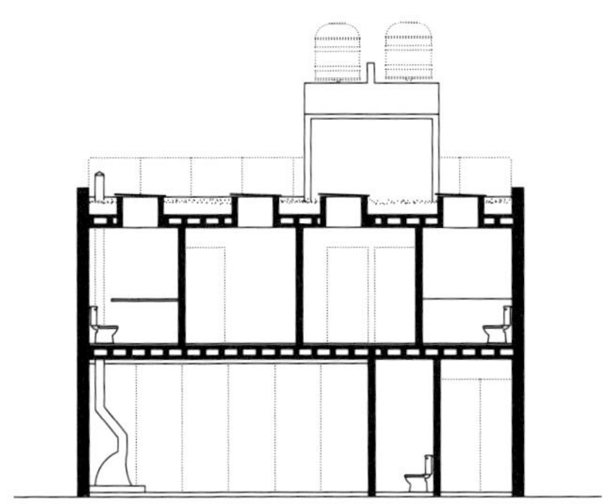

Corte BB

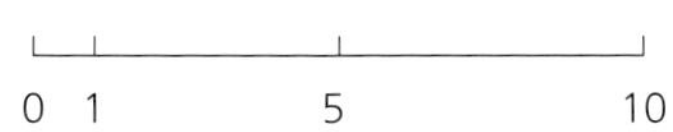

Memorial da Democracia
São Paulo, 2012

A arquitetura do Memorial da Democracia deve expressar solidez, transparência, claridade, multiplicidade, diversidade e urbanidade. Deve também ser convidativa, acessível, gentil.

Nosso projeto nasce de uma aproximação com o lugar onde será construído. Lugar físico e socioambiental – a geografia e a história urbana da região da Luz. Do desenho das duas quadras sai, como uma resultante, a planta e a forma dos dois volumes que hospedarão todo o programa de uso, toda a vida do futuro Memorial. Será, portanto, uma reafirmação do traçado urbano e da ocupação preexistente.

Projetamos um grande conjunto que a rua dos Gusmões divide em dois. Serão dois blocos que se interpenetram através de passarelas e rampas aéreas. Pela forma triangular dos lotes, o conjunto se assemelha a uma grande cunha cravada na área central da cidade. Assim, é do diálogo e da reciprocidade com o lugar que sai sua arquitetura, e não de desejos formais ou premissas pautadas exclusivamente na arbitrariedade que todo gesto arquitetônico contém, em maior ou menor escala.

A arquitetura do Memorial da Democracia é contundente, afirmativa, o que se justifica pelo seu significado, de uma instituição que conta a história da conquista da democracia através das lutas populares no Brasil, e por sua inserção entre os vários monumentos de peso da região – Jardim e Estação da Luz, Sala São Paulo, Pinacoteca do Estado e Estação Pinacoteca.

Optamos pela tecnologia do concreto armado e protendido como base estrutural e material de nossa construção. E, dentro dessa tecnologia, utilizaremos o concreto autolimpante. Teremos, portanto, um grande conjunto branco que, visto de perto, revelará uma gama de agregados coloridos, pedras, seixos, pedriscos etc.

Em uma das fachadas mais evidentes, a grande parede branca voltada para a rua Mauá, faremos uma concentração de pedras trazidas de todas as partes do Brasil, como um verdadeiro núcleo de galáxia que explode numa miríade de pontos e cores de texturas variadas. De diferentes formas e dimensões, essas pedras serão concretadas juntamente com as paredes que irão subindo, e a elas ficarão amalgamadas para sempre. Assim, a arquitetura e sua construção já estarão incorporando o tema do Memorial, reafirmando simbolicamente, com pedras de todas as partes, a luta pela conquista e construção da democracia.

Com exceção das áreas de acesso ao subsolo e pavimentos superiores, o térreo será basicamente um logradouro público. É a cidade que adentra o edifício por sua grande boca e o utiliza também como passagem coberta, como nos mais tradicionais e democráticos exemplos das galerias que marcam o melhor momento da arquitetura pública, voltada ao caminhante.

Os dois blocos do conjunto, conectados por passarelas e rampas aéreas, cumprirão distintos papéis, usos e funções, com áreas expositivas, auditório, terraço/jardim com café e restaurante, salas de pesquisas e de aula, guarda de acervo e áreas de apoio. Acessibilidade universal e redução de consumo energético durante e após a construção são princípios fundamentais e inegociáveis do projeto.

Essa será uma casa da democracia brasileira: sentinela avançada e guardiã das conquistas e lutas, sofrimentos e glórias do nosso povo.

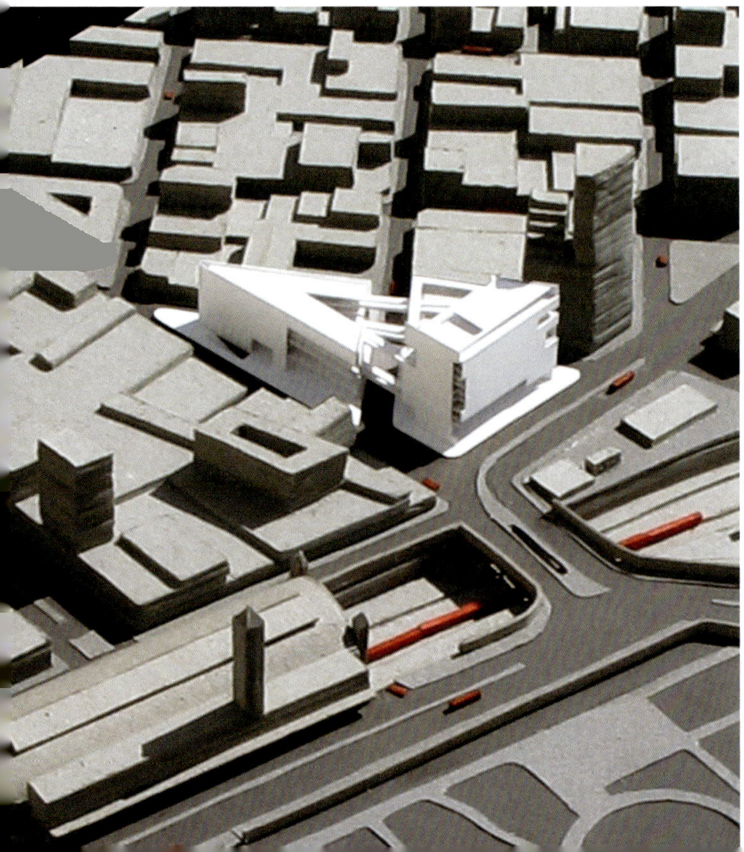

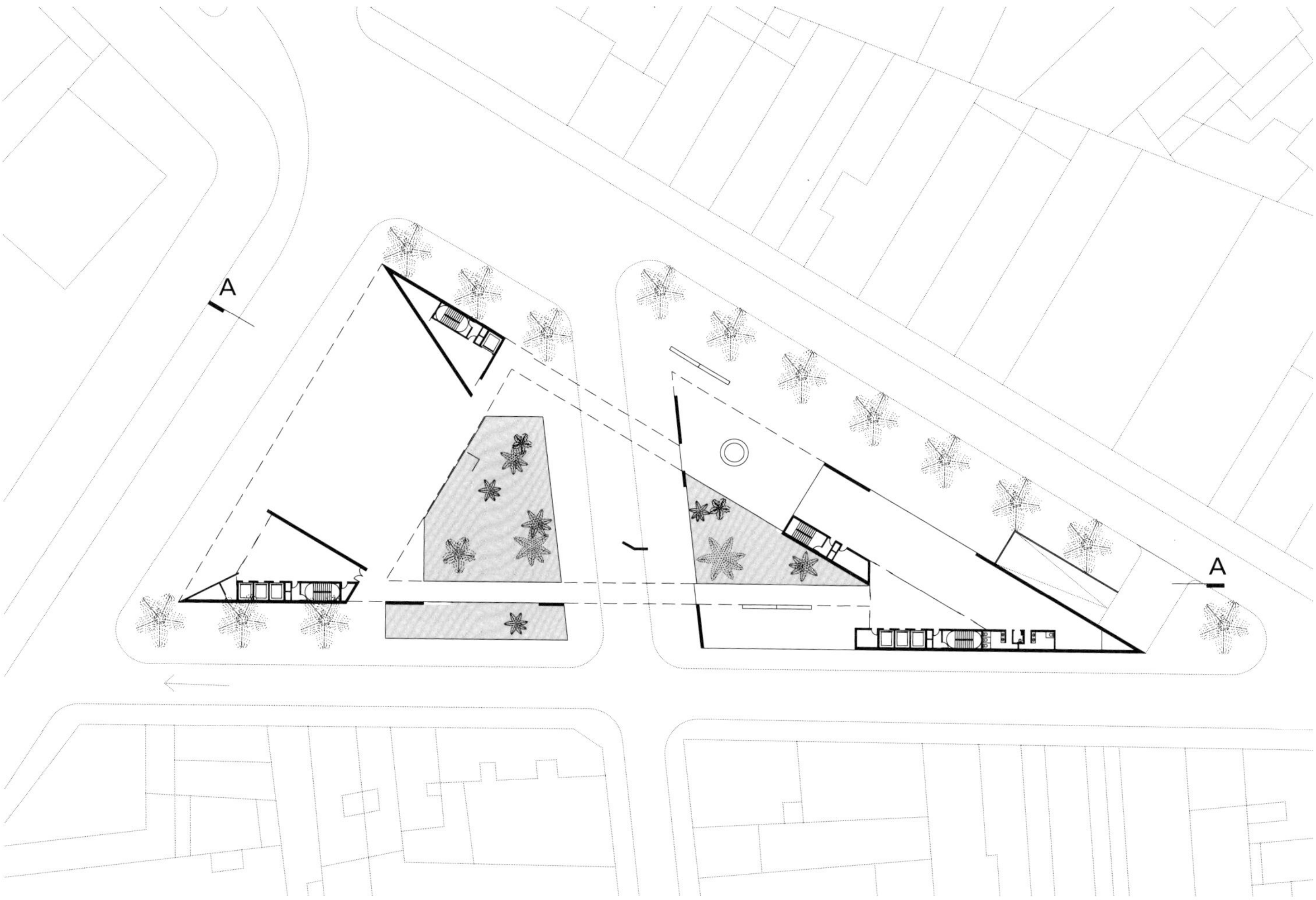

Planta térreo

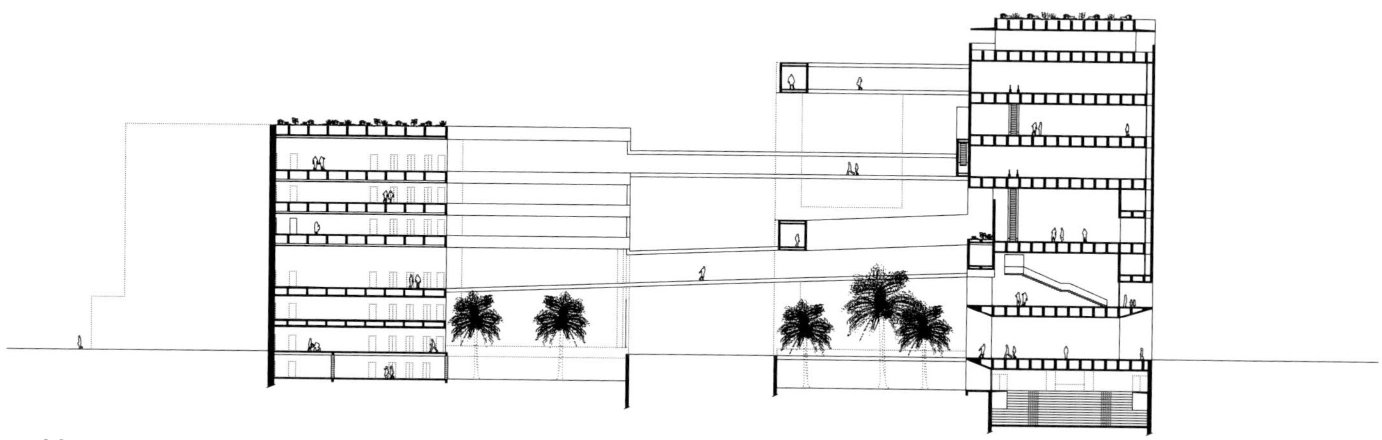

Corte AA

Comitê Olímpico Internacional – COI

Lausanne, Suíça, 2013

Os muros representam, ao longo da história da humanidade, divisões de propriedades e territórios, barreiras de proteção e defesa. Mas existem também aqueles que, ao separar, conectam. São os muros porosos que filtram a luz e emolduram a paisagem, formalizam a passagem, regulam o contato, definem vizinhanças. Muros agregadores e unificadores de interesses coletivos, marcos físicos e simbólicos de feitos humanos de grande importância social, suportes de registros históricos e conquistas tecnológicas. São os muros dos aquedutos, de contenções de encostas e barragens, das pontes. De uma das ações mais arcaicas do homem na construção de seu hábitat surgem os muros, associando o trabalho humano às pedras da natureza.

Um muro longo, alto e espesso de concreto estrutural, solene e festivo, marcará definitivamente a futura sede do Comitê Olímpico Internacional – COI. Ao longo de sua face Sudoeste, voltada para o parque e Lago Geneva, faremos uma verdadeira coleção de pedras de tamanhos, cores e texturas variadas que serão concretadas juntamente com o muro, ficando a ele amalgamadas para sempre. Cada uma representará uma das 204 nações associadas ao COI. Arenito, granito, mármore, basalto ou dolomita, essas pedras deverão ser enviadas de todos os rincões do planeta por cada uma das nações.

Assim, esse mesmo muro contará a história da construção dessa nova sede com marcas e registros de colaboração e solidariedade entre os povos. Em sua tectônica, a arquitetura estará reafirmando simbolicamente, com pedras de todos, a luta pela paz entre os povos e a construção do espírito olímpico.

A implantação e posicionamento de nossas novas construções se darão em virtude da presença do histórico Château de Vidy, que ocupa o centro do novo conjunto, emoldurado pelo grande muro. O antigo edifício, integrado ao novo conjunto, deverá receber funções distintas e apropriadas aos seus espaços e sua imagem simbólica. Ele será restaurado e terá seus valores arquitetônicos originais preservados. Abriremos seus espaços com a demolição de todas as paredes e divisórias não originais no sentido de valorizar e dar destaque aos detalhes e materiais empregados em sua construção.

A decisão de criar um grande eixo longitudinal definido e alinhado pelo Château de Vidy, paralelo à borda da água, aumentará a área livre do parque com a configuração de uma grande praça verde. O longo muro, além de suporte estrutural dos novos edifícios, terá a tarefa de definir e organizar os espaços na ocupação do território.

Denominamos *ágora* o grande vazio central do edifício maior que deverá ser o espaço nevrálgico de circulação e comunicação. Será o palco de encontros de funcionários, visitantes e transeuntes do parque. Um conjunto de escadas e elevadores exclusivos dará acesso às passarelas externas do grande muro para que os visitantes desfrutem da vista do parque e possam tocar nas pedras concretadas no muro, representantes de cada nação. Também pela ágora captaremos luz e ventilação para todos os pavimentos do edifício.

Em oposição ao grande muro de concreto e pedras voltado para o Sudoeste, as fachadas Nordeste serão fechadas com uma caixilharia de alumínio e vidro, fixada à estrutura suporte do grande balanço. Essa, por sua vez, se assemelhará a um cristal lapidado por sua estrutura facetada de planos triangulares e trapezoidais. Os grandes vãos estruturais e o longo balanço transversal de 12 metros acentuarão a leveza desse grande *cristal* flutuante e, consequentemente, o contraste com o forte muro.

Todos os espaços de trabalho serão pontuados pelos vários cafés/pontos de encontro dispostos ao longo dos edifícios e em todos os pavimentos. A academia de ginástica deverá funcionar no pavimento térreo em contato imediato com o parque. Na cobertura, um restaurante circundado por um terraço jardim permite o desfrute da bela vista da cidade e das montanhas, de um lado, bem como do parque e lago, do outro. Será o ponto de encontro, por excelência, de todo o conjunto, seja no dia a dia ou nas festas. Estas são decisões de projeto que fundamentam a busca de espaços gentis.

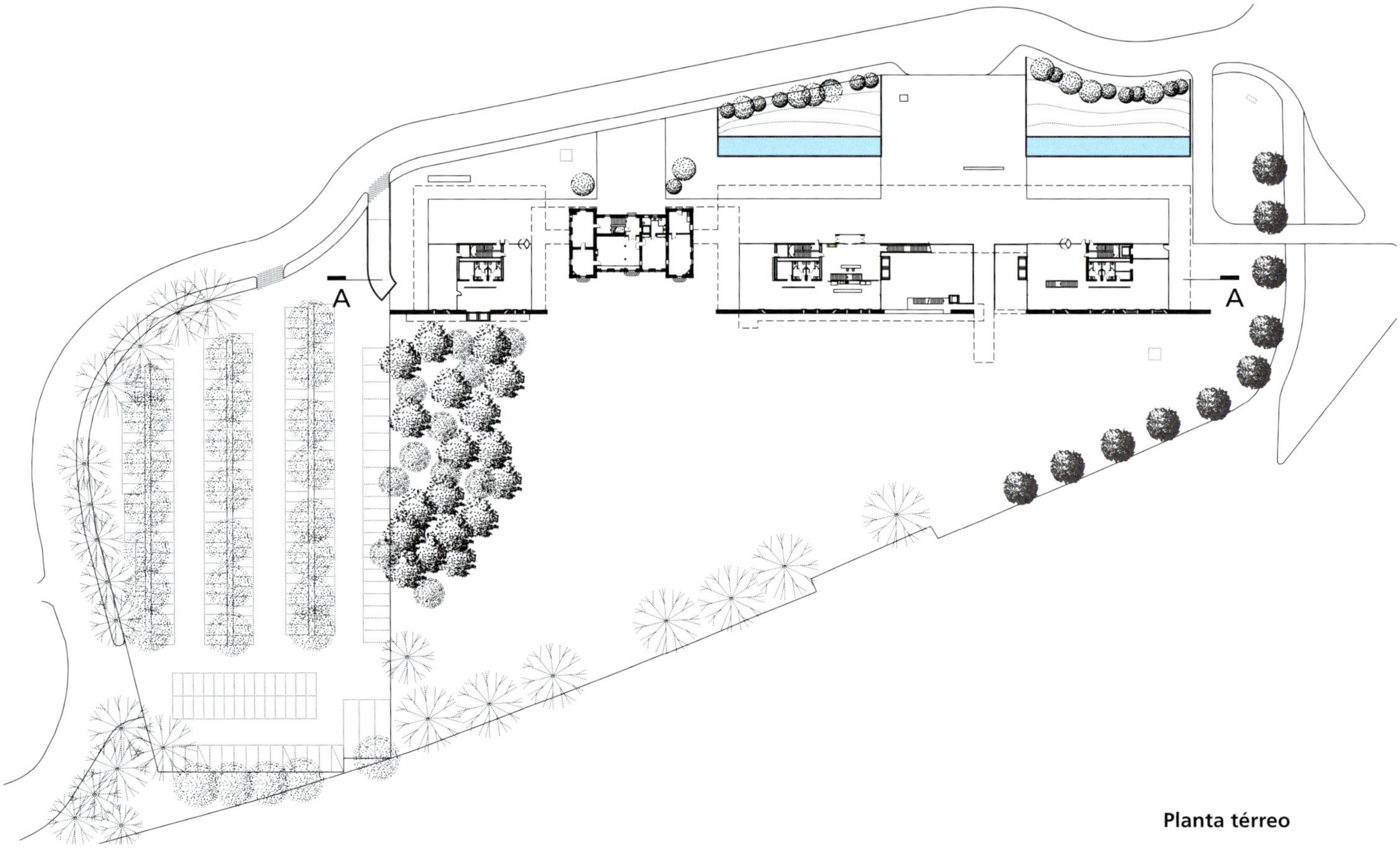

Planta térreo

0 5 15 30 60

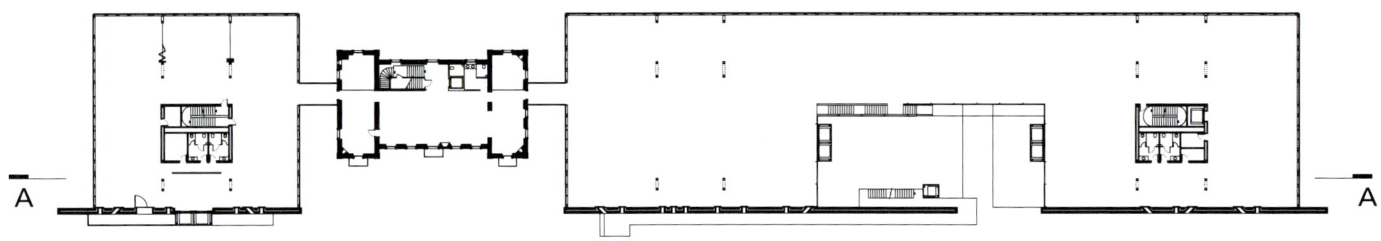

Planta 1° pavimento

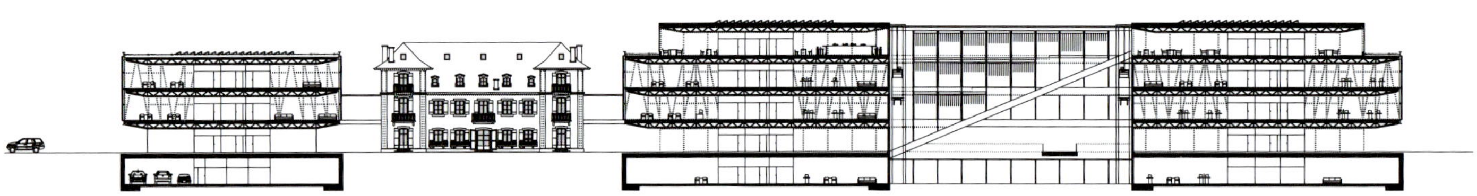

Corte longitudinal

0 5 15 30

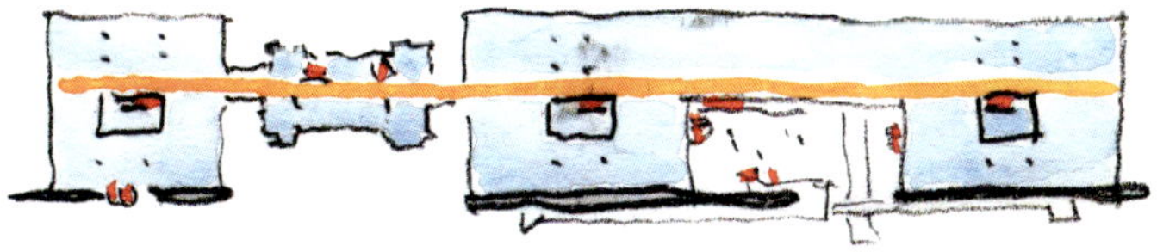

Museu e Memorial do Holocausto

São Paulo, 2013

O futuro Museu e Memorial do Holocausto de São Paulo deverá expressar em sua totalidade o tema a ser tratado e abrigado em seus espaços, paredes e jardins. Arquitetura e museografia, em uníssono, deverão passar ao visitante a mensagem de lembrar e homenagear os que caíram e lutaram contra uma das maiores barbaridades cometidas na história da humanidade e, também, funcionar como clara advertência a situações similares que possam ocorrer no futuro; memória e busca de paz guiarão esse projeto.

Um grande desafio que se coloca à equipe de criação é a necessidade de falar para o público brasileiro, com originalidade e singularidade, sem repetir ou copiar fórmulas já existentes e adotadas em outros tantos museus do Holocausto mundo afora. Apesar de tratar de um tema bastante conhecido e divulgado, um tema universal, nosso museu deverá encontrar uma linguagem própria, original; um museu brasileiro no centro da metrópole paulistana.

E é nesse sentido – do conteúdo – que a arquitetura deverá se apresentar, desde a implantação do edifício até a escolha dos materiais: dos espaços que se abrem claramente ao visitante àqueles que criam inquietação e surpresas; das entradas de luz estudadas e direcionadas nos diferentes ambientes à textura e cores dos materiais empregados.

Todo o conjunto será em concreto aparente. Blocos fechados levemente pigmentados em dourado estarão apoiados em muros (placas) pigmentados em preto. Entrando pela rua da Consolação teremos uma grande caixa dourada apoiada em dois desses muros negros, que se afunilam criando um acesso surpresa. Isto porque ao ultrapassarmos a porta principal estaremos em um grande saguão muito iluminado pela cobertura de vidros transparentes, que dará as boas-vindas ao visitante, com o café, a loja, informações e, principalmente, a ideia de que entramos em uma viagem temática específica, deixando o mundo da rua e do barulho do lado de fora.

Uma nova experiência é o que nos espera. Desse saguão poderemos entender a estrutura que organiza o museu em sua totalidade. Alcançamos visualmente o subsolo que deverá abrigar as exposições temporárias, um pequeno auditório, a midiateca, áreas de apoio e também os volumes superiores que abrigam os dois pavimentos da exposição permanente. Ainda no térreo, um jardim de pedras variadas em tamanhos e cores ocupará toda a área do terreno; será um convite à reflexão sobre o que vimos nas exposições, ou um simples lugar de encontros dos visitantes.

Acima, vistas externas e interna do projeto final;
abaixo, maquete de estudo

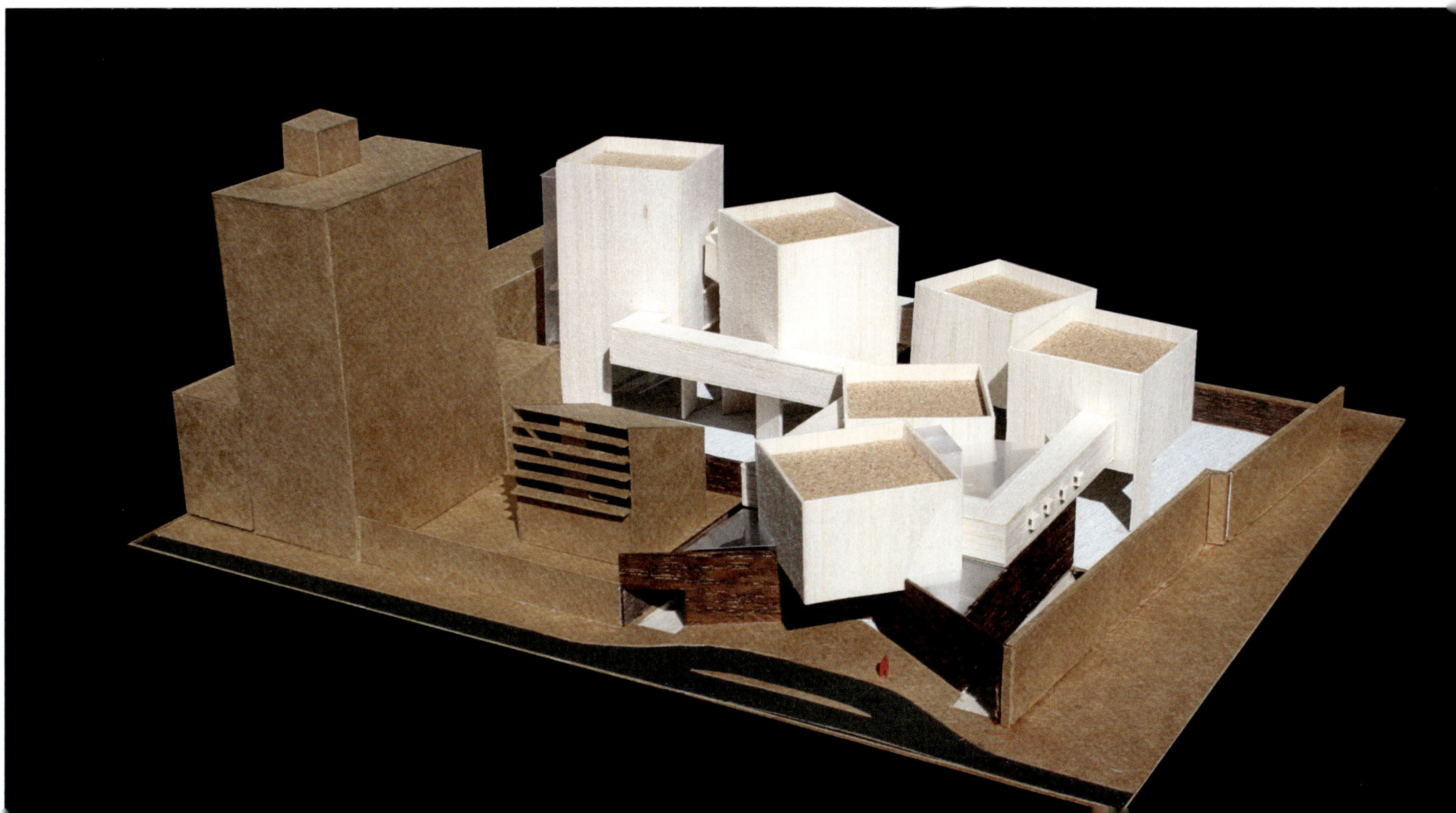

Museu das Missões

com Carlos Eduardo Comas

São Miguel das Missões, Rio Grande do Sul, 2014

Depois da intervenção de Lúcio Costa no sítio histórico de São Miguel das Missões, com seu assertivo projeto e construção do pequeno museu (hoje Pavilhão Lúcio Costa), fica muito claro que qualquer nova intervenção deve seguir as diretrizes – explícitas e subjetivas – de respeito e conformidade com o bem que se quer preservar, seja do ponto de vista físico – ruínas, muros, pedras e o próprio museu –, seja do ponto de vista do que se imagina ter sido a epopeia das missões guaranis do século 18, justamente a partir desses elementos remanescentes na paisagem.

O azul do céu imenso da planura pampiana, o verde do gramado e da vegetação exuberante e o vermelho óxido de ferro das pedras das ruínas da igreja e do Pavilhão Lúcio Costa dominam a memória visual de todo visitante. São cores que se destacam quase únicas na paisagem, construindo a tela de nosso imaginário.

Um projeto de intervenção no sítio histórico de São Miguel deve considerar as necessidades atuais da vida socioeconômica de uma comunidade de base agrícola e a particularidade de levar em seu coração uma riqueza cultural enorme. E esse enclave de patrimônio histórico deve ser ativado em favor da comunidade pelo seu potencial turístico; deve colocar a história como aliada na construção da cidade contemporânea e, por outro lado, fazer com que o patrimônio reviva em bases atuais de relacionamento, usos e necessidades.

Assim como influenciaram o projeto de Lúcio Costa para o museu, em 1938, as ocupações urbanísticas da redução de São Miguel, no século 18, nos ajudam agora a encontrar uma partida, ou lógica, para o projeto do novo conjunto arquitetônico.

O grid espanhol de malha rígida utilizado no ordenamento urbanístico jesuíta, apesar de aparecer somente em resquícios de construções e de marcas no terreno, ou nos desenhos e registros antigos, nos dão as dicas para o projeto. Nos dão segurança na conceituação e adoção de imagens e formas que, mesmo longínquas ou simbólicas, sustentam nosso ordenamento modulado no modo da cidadela missioneira.

A pedra vermelha das ruínas nos sugere o caminho a seguir, seja utilizando o concreto ciclópico com a própria pedra grés, seja utilizando o concreto armado pigmentado em óxido de ferro, criando um *continuum* tectônico de respeito ao patrimônio construído. A utilização de tecnologias atuais de construção reforça essa distinção dos tempos, fazendo com que o concreto se afirme como nossa pedra contemporânea.

Para a implantação de um conjunto de edificações que deverá abrigar um rico e variado programa de atividades e usos, escolhemos o flanco Noroeste da borda do parque, sítio este já sugerido em estudos do Iphan. Assim, continuará reinando, desimpedida, a vista que se tem da igreja para os campos de fora, ao Norte. Esse visual que proporciona ao visitante a experiência da transposição para o tempo passado é uma das maiores riquezas do local e revela a sabedoria dos jesuítas ao escolher a coxilha da região para fundar a redução.

O programa de atividades e usos propostos pelo Iphan e pela municipalidade está pautado em nosso projeto pelas ideias de acolhimento e convivência: um grande receptivo para o visitante turista e para o habitante local ou da região; um polo de atendimento às demandas de mais conforto e adequação para as atividades de convivência do Centro de Tradições Nativistas, para as atividades técnico-administrativas da Secretaria de Turismo do município, e para os escritórios do Iphan e do Instituto Brasileiro de Museus – Ibram, com seus laboratórios, biblioteca, salas de pesquisa. Tudo isso integrado e em consonância com o funcionamento de um novo museu que venha enriquecer a experiência da visita ao sítio.

Todas essas atividades serão alocadas em um conjunto arquitetônico com construções novas unidas e separadas entre si; ou seja, com autonomia de funcionamento de cada setor, mas também com proximidade colaborativa de vizinhanças quando necessária a integração, à imagem de uma cidadela.

Ocupando duas quadras cortadas pela rua São Nicolau, o novo conjunto será articulado por uma grande – e longa – praça em seu miolo. Essa praça, circundada pelos edifícios vermelhos em concreto e pedra, trará, mesmo que longínqua, a memória dos claustros e pátios dos colégios jesuítas. O frente a frente desses dois polos, um mais ligado à vida local e outro mais aberto às visitações turísticas, deverá criar uma tensão sadia no nível de suas programações, em função das mesclas de usos de seus espaços e serviços que serão compartilhados.

Como parte e extensão do conjunto da cidadela, ao lado do museu haverá uma nova casa de passagem para os índios m'biá guarani, integrada ao conjunto, mas também com privacidade para as famílias pela possibilidade física de isolamento com seus muros e hortas.

R Tebiquay
S. Miguel
Pueblos de los
Guaranis
S. Thomé
Mar de Este

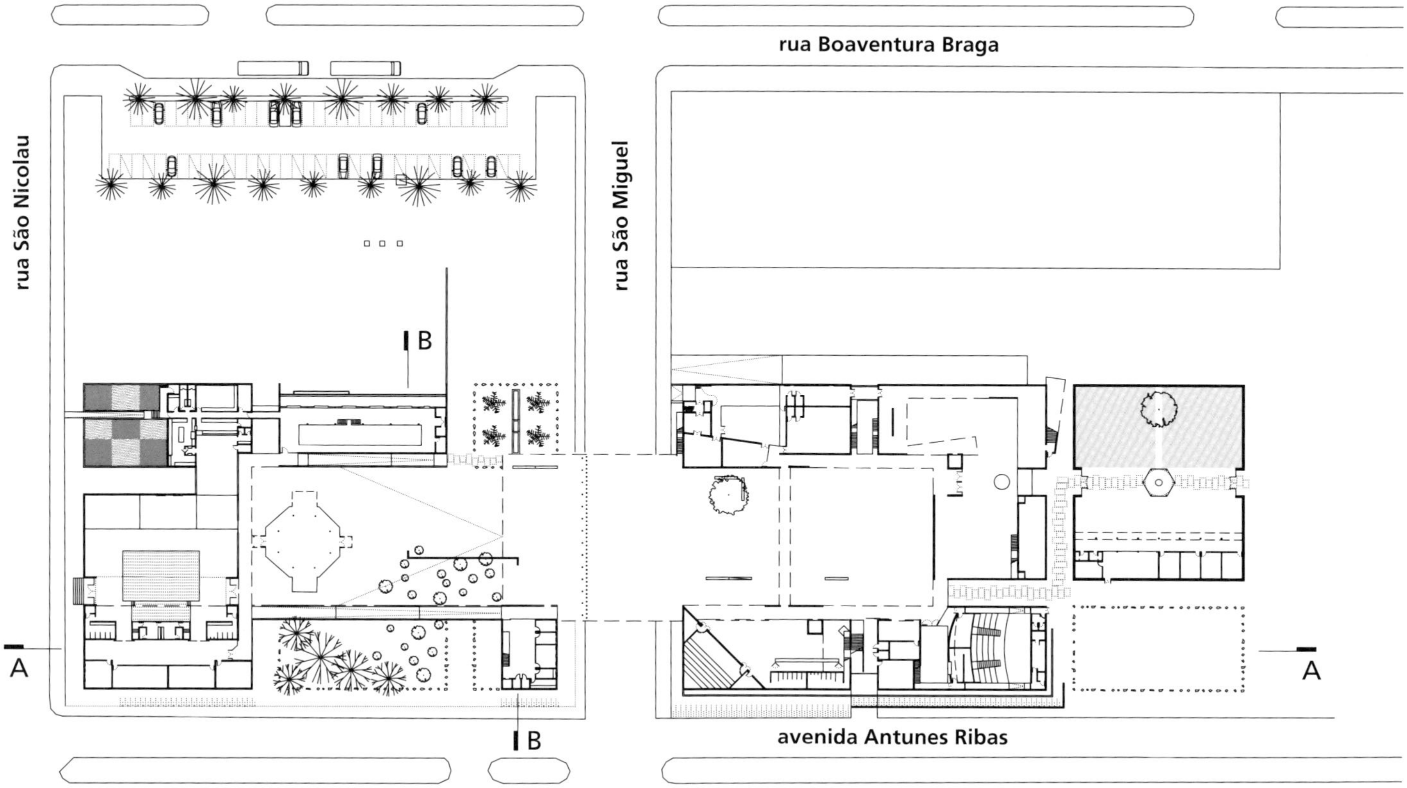

Planta térreo

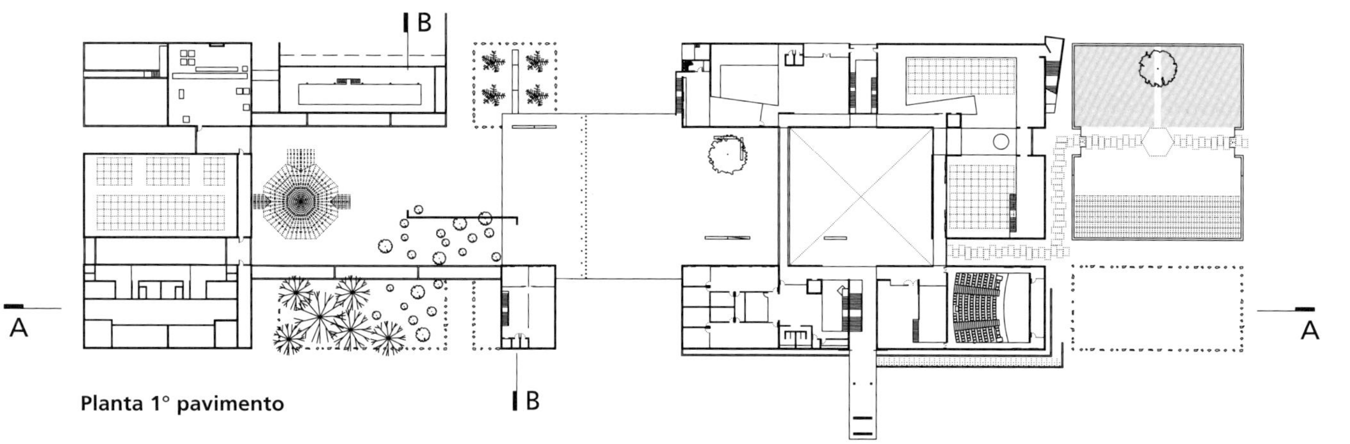

Planta 1° pavimento

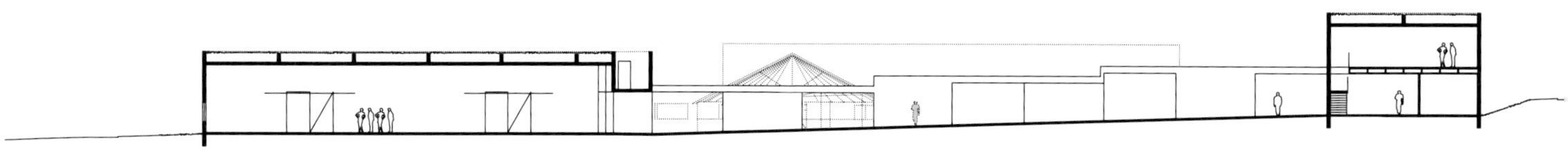

Corte AA

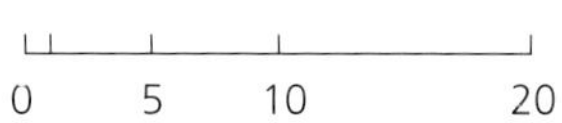

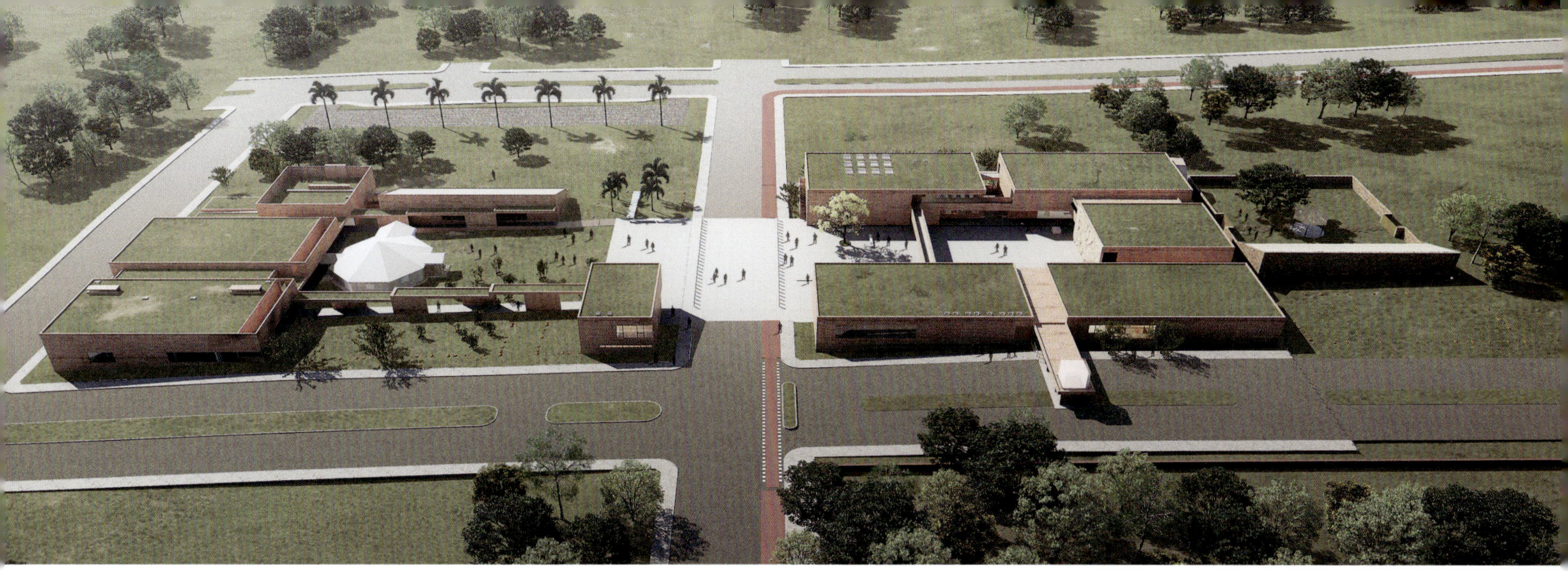

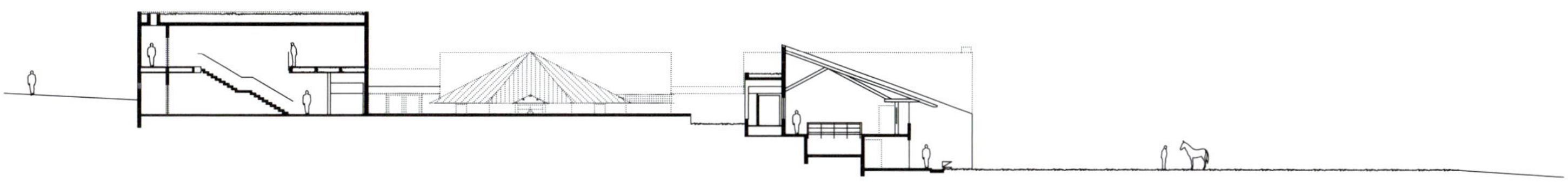

Corte BB

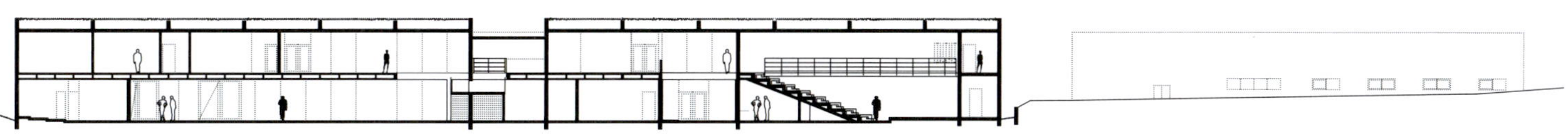

Fazenda Rio Verde

Conceição do Rio Verde, Minas Gerais, 2015

Podemos dizer que esse projeto, encomendado pelo grupo Ipanema Coffees, consistiu em atuar no restauro e recuperação de construções históricas, em reaproveitar e readequar equipamentos obsoletos para novas finalidades e em construir novos equipamentos de sofisticada tecnologia para preparo e benefício de cafés especiais.

A partir de um plano diretor, estabelecemos os diversos projetos em consonância com a definição de seus novos usos e necessidades. A sede da antiga Fazenda Rio Verde, construída em pedra e taipa de mão, foi recuperada e transformada no memorial da família fundadora e dos 130 anos de existência e vida produtiva na agricultura e pecuária do Sul de Minas, nas franjas da Serra da Mantiqueira. Os antigos terreiros de secagem de café, já sem uso, foram transformados em jardins de jabuticabas a contornar as antigas tulhas de estoque de café – também em desuso –, que foram reformadas e adaptadas para abrigar os escritórios administrativos.

O galpão remanescente da antiga granja de galinhas foi recuperado e adaptado para ser a Casa Conceito da marca Ipanema e também casa de hóspedes para visitantes, um enorme galpão de alvenaria e telhas de barro. Por fim, projetamos um novo terreiro de secagem de café no topo de uma colina ensolarada, com 14 mil metros quadrados de área, e, no seu entorno, o sofisticado equipamento de lavagem, secagem e beneficiamento de café – em três construções de aproximadamente 5 mil metros quadrados cada para abrigar todo o maquinário necessário ao trabalho e preparo dos cafés especiais.

É importante ressaltar que essas construções, estruturadas em aço corten e revestidas em aço galvanizado, resultam em forma de arcos quase que por uma adequação interna às máquinas e seu funcionamento fabril. Ou seja, a necessidade pontual de um pé-direito de 15 metros para os elevadores – desnecessário para o restante do galpão – e a acomodação do desnível de 3 metros entre o terreiro e o pavimento inferior sugeriram a *roupa* em forma de curva ajustada às funções. Os arcos metálicos, além de formas estruturais por excelência, cumprem essa função com grande eficiência e marcam sua presença suave na paisagem, entre cafezais, matas naturais e morros.

Um projeto múltiplo (ou múltiplos projetos) que procuram não descaracterizar cada um dos conjuntos arquitetônicos. Ao contrário, o projeto amplo, através do plano diretor e das soluções arquitetônicas adotadas, criou e reforçou o rico diálogo de quatro períodos históricos distintos. A nova Fazenda Rio Verde, com suas raízes históricas profundas, testemunho centenário de transformações nas técnicas e no trabalho, mira o futuro da produção cafeeira, com sua vocação aliada ao *terroir* especial da região.

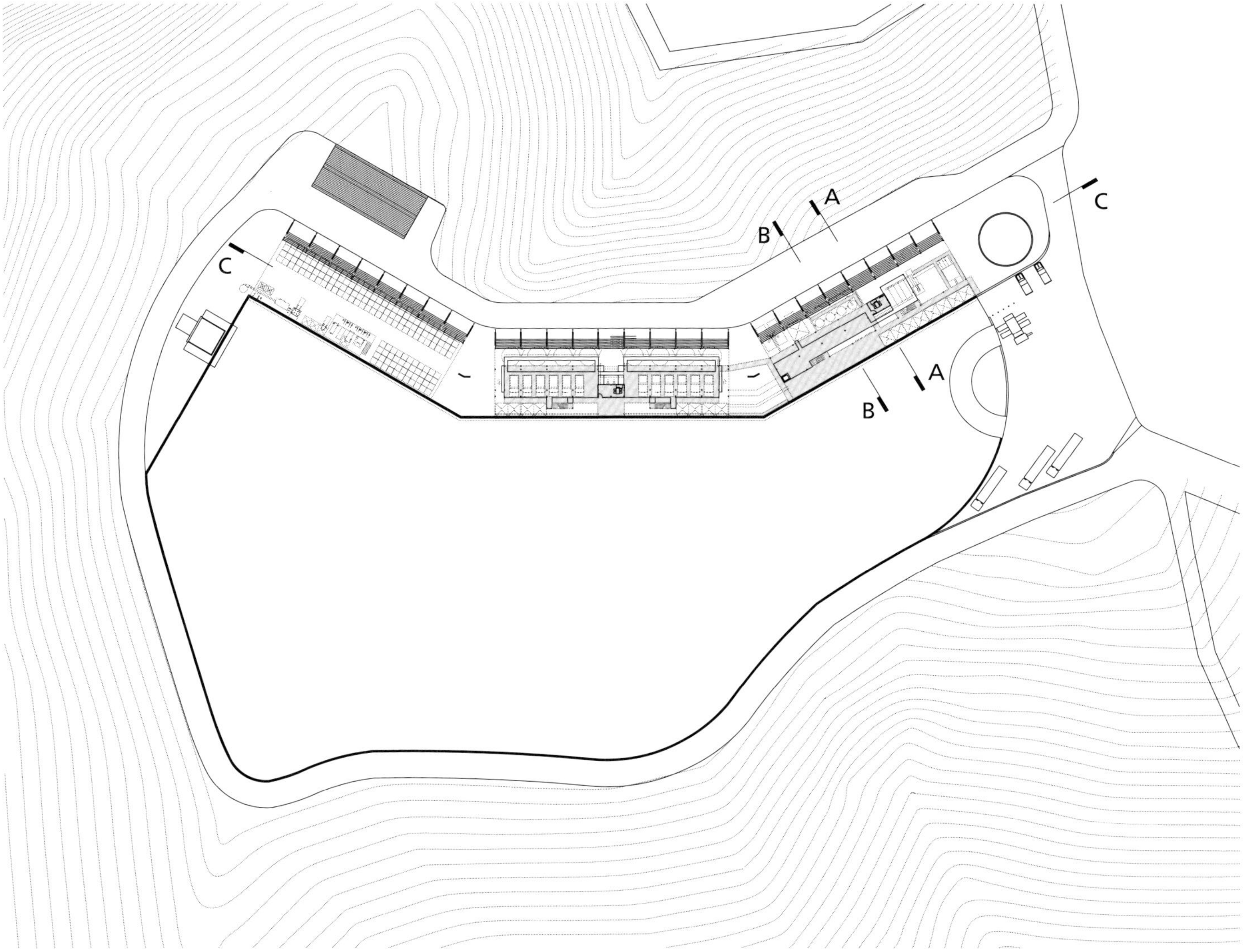

Planta térreo

0 5 15 30 60

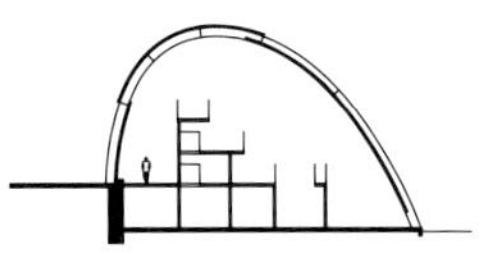

Corte AA

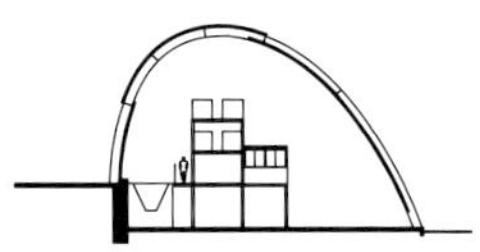

Corte BB

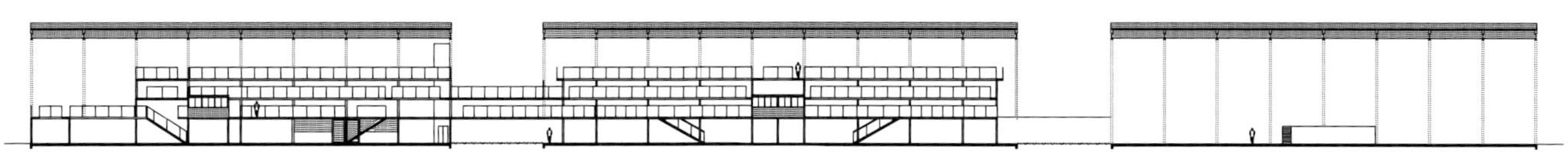

Corte CC

0 5 15 30

Instituto de Matemática Pura e Aplicada – Impa

Rio de Janeiro, 2015

A nova sede do Instituto de Matemática Pura e Aplicada – Impa deverá ser a expressão da cidade que desejamos em termos da integração humana com a paisagem natural. O termo convivência resume nosso ideário de projeto: convivência entre homem e natureza; entre a Floresta da Tijuca e a necessária urbanização do Rio de Janeiro, em um diálogo de respeito e integração na construção de edifícios e caminhos.

Procuramos em nossa proposta aliar contundência e delicadeza, em um projeto sutil, mas decidido. Assentamos os edifícios por todo o terreno – encostas, clareiras e patamares –, entremeados por caminhos, jardins e *piazzettas*, garantindo assim tranquilidade e privacidade aos pesquisadores em seu dia a dia, no desfrute da paisagem e da floresta em múltiplas visões e situações.

Nossos edifícios modulares e múltiplos em sua estruturação deverão ocupar de forma rarefeita os espaços e interstícios entre grandes árvores, em total acordo com a topografia do terreno. As curvas de nível são as balizas do projeto de implantação da pequena cidadela em patamares. Longos edifícios, como fitas, serpentearão as encostas íngremes, pousados suavemente sobre o terreno, apoiados sobre pilares centrais que tocam o terreno a cada 12 metros.

Concentramos no topo do terreno os espaços de uso coletivo: a biblioteca, o restaurante, o auditório e a grande área de exposições e convivência destinada a pesquisadores, professores, estudantes e eventuais visitantes. Assim, todos poderão desfrutar da grandiosidade e magia da antiga pedreira de um lado, e da vista para o Jardim Botânico e a Lagoa Rodrigo de Freitas, do outro.

Nada de carros. Toda a área será destinada ao caminhante. Os carros deverão ficar fora, ou na periferia de todo o conjunto, em um estacionamento discreto, construído em forma de lajes escalonadas envoltas por um *velarium* vegetal.

Nada de elevadores. Um único sistema moderno de transporte funicular em plano inclinado fará a circulação vertical de pessoas, substituindo muitos elevadores. Deverá conectar a cota mais baixa, na entrada do conjunto, ao ponto mais alto, atendendo confortavelmente a todos os patamares construídos das habitações e áreas de estudo; da Estação Pedra (referência ao grande matacão de granito da entrada) à Estação Farol (referência à instalação luminosa que deverá *acender* a pedreira durante a noite em momentos especiais). Este último deverá ser um novo marco na paisagem carioca.

O auditório do novo Impa deverá coroar todo o conjunto. Imerso na pedreira, ora introspectivo com cortinas negras, ora extrovertido integrado ao exterior, será o grande palco para a pedra lousa, ferramenta insubstituível dos matemáticos.
Da pedra a pedra.

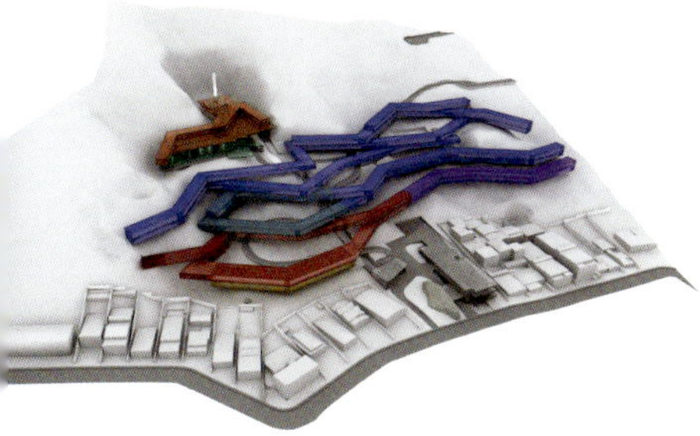

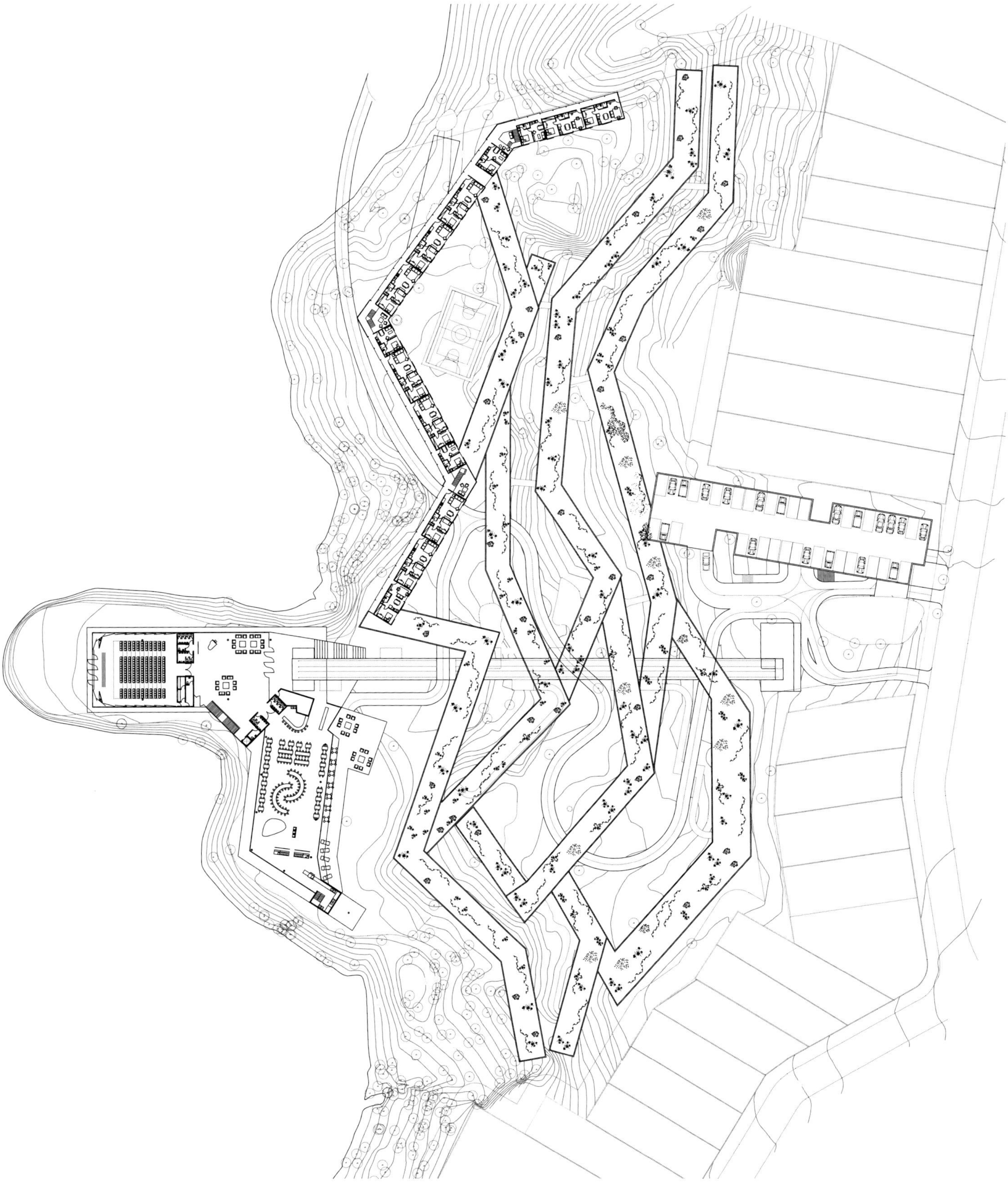

Planta

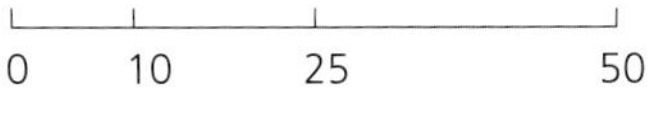

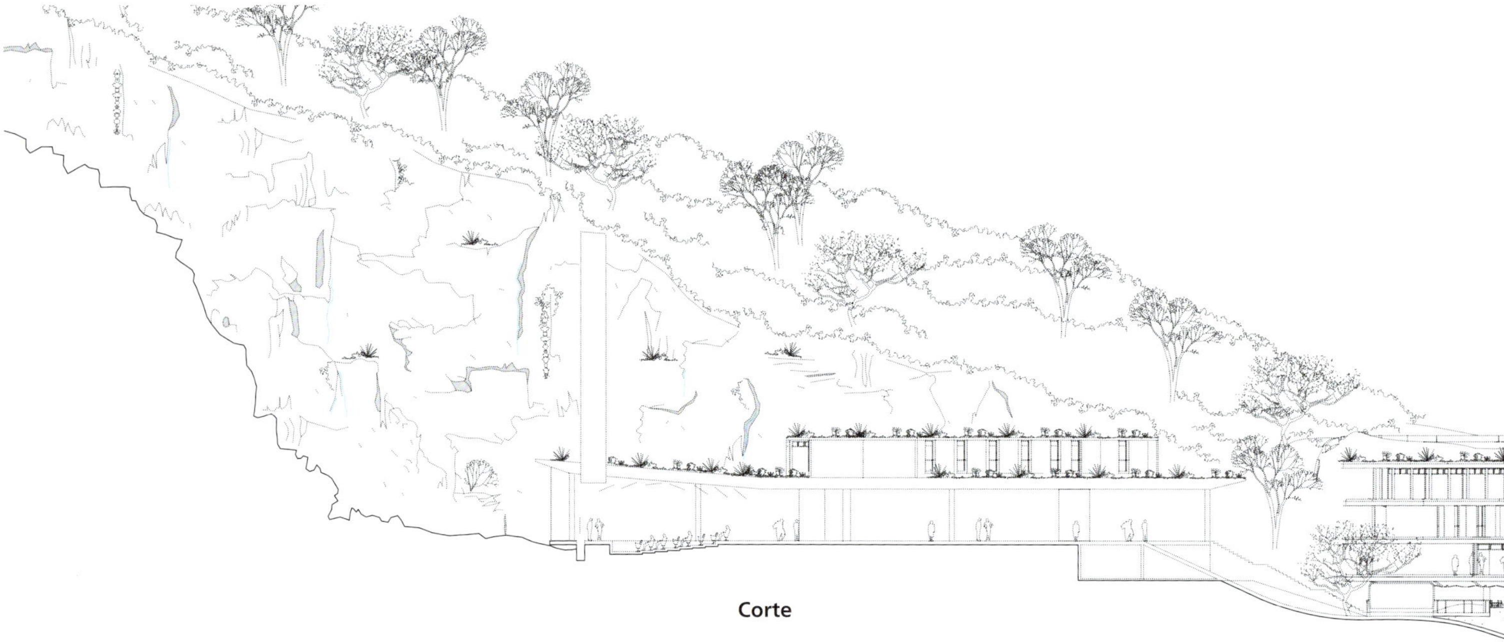

Corte

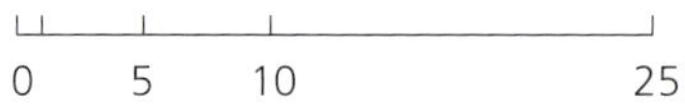

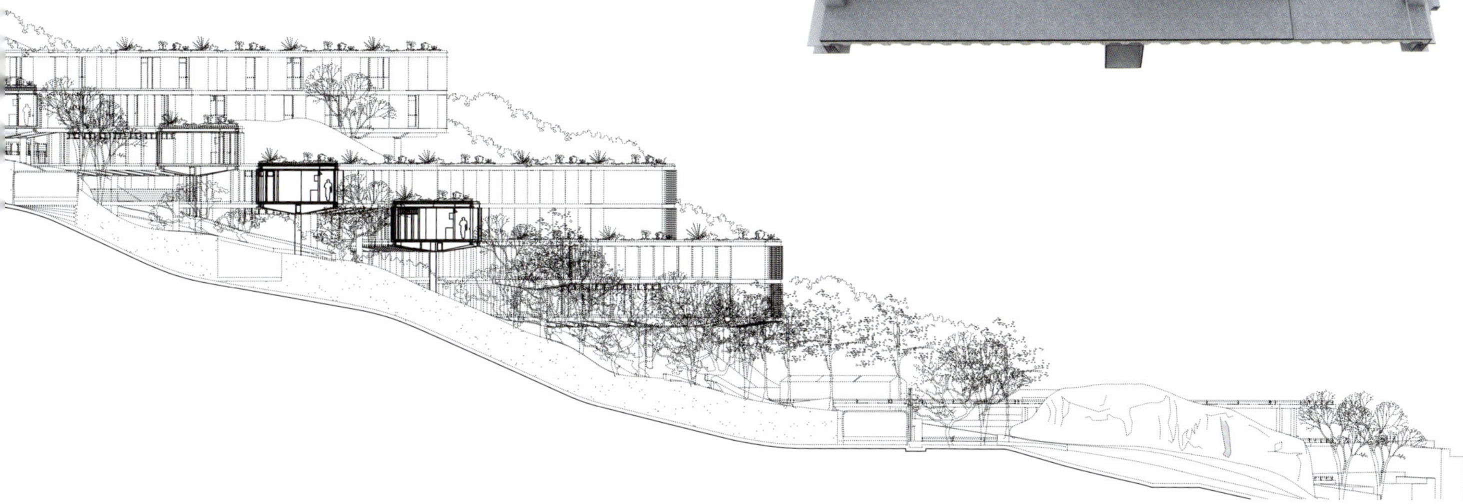

Museu do Tijolo

Arvorezinha, Rio Grande do Sul, 2015

O Museu do Tijolo é um projeto realista em termos de custos e soluções construtivas, sem abrir mão da riqueza espacial e poética que um museu como este deve ter. Com 580 metros quadrados, estruturado em módulos que se repetem de 5 x 5 metros, tem sua racionalidade e dureza quebrada apenas pela inflexão do módulo do auditório, pelas colunas sinuosas e crespas e pela rocha de basalto que cruza o terreno de lado a lado, evidenciada também no interior do edifício.

Essa rocha define um desnível de aproximadamente 3 metros entre a parte mais alta, junto à rua, e a parte dos fundos, sugerindo quase naturalmente a adoção de pé-direito simples no bloco frontal e duplo na parte posterior. A intenção projetual foi pousar o edifício no terreno como ele é, sem grandes movimentos de terra.

O tijolo da cerâmica Fachinetto foi empregado como material básico para toda a estrutura e paredes de fechamento. Ora aparente, ora caiado de branco, ele marca a personalidade do museu. O concreto, por sua vez, foi utilizado somente nas fundações, vigas e lajes. As colunas, feitas uma a uma em formas irregulares e orgânicas, mesclando tijolos inteiros e quebrados, tornam-se grandes esculturas que sustentam a laje de cobertura.

Um espesso muro de tijolos orienta todo o projeto e os usos do museu, como uma grande espinha dorsal de 35 metros de comprimento no sentido Norte-Sul. Uma sequência de usos acompanha o desenvolvimento desse muro, acentuando sua presença como elemento estruturador do projeto. Começando pela recepção e acolhimento, onde o velho caminhão dá as boas-vindas aos visitantes, a exposição permanente conta a história da cerâmica produzida pela família Fachinetto desde o início do século 20. Seguindo o muro, uma linha do tempo com objetos e painéis mostra o tijolo na história da humanidade.

No piso inferior, o museu abriga biblioteca, pesquisa, ateliê de cerâmica para cursos, café e atividades didáticas e recreativas. Junto à escada, aproveitando o desnível do terreno, está implantado um pequeno auditório multiuso para 48 pessoas. Grandes painéis de vidro iluminam os espaços internos do museu e também possibilitam o desfrute orientado da paisagem externa e interna quando visto de fora. Todo o edifício possui um piso de cimento desempenado de alta resistência, com baixa manutenção e grande eficiência em ambiente de intenso fluxo de pessoas. Na cobertura, por fim, uma laje jardim funciona também como solução de isolamento térmico de fácil manutenção.

O Museu do Tijolo integra o Caminho dos Moinhos e deverá atrair visitantes da região e de todo o país – a exemplo do Museu do Pão –, mas deverá fundamentalmente ser um novo equipamento cultural a serviço da comunidade de Arvorezinha.

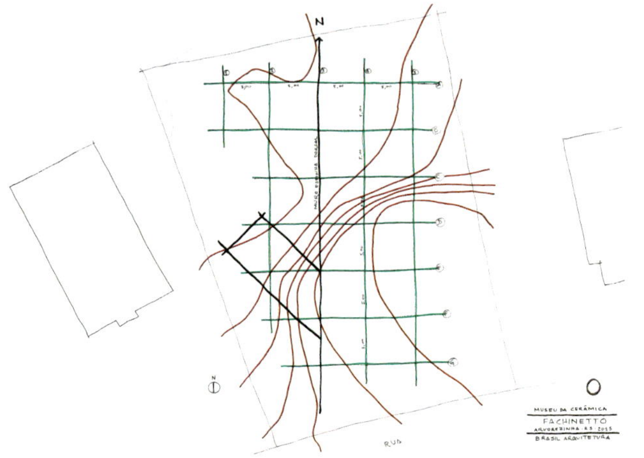

MUSEU
DO TIJOLO

Casa da Lagoa

Florianópolis, Santa Catarina, 2016

Num pequeno lote de esquina conformado por três patamares em acentuado declive, em frente ao Casarão Branco – mais antigo remanescente da região da Lagoa da Conceição –, projetamos uma pequena construção, misto de casa com ateliê, que procura dialogar com o nobre vizinho e a paisagem da lagoa ao fundo.

A casa se assenta, como que encaixada entre os muros de arrimo de pedra, nos patamares existentes, sem alterar o terreno original. Pelo contrário, o projeto tira partido dos desníveis para a implantação de dois volumes de dois pavimentos, afastados entre si por um pátio interno e conectados por uma passarela.

Como materiais básicos utilizamos o concreto aparente nas lajes e no muro de sustentação ao longo de todo o terreno, paredes brancas caiadas, piso de pedra branca goiás e caixilhos de madeira. A utilização de vidro continuamente e em sequência em todos os caixilhos, desde a rua frontal até o fundo do lote, criam uma transparência intencional em busca da vista da paisagem verde das montanhas e azul da lagoa ao longe.

Pequenos detalhes importam muito nesse projeto. Um deles é a pintura de três panos cegos de madeira nos caixilhos da sala e de um dos quartos ao fundo. São os mesmos tons de vermelho e azul utilizados nas pequenas embarcações tradicionais de todo litoral brasileiro e presença marcante na Ilha de Santa Catarina.

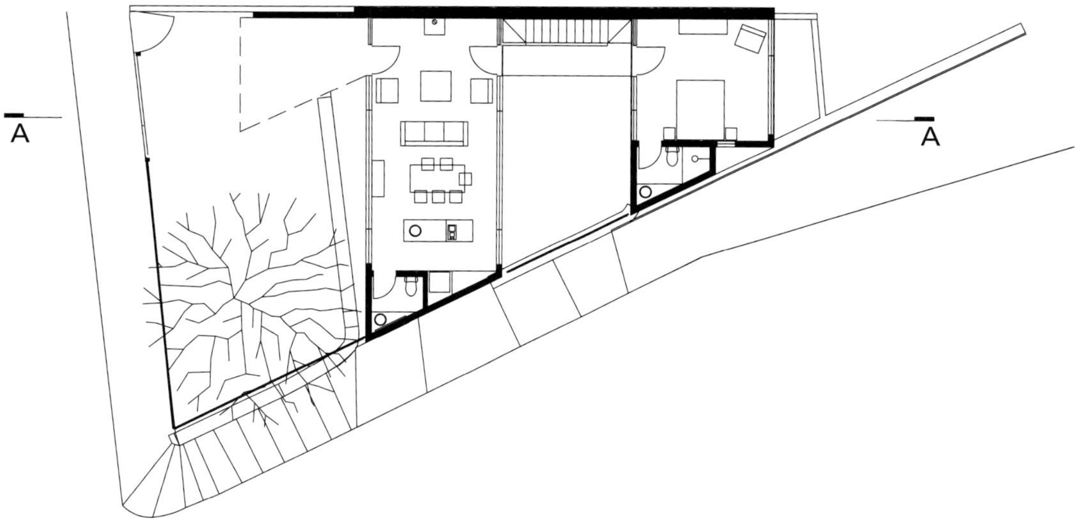

Planta térreo

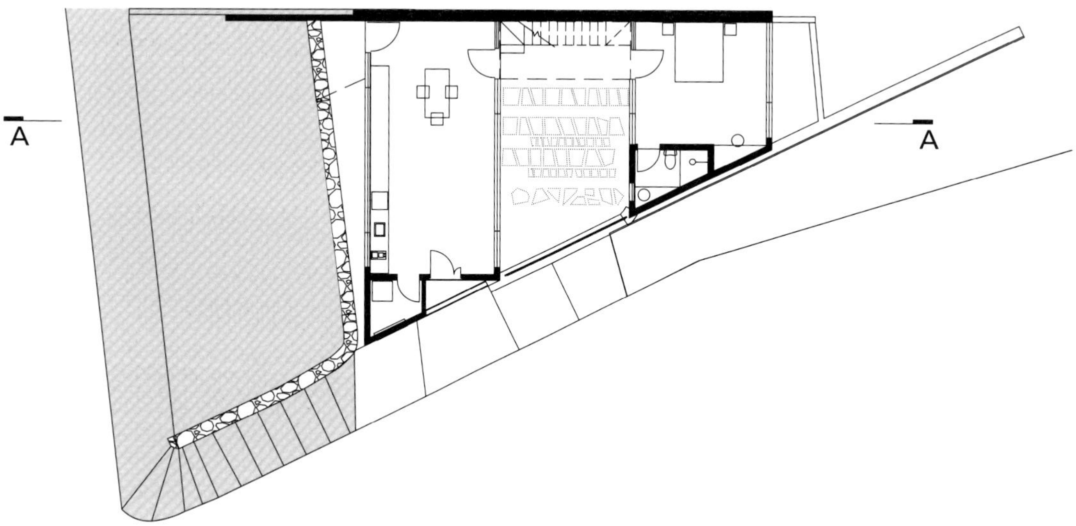

Planta 1° pavimento

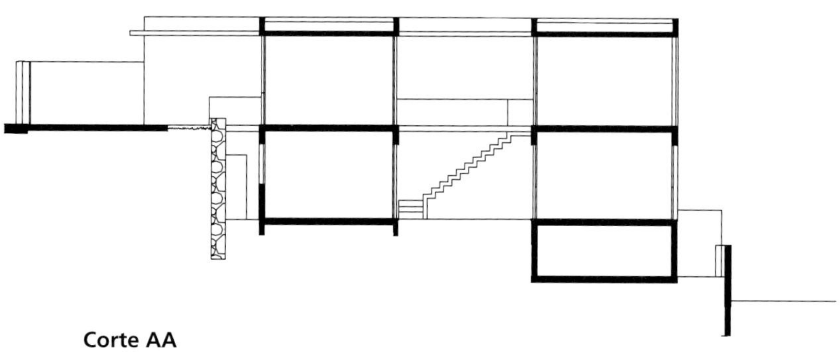

Corte AA

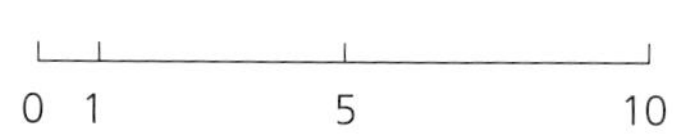

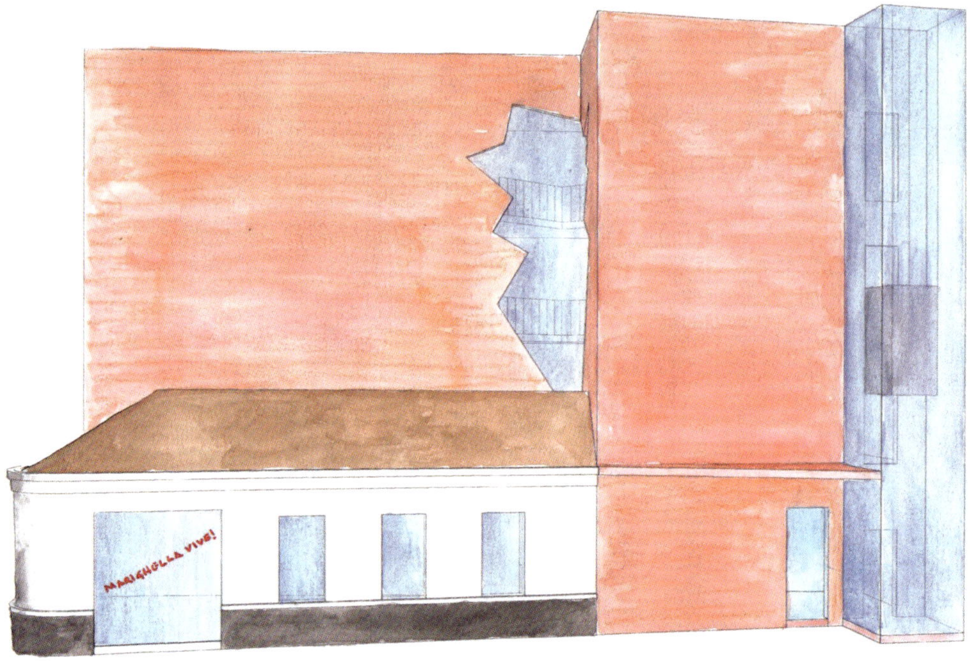

Memorial Marighella

Salvador, Bahia, 2016

Um dos pontos turísticos de maior visitação de Praga é a casa onde viveu Franz Kafka; quem vai à cidade do México, não deixa de visitar a casa de Frida Kahlo; em Berlim, a residência onde viveu Bertold Brecht é ponto de peregrinação internacional. Parece que estar nesses lugares nos faz mais próximos daqueles ícones que admiramos e respeitamos, tornando-os mais humanos.

No Brasil, o nome de Carlos Marighella finalmente está sendo resgatado das brumas para ocupar um importante lugar no panteão de brasileiros que lutaram por um país melhor e mais justo. No caso de Marighella, com o sacrifício da própria vida. Nos últimos anos, livros, filmes, canções e homenagens vêm atestando sua condição de herói nacional.

Cidadão soteropolitano, Marighella viveu desde a mais tenra idade numa pequena casa da rua Barão do Desterro, na Baixa dos Sapateiros, em Salvador. Este foi, sem dúvida, o lugar no qual ele permaneceu por mais tempo em sua curta e intensa existência – em grande parte clandestina –, tendo sido inclusive o seu *bunker* na vitoriosa campanha eleitoral para deputado da Assembleia Nacional Constituinte de 1946. A casa da família Marighella foi também oficina mecânica de seu pai e continua de pé como um testemunho histórico.

Considerando a importância simbólica desse marco na história da cidade de Salvador e do Brasil, estamos propondo a implantação nessa casa do Memorial Marighella, lugar que, além de homenageá-lo, abrigue toda a documentação referente à sua vida e sua luta, e que deverá servir como centro de pesquisa e referência. Propomos a criação ali de um museu *in situ*, aberto à visitação pública e pesquisadores.

O lugar onde está situada a casa tem um rico passado e uma vizinhança nobre: a Baixa dos Sapateiros e o Centro Histórico, listado pela Unesco como Patrimônio da Humanidade. Apesar da centralidade, por estar em um pequeno largo se insere em uma atmosfera urbana bucólica, um oásis de tranquilidade na agitada Baixa dos Sapateiros. O imóvel, construção singela mas com personalidade própria, tem a marca forte de uma época – início do século 20 – e pode perfeitamente ser recuperado e ampliado, incorporando-se a ele todas as instalações necessárias ao seu futuro uso.

Para isso, em um imóvel contíguo sem valor arquitetônico ou histórico, será construído um anexo, com linguagem marcadamente contemporânea, com instalações e condições de trabalho, guarda de acervo e atendimento. Teremos, assim, a casa antiga como documento e testemunho do passado, com valor imaterial e intangível insubstituível, ancorada no novo edifício. A carga simbólica é a maior riqueza desse patrimônio único.

A velha casa será restaurada mantendo suas características construtivas. O edifício novo que abraça a casa antiga será todo em concreto aparente estrutural e pigmentado de vermelho. Uma grande abertura de forma livre, como uma vidraça rompida, será a janela dos três pavimentos superiores que iluminará as escadas e as áreas de circulação. Essa abertura será, certamente, uma marca, uma imagem emblemática do conjunto.

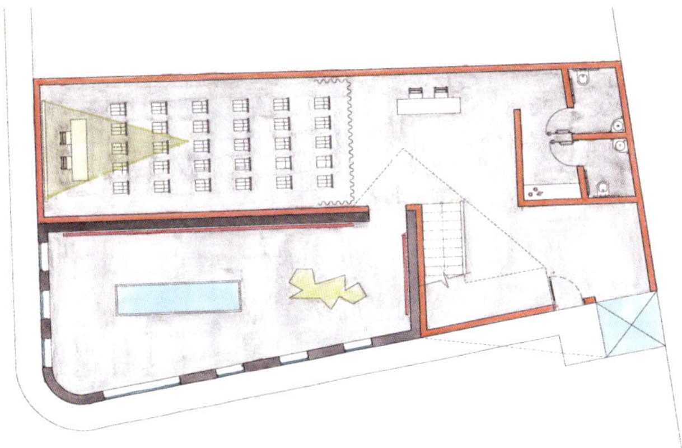

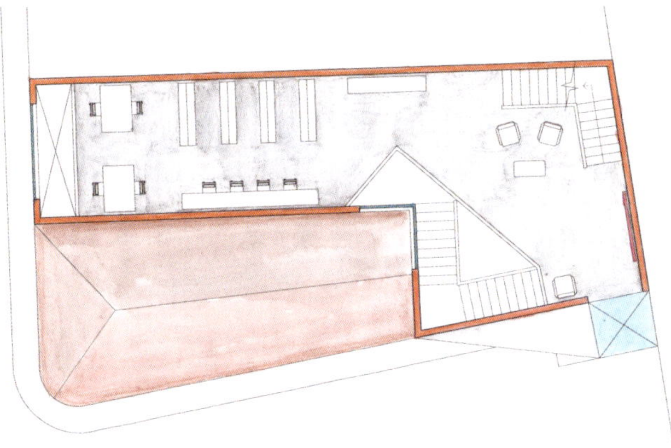

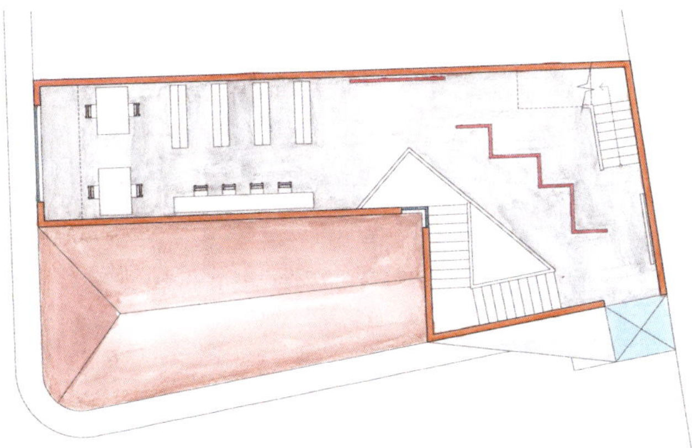

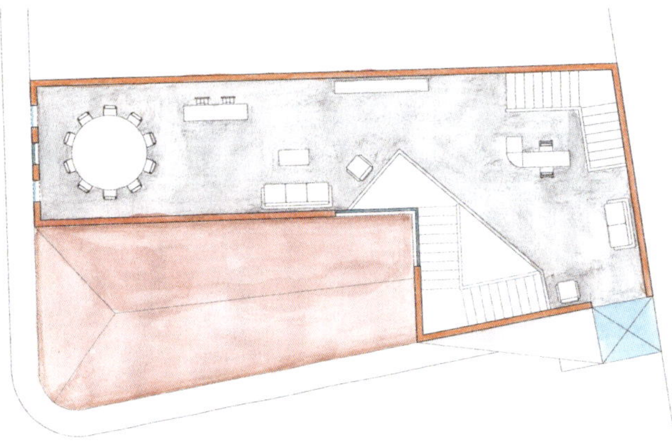

Museu de Arte de Lima – Mali

Lima, Peru, 2016

As passagens sempre fascinaram os homens. São espaços de buscas – deliberadas ou aleatórias –, de surpresas e descobertas, de encontros marcados ou fortuitos, do simples vagar, do exercício da urbanidade por excelência. Passagem e convivência são termos que exprimem o espírito de nosso projeto para a nova ala de arte contemporânea do Museu de Arte de Lima – Mali, que será a um só tempo uma grande passagem urbana e um espaço de encontros entre usuários do metrô, visitantes do museu e frequentadores do parque.

O projeto procura criar um diálogo respeitoso e sutil, uma convivência tensa e silenciosa entre dois edifícios que se distanciam no tempo em quase 150 anos, deixando que cada um fale o idioma de seu tempo. Flexibilidade e liberdade são fundamentos do projeto, visando o aproveitamento máximo dos espaços com múltiplas possibilidades de usos, como requer um museu de arte contemporânea voltado para o presente e para o futuro, aberto a novas formas de expressão e modos de expor.

Uma grande boca de entrada – com 40 metros de largura – em suave rampa acolhe os visitantes e passantes e os leva ao interior do novo anexo do Mali. Num ordenamento vertical, os usos vão do mais público no piso superior ao mais privativo e introspectivo no piso inferior.

Uma grande fenda corta verticalmente o volume construído em toda a sua extensão e pavimentos, levando luz celeste e ventilação natural controladas para todo o edifício. Essa abertura abrigará um jardim vertical de aspecto rupestre e um jardim aquático. Esses jardins são estruturantes do projeto, fundamentais para a criação de uma atmosfera gentil e acolhedora aos usuários dos vários espaços do museu que se desenvolve totalmente subterrâneo.

Toda a estrutura do conjunto será em concreto aparente. Um rigoroso projeto de formas dará o aspecto final pretendido, ora com linhas verticais, ora com linhas horizontais. Placas estruturais verticais sustentam lajes nervuradas e protendidas. A estrutura é fundamental na definição da arquitetura que pretendemos, livre e versátil. Uma vez pronta a estrutura, estará pronta a arquitetura.

O cimento pigmentado – terroso andino – no preparo do concreto, com alta tecnologia de fixação e resistência, evitará pintura de manutenção e reparos no futuro. O vidro será utilizado em todos os pavimentos para captar a luz do dia, com possibilidade de controle através de cortinas e sistemas de blackout.

Na paisagem densa e vibrante do centro de Lima continuará brilhando o palacete branco imponente com seu reflexo espelhado em uma lâmina de água, anunciando algo novo abaixo da terra: a nova ala de arte contemporânea do Mali.

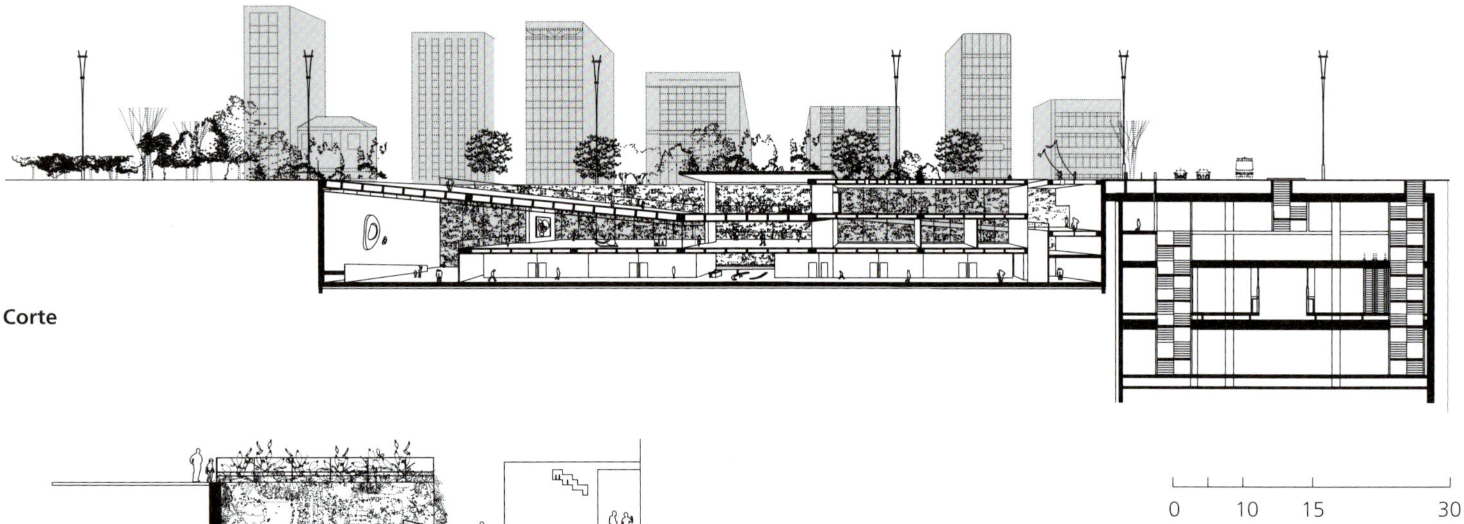

Corte

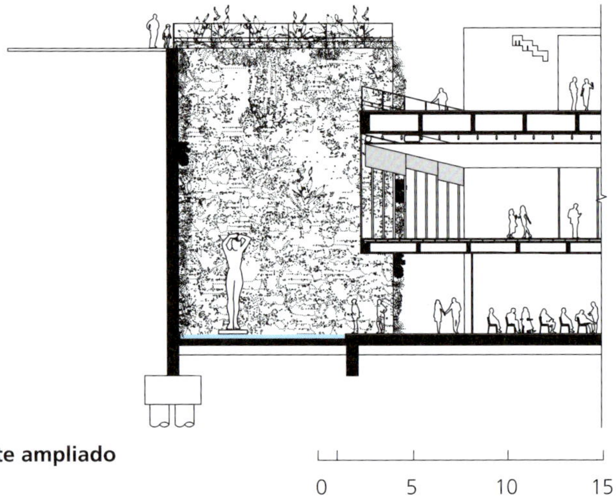

Corte ampliado

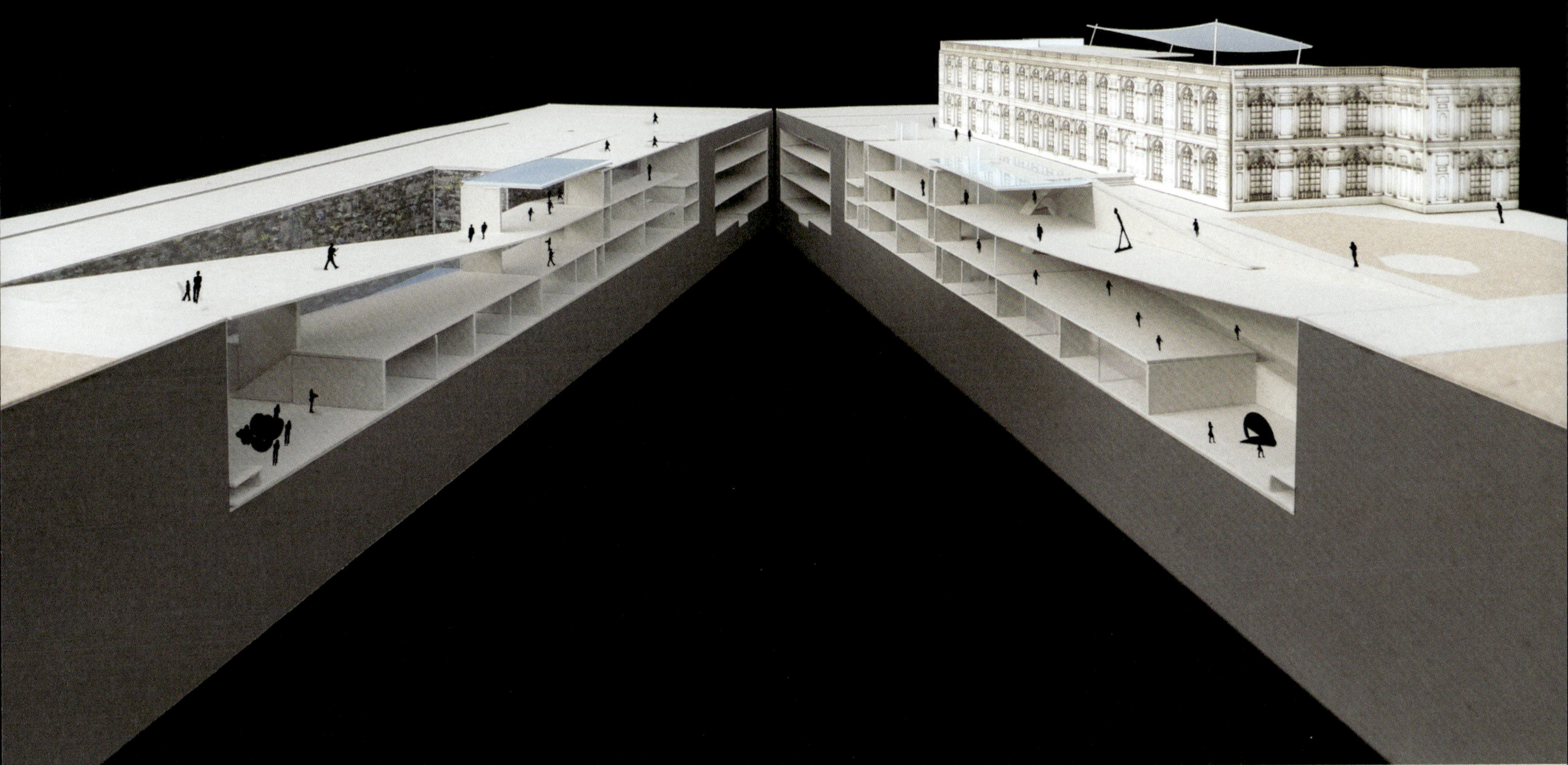

Terreiro de Òsùmàrè

Salvador, Bahia, 2017

Partindo de uma escala maior, a mancha verde do Terreiro de Òsùmàrè, na encosta da avenida Vasco da Gama, representa o que foi ao longo de séculos a lógica da ocupação do território acidentado de Salvador: pequenas construções nas cumeadas dos morros junto aos caminhos de acesso, ladeadas pela vegetação exuberante assentada em declive até os vales dos rios e córregos.

Esse modelo foi desaparecendo nas últimas décadas, sendo destruído pelo processo de urbanização desenfreado e massivo. E o Terreiro de Òsùmàrè, tombado como patrimônio histórico nacional, conserva essa característica original e lógica de se mediar construção com preservação da natureza. Na área urbana de Salvador, é um dos últimos remanescentes daquele que foi o modelo de ocupação adaptado à topografia e aos acidentes geográficos, e tem se preservado graças às tradições dos cultos do candomblé.

O projeto de intervenção pode ser dividido em três grandes blocos, que correspondem aos três patamares topográficos. No núcleo superior será erguido um novo edifício – sacerdotal – em tons de terra ocre amarelado. O pavimento térreo contará com uma cozinha de porte industrial. Os pavimentos superiores abrigarão lavanderia, alojamentos, residência do babalorixá e administração. A escada desse núcleo ligará o patamar central do barracão à rua de cima. E, a exemplo da escada atual do núcleo inferior, deverá ser um marco simbólico forte.

Para o núcleo central, o projeto prevê basicamente reformas com algumas demolições e algumas pequenas novas construções, com ampliação do espaço de culto do barracão e remodelação de áreas adjacentes. Uma importante demanda que deve ser destacada nesse núcleo é a expansão do pátio frontal ao barracão – cobertura do núcleo inferior – para abrigar maior número de pessoas com segurança e conforto em dias de festa.

O núcleo inferior foi pensado para abrigar o Memorial do Terreiro de Òsùmàrè – a ser construído nos pisos inferiores, onde serão instalados o auditório, a sala de exposições, a biblioteca e áreas de apoio. Esse novo bloco – institucional e representativo – será todo revestido de argamassa pigmentada em vermelho terroso óxido de ferro para se destacar do restante das construções.

A grande e longa escada branca que penetra a mata e leva até o pátio frontal será mantida e recuperada. É um forte elemento simbólico do terreiro. A partir de seus patamares são definidos os novos planos das áreas adjacentes, como forma de facilitar os acessos aos caminhos da mata e às árvores sagradas e de culto. Um desses planos deverá abrigar uma grande praça ligada à casa de Exu. Será mais um espaço para ritos, encontros e lazer.

A Mata Escura, como era conhecida essa região da cidade até o início do século 20, deverá ser recuperada e adensada, recebendo caminhos em suaves rampas para passeios e contemplação da natureza e do sagrado.

Na parte mais baixa do terreno, no nível da calçada da avenida Vasco da Gama, a Casa das Artes será um espaço destinado à execução dos projetos sociais e culturais que o terreiro já implementa em benefício da comunidade interna e externa.

Como linhas gerais, o projeto busca uma unidade de linguagem nas intervenções, tentando manter a integridade e a forte personalidade das construções e espaços existentes, em consonância com as futuras construções.

Procuramos introduzir com nossa arquitetura elementos da natureza, como a pedra nos muros de arrimo; a terra em diferentes tons (ocre e vermelho óxido de ferro) no reboco dos novos blocos, em contraste com o branco do leite de cal utilizado atualmente nas casas de santos; ainda a terra batida em pisos como a futura praça de Exu; e pedriscos nos caminhos da mata.

Com a participação de artistas convidados, elementos simbólicos deverão habitar os muitos nichos do futuro bloco institucional, a exemplo das figuras dos palácios de Abomei, no Benim.

O azul e branco que hoje trazem luz ao terreiro deverão continuar a vibrar após a implantação do projeto. Novos cobogós foram desenhados para proteção das varandas e terraços de todo o conjunto, inspirados na simbólica cobra enrolada. E, de cima para baixo, ou de baixo para cima, a longa escada também representará a cobra/caminho a cruzar as terras sagradas de Ilê Òsùmàrè.

Corte

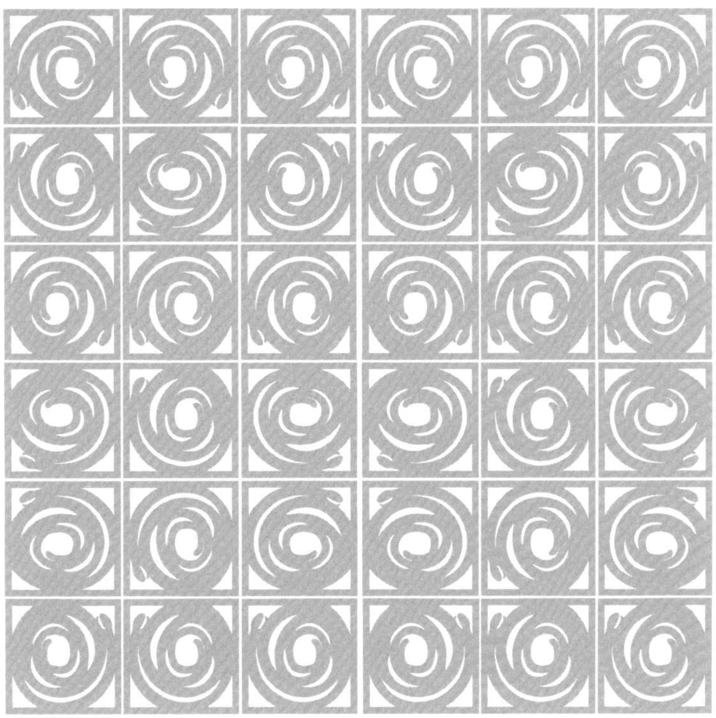

À esquerda, cobogó Òsùmàrè módulo utilizado para ventilação no bloco de circulação vertical, assim como nas muretas etc.; acima, Trono de Òsùmàrè, estudo com relevo em madeira da cobra/cobogó

À esquerda, abaixo, nichos em parede do Palácio Real de Ghezo, Abomei, Benim, referência de projeto

Museu da Araucária

Interior do Rio Grande do Sul, 2018

A criação de um museu que reverencie e trate do universo da Araucária (*Araucaria angustifolia*) no Sul do Brasil é um imperativo. Ou ainda uma dívida a saldar com esta que é uma espécie vegetal das mais antigas do planeta, tão presente física e simbolicamente na ocupação humana de vasto território que vai além das nossas fronteiras.

Pensado para ocupar e se enredar em um bosque típico da chamada Mata de Araucárias – outrora de forte presença na região subtropical e hoje ameaçada de extinção – esse estudo nasce da lógica da formação do próprio bosque, que nos leva a ocupar a área com várias construções a serpentear o terreno, desviando das árvores e ao mesmo tempo entremeadas a elas.

Uma grande marquise de concreto leva ao interior do museu, composto por blocos de diferentes escalas. Adentramos o conjunto pelo primeiro deles, uma área de acolhimento com espaços de estar, informações, sanitários e uma pequena cafeteria e loja que oferecerá produtos relativos aos temas tratados, de guloseimas feitas com pinhão a objetos de madeira.

Como caixas ou casamatas de concreto camufladas na mata, cada um dos blocos seguintes abrigará uma sala expositiva que deverá tratar de temas específicos: a araucária e seus aspectos científicos e botânicos; a ocupação do território desde os primeiros assentamentos humanos até os pioneiros exploradores da floresta; a presença dessa madeira no contexto histórico e socioeconômico brasileiro, especialmente na construção do hábitat; o universo do pinhão como alimento ancestral e suas possibilidades gastronômicas hoje. Esses volumes serão ligados por passarelas cobertas, ora mais fechadas, ora menos, que também servirão como galerias expositivas. Caminhar por elas é também passear pelo bosque.

Todo o conjunto do museu terá a araucária como matéria básica em sua construção. Tanto o concreto – feito com formas trabalhadas em diferentes desenhos e geometrias –, quanto caixilhos, painéis de vedação e até o mobiliário serão produzidos com essa madeira, dentro das normas de uso atuais de reaproveitamento e manejo ecológico.

Além dos módulos temáticos, o museu contará também com um pequeno auditório multiuso ligado diretamente à área de acolhimento. Esse bloco, ao contrário dos demais, será todo aberto para a paisagem do entorno, com fechamento em vidro e cortinas opcionais para escurecimento.

Clima, relevo, fauna e flora, água e, principalmente, criação e feito humano na construção de uma nova paisagem e uma nova vida, tudo isso deverá ser abordado nesse novo museu que poderá irradiar sua energia e transmitir sua mensagem da celebração da araucária.

Planta

LEGENDA
1. Marquise de acesso
2. Hall
3. Módulo 1 (araucária)
4. Módulo 2 (araucária)
5. Módulo 3 (água)
6. Módulo 4 (ferrovia e grande hotel)
7. Módulo 5 (música)
8. Módulo 6 (teatro)
9. Auditório
10. Reserva técnica
11. Administração
12. Depósito

Museu da Imigração Japonesa

Registro, São Paulo, 2016

Com doação do Conjunto KKKK para o Sesc, o Memorial e Museu da Imigração Japonesa, que ocupava o prédio do engenho, deveria ser transferido para outro imóvel na cidade. Uma área nobre no centro do Parque Beira Rio foi cedida para a construção do novo museu, que abrigará seu acervo, áreas expositivas e um pequeno auditório.

O acervo é composto por objetos, fotografias e documentos dos imigrantes pioneiros que ali aportaram a partir de 1913 e por uma coleção de obras de arte constituída por doações feitas em 2002, quando da inauguração do KKKK. São esculturas e pinturas produzidas por artistas nipo-brasileiros, desde a primeira geração aqui chegada no início do século passado até os contemporâneos.

Foi projetado então um pavilhão com 650 metros quadrados, em concreto aparente e vidro, localizado longitudinalmente entre a borda da água e a avenida beira-rio. Um volume longo e baixo, apoiado em pilares como palafitas, no sentido de livrar a construção das cheias que, vez por outra, acometem toda a área do parque.

A fachada Sul, voltada para a cidade, como nunca recebe o sol diretamente, pôde ser projetada toda em vidro, fazendo com que a coleção exposta no interior do museu se apresente à cidade como uma vitrine. Já na face Norte, voltada para o rio e a mata ciliar, foi necessária uma fachada quase cega, em concreto isolante para proteção do calor. Para não se perder totalmente a possibilidade de desfrute da bela vista sobre a água, foram projetadas pequenas aberturas ladeadas por dois bancos tipo conversadeiras. Cada uma dessas janelas assume uma forma simbólica diferente, extraída da cultura japonesa, com significados como fortaleza, paciência, prosperidade, beleza, boa colheita, proteção e poesia.

Em síntese, o Museu da Imigração Japonesa de Registro, como novo polo de atração e convivência, uma vez implantado no Parque Beira Rio, reforçará ainda mais a ação iniciada com a recuperação do KKKK, qual seja, a retomada da borda da água como centralidade urbana. Centralidade calcada na história – ali nasceu a cidade – e na construção de um futuro de relação amigável com as águas.

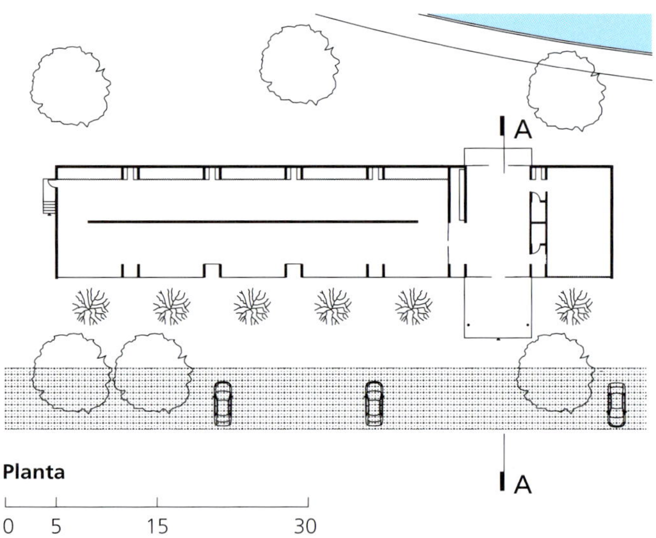

Planta

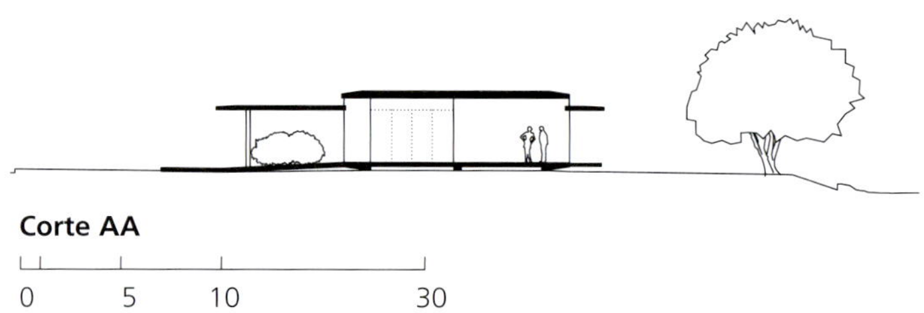

Corte AA

Sesc Registro

Registro, São Paulo, 2018

Em 2016 a municipalidade de Registro, em acordo com o Sesc SP, doa a esta instituição o conjunto histórico conhecido como KKKK para que ali seja instalada uma nova unidade Sesc.

Diferentemente do que se passa com outras unidades do Sesc SP, seja na capital metropolitana, seja em cidades médias, o Sesc Registro apresenta características peculiares que o tornam um caso à parte. Isso se explica em grande medida pela geografia, quando observada tanto em escala macro (regional) quanto micro (local).

A unidade de Registro nasce com a vocação e dever de cumprir sua missão de centro de convivência – cultura, esporte, lazer – para todo o Vale do Ribeira. Essa região do estado, ao longo de décadas, foi vista e tratada como de segunda classe pelas autoridades constituídas e políticos, relegando-a a certo isolamento.

Esse isolamento se explica também pela sua paisagem física, de montanhas e várzeas inundáveis, clima tropical agressivo quente e úmido, e a forte presença da mata atlântica, fatores que dificultaram e ainda dificultam seu acesso.

Nesse pequeno universo do Vale do Ribeira, formado por 23 municípios e uma população de 443 mil habitantes, em que o caudaloso Rio Ribeira de Iguape reina e dita os ciclos e ritmos de vida das comunidades, Registro figura como capital.

A escala micro – ou local – do Sesc Registro também o torna singular. Primeiro por ser (quando completado pelo segundo módulo) um conjunto dividido em dois blocos separados por uma praça pública, ocupando dois terrenos que não se tocam, ambos na barranca do rio. Uma das partes, já em funcionamento – o conjunto histórico arquitetônico KKKK –, é totalmente aberta e integrada à cidade, sem cercas, muros ou portões. E assim será também o segundo módulo a ser implantado do outro lado da praça.

Isso se dará, novamente, não apenas pela continuidade do modulo histórico, mas também pela decisão projetual de se prolongar a praça aos novos domínios do Sesc e pela necessária proteção e prevenção contra as cheias que, de tempos em tempos, inundam toda a área. Isso nos sugeriu elevar o novo edifício do solo, criando assim uma grande varanda urbana, abrigo de sol e chuva para os usuários e transeuntes, palco público para as mais diversas atividades.

Esses aspectos distintos da unidade Sesc Registro instauram um modo próprio de se relacionar de forma espacial com o ambiente urbano e público. Ali estarão mais fortemente representados, com a construção do segundo módulo, a natureza exuberante e o manancial cultural da ocupação humana que cercam o majestoso Ribeira de Iguape: a montante, até as encostas de Eldorado e Iporanga; a jusante, até Iguape, Cananeia e as ricas águas do Oceano Atlântico.

Essa unidade, quando completa, deverá ser o epicentro, em solo urbano, do encontro das culturas de origem caipira, caiçara, quilombola, indígena-guarani e nipo-brasileira na vida contemporânea de uma cidade que assume cada vez mais seu papel de capital regional do Vale do Ribeira.

Uma longa marquise/passarela em concreto fará a ligação do módulo 1, o histórico KKKK, com o módulo 2, atravessando a praça Beira Rio e sinalizando assim a presença da unidade do Sesc Registro em ambos os lados. Sem dúvida, será uma intervenção urbanística na paisagem ribeirinha que organizará os acessos, limites da praça, fluxos de pedestres, além de marco novo na paisagem a emoldurar a curva do rio.

Utilizaremos o concreto pigmentado com óxido de ferro nas novas estruturas da passarela e do edifício novo, bem como nos embasamentos da piscina, rampas e escadas. Procuramos o mesmo tom vermelho dos tijolos do Conjunto KKKK para o concreto de

forma a criar uma unidade visual da presença do Sesc na cidade de Registro. Assim também se dará com a utilização das treliças de madeira – muxarabis – já empregadas no conjunto histórico.

Mas essas referências que criam certa unidade não visam disfarçar as diferenças históricas dos cem anos que separam os dois conjuntos (o KKKK foi construído em 1920). Elas estarão presentes e explicitadas nas soluções arquitetônicas de cada tempo, nas técnicas construtivas e nos materiais – tijolo de um lado e concreto de outro –, sem sobreposição e nem submissão de parte a parte.

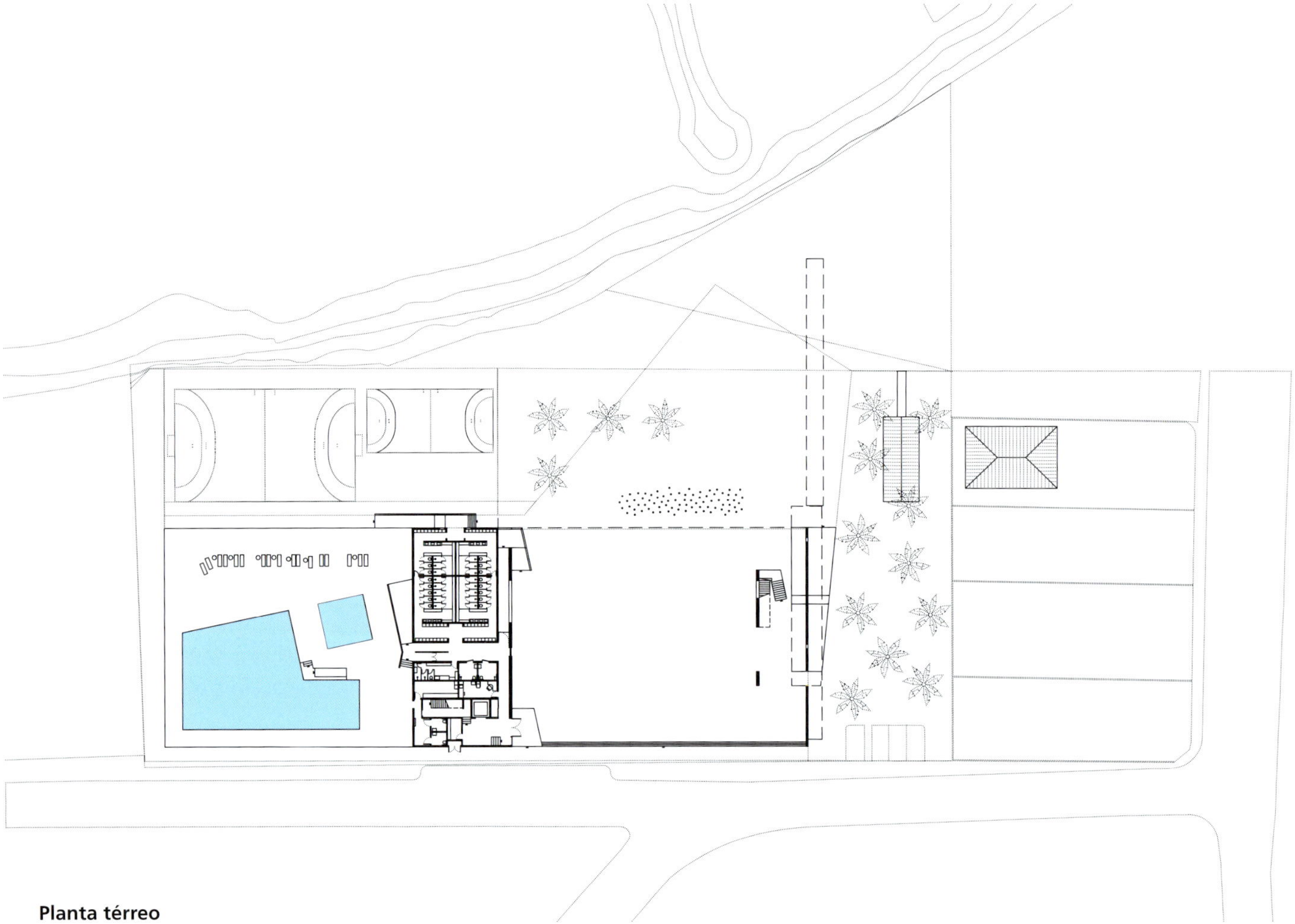

Planta térreo

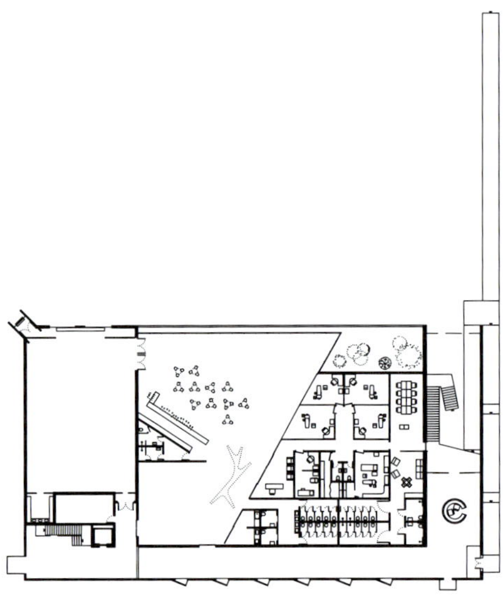

Planta 1° pavimento

0 5 15 30

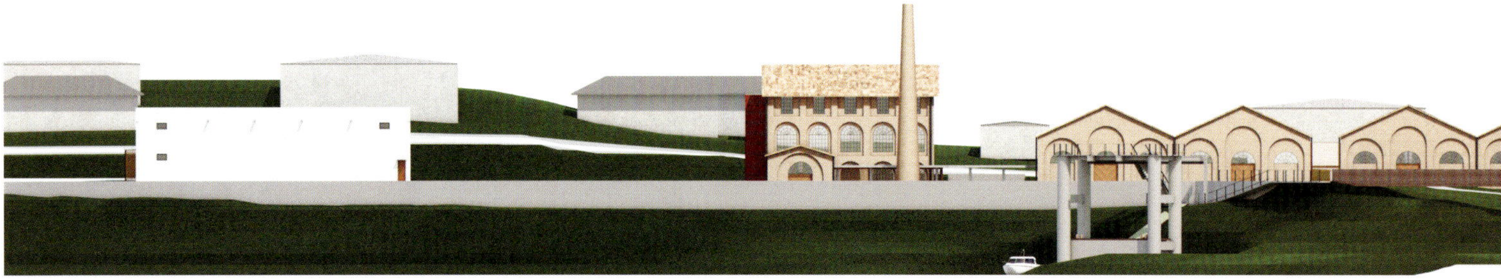

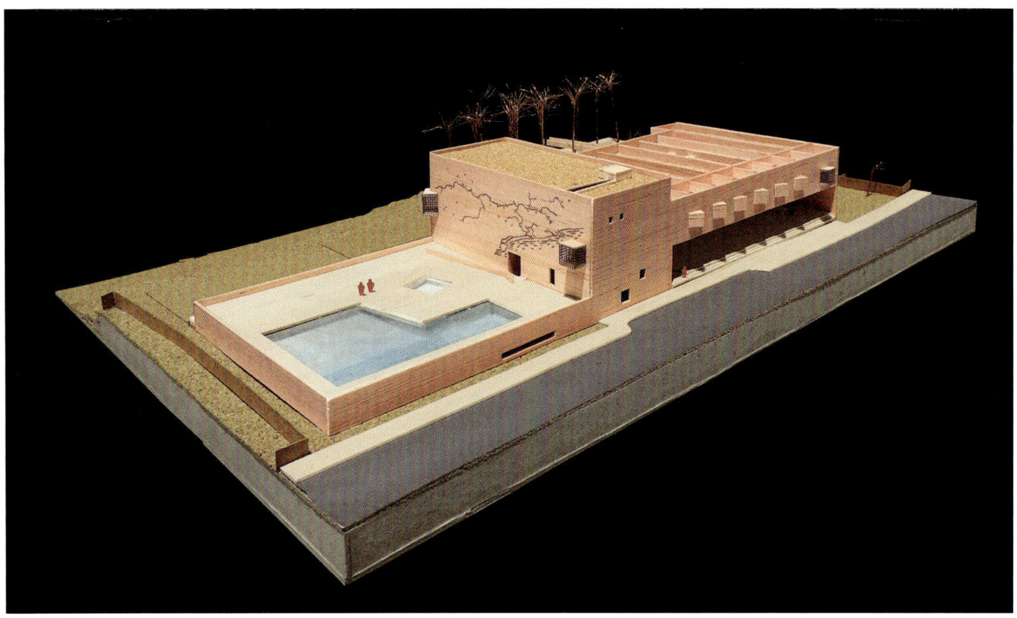

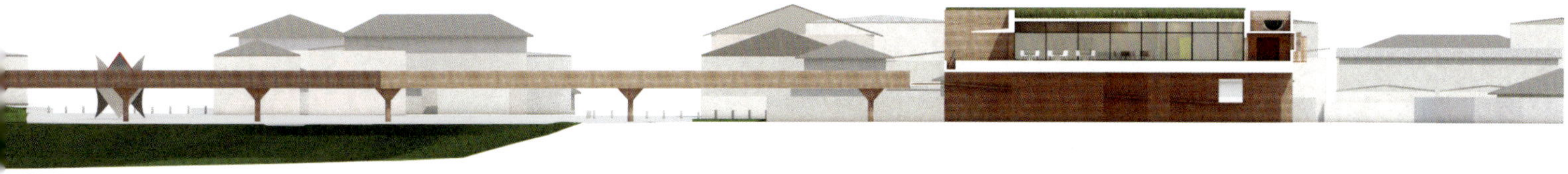

K
Nº1

K
Nº2
K
Nº3

Referências bibliográficas

Livros de Francisco Fanucci e Marcelo Ferraz

FANUCCI, Francisco; FERRAZ, Marcelo Carvalho. *Francisco Fanucci, Marcelo Ferraz: Brasil Arquitetura*. São Paulo, Cosac Naify, 2005.

FANUCCI, Francisco; FERRAZ, Marcelo Carvalho. *Theatro Polytheama de Jundiaí*. Jundiaí, Prefeitura Municipal de Jundiaí, 1996.

FERRAZ, Marcelo Carvalho. *Arquitetura conversável*. Rio de Janeiro, Azougue, 2011.

FERRAZ, Marcelo Carvalho. *Arquitetura rural na Serra da Mantiqueira*. 1ª edição. São Paulo, Instituto Quadrante, 1992.

FERRAZ, Marcelo Carvalho. *Arquitetura rural na Serra da Mantiqueira*. 2ª edição. Versão para o inglês e revisão C. Stuart Birknishaw. São Paulo, Instituto Bardi, 1996.

FERRAZ, Marcelo Carvalho. *Arquitetura rural na Serra da Mantiqueira*. 3ª edição. Versão para o inglês e revisão C. Stuart Birknishaw. São Paulo, Romano Guerra, 2020.

FERRAZ, Marcelo Carvalho (Org.). *Lina Bo Bardi*. 5ª edição. São Paulo, Instituto Bardi/Romano Guerra, 2018.

FERRAZ, Marcelo Carvalho (Org.). *O conjunto KKKK*. São Paulo, Takano, 2002.

Artigos de Francisco Fanucci e Marcelo Ferraz

FANUCCI, Francisco; FERRAZ, Marcelo Carvalho; CARTUM, Marcos. Praça das Artes, São Paulo. *Monolito*, n. 18 (anuário 2013), São Paulo, dez. 2013/jan. 2014, p. 72-85.

FANUCCI, Francisco; FERRAZ, Marcelo Carvalho. Cais do Sertão. *Projetos*, ano 18, n. 216.02, São Paulo, Vitruvius, dez. 2018 <www.vitruvius.com.br/revistas/read/projetos/18.216/7193>.

FANUCCI, Francisco; FERRAZ, Marcelo Carvalho. Casa da Lagoa. *Projetos*, ano 19, n. 222.01, São Paulo, Vitruvius, jun. 2019 <www.vitruvius.com.br/revistas/read/projetos/19.222/7403>.

FANUCCI, Francisco; FERRAZ, Marcelo Carvalho. Comunidade se prepara para a cidade formal. Brasil Arquitetura, habitação social, São Paulo. *Projeto Design*, n. 396, São Paulo, fev. 2013, p. 66-69.

FANUCCI, Francisco; FERRAZ, Marcelo Carvalho. Escuela del Parque Santo André. *Arquine*, n. 49, Cidade do México, set. 2009, p. 60-613.

FANUCCI, Francisco; FERRAZ, Marcelo Carvalho. Fiesta del Pan. *Summa+*, n. 96, Buenos Aires, set. 2008, p. 36-41.

FANUCCI, Francisco; FERRAZ, Marcelo Carvalho. Jardín de infantes de la Escuela San Andrés. *Trama*, n. 110, Quito, jan. 2012, p. 22-25.

FANUCCI, Francisco; FERRAZ, Marcelo Carvalho. Ocupando espaços para deixá-los livres. Brasil Arquitetura – Praça das Artes. *Summa+*, n. 135, Buenos Aires, mai. 2014, p. 80-89.

FANUCCI, Francisco; FERRAZ, Marcelo Carvalho. Praça das Artes. *Projetos*, ano 13, n. 151.03, São Paulo, Vitruvius, jul. 2013 <www.vitruvius.com.br/revistas/read/projetos/13.151/4820>.

FANUCCI, Francisco; FERRAZ, Marcelo Carvalho. Sede do Instituto Socioambiental – ISA. *Projetos*, ano 16, n. 191.01, São Paulo, Vitruvius, nov. 2016 <www.vitruvius.com.br/revistas/read/projetos/16.191/6284>.

FANUCCI, Francisco; FERRAZ, Marcelo Carvalho; SUZUKI, Marcelo. Casa em Tamboré. *AU – Arquitetura e Urbanismo*, n. 48, São Paulo, jun./jul. 1993, p. 35-37.

FANUCCI, Francisco; FERRAZ, Marcelo Carvalho; SUZUKI, Marcelo. Casa em Tamboré, Barueri, São Paulo. *Architécti*, n. 19/20, Lisboa, ago./set. 1993, p. 42-45.

FANUCCI, Francisco; FERRAZ, Marcelo Carvalho. Acción arquitectónica. In OLEAS SERRANO, Diego; GUERRA, Abilio (Org.). *Brasil – Documentos del Colegio de Arquitectura de la UFSQ*. Quito, El Colegio de Arquitectura de la Universidad San Francisco de Quito, 2010, p. 57-60.

FANUCCI, Francisco; FERRAZ, Marcelo Carvalho. Museu Rodin Bahia. *Projetos*, ano 06, n. 070.01, São Paulo, Vitruvius, out. 2006 <www.vitruvius.com.br/revistas/read/projetos/06.070/2721>.

FANUCCI, Francisco; FERRAZ, Marcelo Carvalho. Requalificação do Bairro Amarelo. *Arte!Brasileiros*, n. 2, São Paulo, nov. 2009, p. 46-47.

FANUCCI, Francisco; FERRAZ, Marcelo Carvalho. Praça das Artes. Urbanismo hecho de arquitectura. *ARQ*, n. 92, Santiago, abr. 2016, p. 26-31.

FANUCCI, Francisco; VANNUCCHI, Gianfranco. Desenhando conceitos, construindo manifestos. *Arc Design*, n. 10, jul./ago. 1999, p. 28-33.

FANUCCI, Francisco. Arquitetura em sítios históricos. *Arquiteturismo*, ano 02, n. 020.03, São Paulo, Vitruvius, out. 2008 <www.vitruvius.com.br/revistas/read/arquiteturismo/02.020/1466>.

FANUCCI, Francisco. Brasília 50 anos – Edifício Antac, 2004 – Brasil Arquitetura. *Projeto Design*, n. 362, São Paulo, abr. 2010, p. 96.

FANUCCI, Francisco. Praça das Artes. *Alecrim*, São Paulo, abr. 2018, p. 7-8.

FERRAZ, Marcelo Carvalho; SUZUKI, Marcelo; COSTA FILHO, José Sales; ROMAN, Tâmara. Paço Municipal de Cambuí. *Projeto*, n. 131, São Paulo, abr./mai. 1990, p. 36-37.

FERRAZ, Marcelo Carvalho. An idea of a museum / Uma ideia de museu. In GROSSMANN, Martin; MARIOTTI, Gilberto. *Museu art today / Museu arte hoje*. Coleção Fórum Permanente. São Paulo, Hedra, 2011, p. 19-23; 123-126.

FERRAZ, Marcelo Carvalho. Arquitetura em vão? Sobre exposição da arquitetura brasileira em Matosinhos, Portugal. *Resenhas Online*, ano 18, n. 205.04, São Paulo, Vitruvius, jan. 2019 <www.vitruvius.com.br/revistas/read/resenhasonline/18.205/7231>.

FERRAZ, Marcelo Carvalho. Casa in Città. *Abitare*, n. 374, Milão, jun. 1998, p. 214-215.

FERRAZ, Marcelo Carvalho. Desenho e projeto. In DERDYK, Edith (Org.). *Disegno. Desenho. Desígnio*. São Paulo, Senac São Paulo, 2007, p. 221-228.

FERRAZ, Marcelo Carvalho. Desenho, projeto, arquitetura... *Projetos*, ano 17, n. 201.06, São Paulo, Vitruvius, set. 2017 <www.vitruvius.com.br/revistas/read/projetos/17.201/6708>.

FERRAZ, Marcelo Carvalho. França, Bahia e Rodin. *S/Nº – Sem número*, n. 8, São Paulo, primavera-verão 2006-2007, p. 132-135.

FERRAZ, Marcelo Carvalho. Graças e desgraças de nossas cidades. *Cult*, n. 113, São Paulo, mai. 2007, p. 47-50.

FERRAZ, Marcelo Carvalho. Graças e desgraças de nossas cidades. *Drops*, ano 07, n. 019.03, São Paulo, Vitruvius, set. 2007 <www.vitruvius.com.br/revistas/read/drops/07.019/1721>.

FERRAZ, Marcelo Carvalho. Minha experiência com Lina. *AU – Arquitetura e Urbanismo*, n. 40, São Paulo, fev./mar. 1992, p. 39.

FERRAZ, Marcelo Carvalho. Museus têm novos papéis na vida urbana. Caderno Ilustrada. *Folha de S.Paulo*, São Paulo, 8 jan. 2010, p. E5.

FERRAZ, Marcelo Carvalho. Numa velha fábrica de tambores. Sesc Pompeia comemora 25 anos. *Minha Cidade*, ano 08, n. 093.01, São Paulo, Vitruvius, abr. 2008 <www.vitruvius.com.br/revistas/read/minhacidade/08.093/1897>.

FERRAZ, Marcelo Carvalho. O Pelourinho no Pelourinho. *Minha Cidade*, ano 08, n. 096.02, São Paulo, Vitruvius, jul. 2008 <www.vitruvius.com.br/revistas/read/minhacidade/08.096/1885>.

FERRAZ, Marcelo Carvalho. O rio e a cidade. In *Piracicaba, o rio e a cidade: ações de reaproximação*. Piracicaba, Instituto de Pesquisa e Planejamento de Piracicaba – Ipplap, 2011, p. 92-102.

FERRAZ, Marcelo Carvalho. Obra poética de uma humanística. Caderno 2. *O Estado de S. Paulo*, São Paulo, 29 abr. 2012, p. D4.

FERRAZ, Marcelo Carvalho. Olho sobre o Bexiga. *Arquitextos*, ano 08, n. 087.00, São Paulo, Vitruvius, ago. 2007 <www.vitruvius.com.br/revistas/read/arquitextos/08.087/215>.

FERRAZ, Marcelo Carvalho. *Sesc Pompeia – conferencia dictada el 31 de mayo de 2013*. Colección Conferencias, n. 6. Montevidéu, Facultad de Arquitectura, Diseño y Urbanismo, Universidad de la República, ago. 2013.

FERRAZ, Marcelo Carvalho. Stones against Diamonds. *AA Files*, n. 64, Londres, 2012, p. 78-79.

FERRAZ, Marcelo Carvalho. Útil, bela e cheia de vida. *A&D – Arte e Decoração*, n. 225, São Paulo, out. 1998, p. 64-73.

FERRAZ, Marcelo Carvalho. Volumes articulados e materiais rústicos definem projeto com inspiração em arquitetura rural mineira. *Projeto Design*, n. 219, São Paulo, abr. 1998, p. 64-67.

FERRAZ, Marcelo Carvalho. Arquitetura de palavras: a escrita livre e exata de Lina Bo Bardi. Caderno Ilustríssima. *Folha de S.Paulo*, São Paulo, 3 mar. 2013, p. 6.

FERRAZ, Marcelo Carvalho. Graces and disgraces of our cities. In VAN GAMEREN, Dick; VAN DEN HEUVEL, DIRK. *Liber Amicorum Max Risselada*. Delft, Delft University of Technology, 2014, p. 112-115.

FERRAZ, Marcelo Carvalho. Haicai – casa de arquiteto / Hai Kai – architect's house. *Monolito*, n. 14, São Paulo, abr./mai. 2013, p. 8-9.

FERRAZ, Marcelo Carvalho. Marcelo Ferraz – Casa Ubiracica (1996-1997), São Paulo. *Monolito*, n. 14, São Paulo, abr./mai. 2013, p. 108-115.

FERRAZ, Marcelo Carvalho. Memória do futuro. Caderno Opinião. *Folha de S.Paulo*, São Paulo, 25 fev. 2003, p. A3.

FERRAZ, Marcelo Carvalho. São nossas periferias uma causa perdida? In GUERRA, Abilio; FIALHO, Roberto (Org.). *O arquiteto e a cidade contemporânea*. São Paulo, Romano Guerra, 2009, p. 42-45.

FERRAZ, Marcelo Carvalho. Sonhos não envelhecem / Dreams do not age. *Monolito*, n. 18 (anuário 2013), São Paulo, dez. 2013/jan. 2014, p. 60-65.

FERRAZ, Marcelo Carvalho. Um centro de referência para o Pampa. *Arqtexto*, n. 15, Porto Alegre, 2009, p. 146-149.

Livros

ALMEIDA, Cícero Antônio Fonseca de. *Museu de Porto Seguro*. Brasília, Iphan/Ministério da Cultura, 2000.

ALMEIDA, Daniel; TRENTINI, Rogério; VACARO, Baba. *O Cais do Sertão de Gonzagão – quando arquitetura rima com música*. Coleção Arranha Céu, v. 4. São Paulo, Editora C4, 2018.

ANDRADE, Mário (1928). *Ensaio sobre a música brasileira*. 3ª edição. São Paulo, Martins/INL, 1972.

ANDREOLI, Elisabetta; FORTY, Adrian. *Arquitetura moderna brasileira*. Londres, Phaidon, 2004.

AUGUSTAT, Claudia; WEST, Carolina de. *Copyright by Kadiwéu – Von der Körperbemalung im Mato Grosso zur Fassadenfliese in Berlin*. Berlim, SMPK, 1998.

BACHELARD, Gaston. *A poética do espaço*. Coleção Os Pensadores. São Paulo, Abril Cultural, 1978.

BARDI, Lina Bo. *Tempos de grossura – o design no impasse*. São Paulo, Instituto Bardi, 1994.

BASTOS, Maria Alice Junqueira. *Pós-Brasília – rumos da arquitetura brasileira*. São Paulo, Perspectiva, 2003.

CAVALCANTI, Lauro; LAGO, André Corrêa do. *Ainda moderno? Arquitetura brasileira contemporânea*. Rio de Janeiro, Nova Fronteira, 2005.

CORREA, Maria Elizabeth Peirão; MELLO, Mirela Geiger de; NEVES, Helia Mari. *Arquitetura escolar paulista: 1890-1920*. São Paulo, FDE, 1991.

CRUZ, Eneida Carvalho Ferraz. *Cambuí, 20 casas do século 20*. São Paulo, Ferrari Artes Gráficas, 2006.

FERRAZ, João Grinspum (Org.). *Museu do Pão – Caminho dos Moinhos*. Ilópolis, Associação dos Amigos dos Moinhos do Vale do Taquari, 2008.

FERREIRA, Avany de Francisco; CORRÊA, Maria Elizabeth Peirão; MELLO, Mirela Geiger de. *Arquitetura escolar paulista – restauro*. São Paulo, FED, 1998.

FINOTTI, Leonardo. *Brasil Arquitetura – Praça das Artes*. São Paulo, Blurb, 2013.

FORTES, Alexandre; KORNIS, Mônica Almeida; FONTES, Paulo (Org.). *Trabalho e trabalhadores no Brasil*. Rio de Janeiro, CPDOC/FGV, 2006.

FRANÇA, Elizabete. *Arquitetura em retrospectiva – 10 bienais de São Paulo*. São Paulo, KPMO Cultura e Arte, 2017.

GOVERNO DO ESTADO DA BAHIA. *Sociedade Cultural Auguste Rodin. Museu Rodin Bahia: estratégia de ação e desenvolvimento*. Série Obras Institucionais. Salvador, Secretaria da Cultura e Turismo, mar. 2003.

GOVERNO DO PARANÁ. *Programa de valorização cultural do Paraná – Novo Museu*. Apresentação ao BID Banco Interamericano de Desenvolvimento. Curitiba, Secretaria de Estado para Assuntos Estratégicos, 13 mar. 2002.

JATOBÁ, Waldick. *Desafios do design sustentável brasileiro*. São Paulo, Versal, 2014.

JORDAN, Kátia (Org.). *De Villa Catharino a Museu Rodin Bahia 1912-2006: um palacete baiano e sua história*. Salvador, Solisluna, 2006.

KOOLHAAS, Rem. *Nova York delirante: um manifesto retroativo para Manhattan*. São Paulo, Cosac Naify, 2008.

MELO, Luiz Emanuel Limeira de; RAMOS, Gabriel Loureiro Pereira da Mota. *Cais do Sertão. Prodetur & Pernambuco – relato de uma parceria de sucesso*. Recife, Provisual, 2018.

NEVES, José Manuel (Org.). *Brasil Arquitetura + Marcos Cartum – Praça das Artes*. Coleção Brazilian Architects. Lisboa, Uzina Books, 2013.

NOSEK, Victor (Org.). *Praça das Artes*. Rio de Janeiro, Azougue, 2013.

NOSEK, Victor. *Teatro Polytheama de Jundiaí*. Jundiaí, Prefeitura do Município de Jundiaí, 2011.

ROCCA, Luísa Duran. *Breve histórico sobre os moinhos para produzir farinha na América*. Porto Alegre, Edição do autor, 2004.

RUTMAN, Jacques (Org.). Brasil Arquitetura. *Estruturas metálicas – projetos e detalhes*. São Paulo, JJ Carol, 2014.

SANTINELLI, Cecília. *Escola-obra Moinho "Colognese" de Ilópolis*. Roma, Instituto Ítalo-Latino Americano, 2006.

SCHLEE, Aldyr Garcia. *Dicionário da cultura pampeana sul-rio-grandense.* 2 volumes. Pelotas, Fuctos da Paiz, 2019.

SCHLEE, Aldyr Garcia. *Uma terra só*. 2ª edição. Porto Alegre, Ardotempo, 2011.

SEGRE, Roberto. *Casas brasileiras*. Rio de Janeiro, Viana & Mosley, 2010.

SEGRE, Roberto. *Museus brasileiros*. Rio de Janeiro, Viana & Mosley, 2010.

SENNETT, Richard. *O artífice*. Rio de Janeiro, Record, 2008.

The Phaidon Atlas of 21st Century World Architecture. Londres, Phaidon, 2008.

TOMAZELLO, Maria Guiomar L. *Plano diretor e projetos para implantação do engenho da ciência*. Piracicaba, Prefeitura Municipal de Piracicaba/ Unimep/Iphan, 2003.

WINKLER-KÜHLKEN, Bärbel. *Brasilianisches Flair prägt ein Quartier: das gelbe Viertel. Dokumentation*. Berlim, WoGeHe, 1998.

Artigos em livro

ANELLI, Renato. Museo del pane. *Architettura Contemporanea: Brasile*. Milão, Motta Architettura, out. 2008, p. 136-137.

BENJAMIN, Walter. O narrador. *Obras escolhidas, volume 1 – magia e técnica, arte e política*. São Paulo, Brasiliense, 1986.

BOGÉA, Marta. Territorio – tiempo. In OLEAS SERRANO, Diego; GUERRA, Abilio (Org.). *Brasil – Documentos del Colegio de Arquitectura de la UFSQ*. Quito, El Colegio de Arquitectura de la Universidad San Francisco de Quito, 2010, p. 54-56.

BONESIO, Luisa. Habitar a terra e reconhecer-se nos lugares. In SERRÃO, Adriana Verísssimo (Org.). *Filosofia e arquitetura da paisagem: um manual*. Lisboa, Centro de Filosofia da Universidade de Lisboa, 2012, p. 203-210.

Brasil Arquitetura, Brazil. The Novo Zepelin Complex. In CRAFTI, Stephen (Org.). *Houses of steel*. Mulgrave, Images Publishing, 2009, p. 78-79.

CECÍLIA, Bruno; KIMMEL, Laurence; TIGGEMANN, Anke. Teatro Engenho Central; Museu das Missões; Museu do Pão. In *Architectural Guide Brazil*. Berlim, Dom, 2013, p. 96; 282-283.

CUNHA, Aguinaldo. Arquitetura 2012. In *APCA 60 anos*. São Paulo, Monolito, 2017, p. 31.

FERRAZ, Marcelo Carvalho. O interior do interior. In PELLEGRINI, Ana Carolina; VASCONCELOS, Juliano. *Bloco 5 – arquitetura de interior*. Novo Hamburgo, Universidade Feevale, 2009, p. 10-20.

FINOTTI, Leonardo. Casa na Finlândia. *10+10 Contemporary + modern brazilian houses*. São Paulo, Obra Comunicação, 2013, p. 50-59.

GORJÃO, José Duarte. O tempo da cidade. In SERRÃO, Adriana Verísssimo (Org.). *Filosofia e arquitetura da paisagem – intervenções*. Lisboa, Centro de Filosofia da Universidade de Lisboa, 2012, p. 179-186.

HIRIART, Gustavo; MARQUES, Álvaro. Arquitetura poética – entrevista a Marcelo Ferras. In FADU. *Entrevistas*. Volume 3. Montevidéu, Facultad de Arquitectura, Diseño y Urbanismo, Universidad de la República, 2017, p. 158-172.

KOOLHAAS, Rem. Conferência 21/1/1991. *Conversas com estudantes*. Barcelona, Gustavo Gili, 2002, p. 10-11.

MELO NETO, João Cabral de (1966). A educação pela pedra. *Antologia poética*. 3ª edição. Rio de Janeiro, José Olympio, 1975.

OITICICA, Hélio (1967). Esquema geral da Nova Objetividade. In OITICICA, César (Org.). *Hélio Oiticica: museu é o mundo*. Rio de Janeiro, Beco do Azougue, 2011, p. 87-101.

PELLEGRINI, Ana Carolina. Pão e Circo – Caminho dos Moinhos. In PELLEGRINI, Ana Carolina; VASCONCELOS, Juliano. *Bloco 4 – o arquiteto e a sociedade*. Novo Hamburgo, Universidade Feevale, 2008, p. 17-27.

RIBEIRO, Maria de Fátima Bento; MELO, Alan Dutra de. Centro de Interpretação do Pampa em Jaguarão – RS. In GAZZANEO, Luiz Manuel (Org.). *Espaços culturais e turísticos em países lusófonos: cultura e turismo*. Rio de Janeiro, UFRJ/FAU/Proarq, 2011.

SANTOS, Cecília Rodrigues dos. Arquiteturas do Brasil – Brasil Arquitetura. In FANUCCI, Francisco; FERRAZ, Marcelo Carvalho. *Francisco Fanucci, Marcelo Ferraz: Brasil Arquitetura*. São Paulo, Cosac Naify, 2005, p. 14-23.

SEGAWA, Hugo. O Vale do Ribeira e a KKKK. In FERRAZ, Marcelo Carvalho (Org.). *O conjunto KKKK*. São Paulo, Takano, 2002, p. 13-21.

SOLÀ-MORALES, Ignasí de. Terrain vague. *Territorios*. Barcelona, Gustavo Gili, 2002, p. 181-193.

Monografias, teses e dissertações

ANTICOLI, Audrey Migliani. *Brasil Arquitetura – construindo uma trajetória*. Orientadora Eneida de Almeida. Dissertação de mestrado. São Paulo, USJT, 2016.

DIETERICH, Anne. *Brasil Arquitetura – plano estratégico*. Monografia de MBA – Gestão para escritórios de arquitetura e design de interiores. São Paulo, FGV Management, 2016.

GONÇALVES, Simone Neiva Loures. *Museus projetados por Oscar Niemeyer de 1951 a 2006 – o programa como coadjuvante*. Orientador Rafael Perrone. Tese de doutorado. São Paulo, FAU USP, 2010.

GORSKI, Joel. *Reciclagem de uso e preservação arquitetônica*. Orientador José Artur D'Aló Frota. Dissertação de mestrado. Porto Alegre, Propar UFRGS, 2003.

KINIES, Carolina Gottert. *Brasil Arquitetura – projetos e obras no Sul*. Orientadora Anna Paula Moura Canez. Coorientador Carlos Eduardo Comas. Dissertação de mestrado associado. Porto Alegre, UniRitter/Mackenzie, Porto Alegre, 2015.

MARTINS, Elisa Toschi. *Sítios saturados – intervenções em vazios urbanos*. Orientador Silvio Belmonte de Abreu Filho. Dissertação de mestrado. Porto Alegre, Propar UFRGS, 2015.

NAHAS, Patrícia Viceconti. *Brasil Arquitetura – memória e contemporaneidade. Um percurso do Sesc Pompeia ao Museu do Pão (1977-2008)*. Orientador Abilio Guerra. Dissertação de mestrado. São Paulo, FAU Mackenzie, 2009.

OSTERKAMP, Guilherme. *O Brasil Arquitetura e a invenção do patrimônio*. Orientadora Ana Carolina Santos Pellegrini. Dissertação de mestrado. Porto Alegre, Propar UFRGS, 2015.

REGIANI, Luana Espig. *Modernos e brasileiros – o diálogo do Brasil Arquitetura com o trabalho de Lina Bo Bardi e Lúcio Costa*. Orientadora Silvana Barbosa Rubino. Dissertação de mestrado. Campinas, FEC Unicamp, 2014.

ROMIO, Ramona. *Moinho de Ilópolis – dossiê de Informações para processo de tombamento*. Orientadora Vera Lucia Bueno Fische. Trabalho de conclusão de curso. Caxias do Sul, CAU UCS, 2003.

VILLAS BÔAS, Alexandre dos Santos. *Centro de Interpretação do Pampa (RS) – a revitalização de um patrimônio cultural*. Orientador Júlio Ricardo Quevedo dos Santos. Dissertação de mestrado. Santa Maria, UFSM, 2014.

VIOTTI, Giovanna. *Projeto em relação com pré-existências arquitetônicas: a obra do Escritório Brasil Arquitetura*. Orientadora Cecilia Rodrigues dos Santos. Monografia de iniciação científica. São Paulo, FAU Mackenzie, 2018.

Revistas especializadas

7ª Bienal Internacional de Arquitetura de São Paulo – arquitetura de convivência. *Arc Design*, n. 57, São Paulo, dez. 2007, p. 67-69.

A marca contemporânea do concreto. *Cimento Hoje*, n. 48, São Paulo, ABCP, mar. 2004, p. 6-7.

ABOLAFIO, Beto. Cinco vezes cultura. *Casa Vogue*, n. 308, São Paulo, abr. 2011, p. 92-94.

Acessos controlados e palco na Praça das Artes. *Projeto Design*, n. 396, São Paulo, fev. 2013, p. 18.

Adiós a uma exitosa Bienal – Marcelo Ferraz (Brasil). *Entre Rayas*, n. 125, Caracas, jul. 2018, p. 32.

ALCÂNTARA, Denise de. A restauração do teatro preserva o que é essencial, abrindo espaços para a vida cultural contemporânea. *Projeto Design*, n. 210, São Paulo, jul. 1997, p. 32-39.

ALMEIDA, Eneida de; BOGÉA, Marta. Esquecer para preservar. *Arquitextos*, ano 08, n. 091.02, São Paulo, Vitruvius, dez. 2007 <www.vitruvius.com.br/revistas/read/arquitextos/08.091/181>.

ALMEIDA, Eneida de. Incursões de Lina Bo Bardi pelo território da memória e possíveis relações com a teoria da restauração. *Contraste*, n. 1, São Paulo, jan./jun. 2013, p. 73-79.

ALVES, Letícia de Almeida. Beleza em ascensão – leves fluidas e com desenhos inovadores, as escadas metálicas alcançam o status de escultura – aço corten e ipê. *Arquitetura e Construção*, n. 4, São Paulo, abr. 2011, p. 113.

ANELLI, Renato. Grave urbanidade. *Projeto*, n. 172, São Paulo, mar. 1994, p. 56-58.

Anos 90 – Terminais de transportes. Aeroportos e metrôs, ampliados, atendem tráfego crescente. *Projeto Design*, n. 251, São Paulo, jan. 2001, p. 70-73.

Antena – De repente 30. Brasil Arquitetura completa três décadas de história. *Casa Vogue*, n. 288, São Paulo, ago. 2009, p. 19.

APIACÁS ARQUITETOS; BRASIL ARQUITETURA. Containers. Estação Natureza, São Paulo. *Arquine*, n. 49, Cidade do México, set. 2009, p. 36-39.

Após encerramento, a hora de avaliar a 7ª Bienal de Arquitetura – Categoria obra construída 1° premio Museu Rodin. *Projeto Design*, n. 335, São Paulo, jan. 2008, p. 32-33.

Arquiteturas do mundo. No caminho da roça... *Arquitetura e Construção*, n. 10, São Paulo, out. 1994, p. 12-13.

Arte de ser simples. *Casa Claudia*, ano 22, n. 8, São Paulo, ago. 1998, p. 52-53.

ASTORGA GARROS, Jorge. Archeiros. Sobre o lançamento dos livros de Marcelo Ferraz e Cyro Lyra no Paço Imperial. *Resenhas Online*, ano 16, n. 179.03, São Paulo, Vitruvius, nov. 2016 <www.vitruvius.com.br/revistas/read/resenhasonline/16.179/6279>.

BARDA, Marisa. Brasiliani a Berlino. *Costruire*, n. 173, Milão, out. 1997, p. 241.

BARDA, Marisa. Regionale e cosmopolita. *Construire*, n. 165, Milão, fev. 1997, p. 112-115.

BARDI, Lina Bo. Uma casa no litoral. *AU – Arquitetura e Urbanismo*, n. 32, São Paulo, out./nov. 1990, p. 58-61.

BARRERO, Vera; ULIANA, Nuria. Era uma vez uma cozinha escura. *Arquitetura e Construção*, n. 5, São Paulo, mai. 1997, p. 102-103.

BASTIAN, Winnie. Raízes brasileiras. *Arc Design*, n. 43, São Paulo, jul./ago. 2005, p. 44-46.

BAVA, Cristina; BARACUHY, Joana. O melhor da terra. *Arquitetura e Construção*, n. 6, São Paulo, jun. 2005, p. 37-43.

BAVA, Cristina; SCALZO, Marilia. A casa não tem vista, mas o muro deixa tudo azul. *Arquitetura e Construção*, n. 11, São Paulo, nov. 1996, p. 56-65.

BELCHIOR, Camila. Rodin ao dendê. *Casa Vogue*, n. 261, São Paulo, mai. 2007, p. 60-61.

BERTHO, Beatriz Carra. Conversa com Francisco Fanucci e Marcelo Carvalho Ferraz. A trajetória do Brasil Arquitetura. *Entrevista*, ano 12, n. 045.01, São Paulo, Vitruvius, jan. 2011 <www.vitruvius.com.br/revistas/read/entrevista/12.045/3725>.

Biblioteca – Arquitetura conversável. *Projeto Design*, n. 380, São Paulo, out. 2011, p. 42.

Biblioteca – Praça das Artes. *Projeto Design*, n. 399, São Paulo, mar. 2013, p. 42.

BIS, Keila. O anexo do Municipal. *Arquitetura e Construção*, n. 7, São Paulo, jul. 2011, p. 146.

BOGÉA, Marta; GUERRA, Abilio. Algo muito humano além de belo. Exposição Território de Contato, módulo 1: Cao Guimarães e Brasil Arquitetura. *Arquitextos*, ano 12, n. 144.00,

São Paulo, Vitruvius, mai. 2012 <www.vitruvius.com.br/revistas/read/arquitextos/12.144/4365>.

BOGÉA, Marta; GUERRA, Abilio. Algo muito humano além de belo. Exposição Território de Contato (módulo 1). *Arquitextos*, ano 12, n. 144.00, São Paulo, Vitruvius, mai. 2012 <www.vitruvius.com.br/revistas/read/arquitextos/12.144/4365>.

BOGÉA, Marta. Imaginar o passado, com saudade do futuro. *Arquitextos*, ano 20, n. 229.00, São Paulo, Vitruvius, jun. 2019 <www.vitruvius.com.br/revistas/read/arquitextos/20.229/7417>.

BOGÉA, Marta. Brasil Arquitetura – uma partilha das distâncias, construindo convívios. *Arquitextos*, ano 14, n. 159.01, São Paulo, Vitruvius, ago. 2013 <www.vitruvius.com.br/revistas/read/arquitextos/14.159/4844>.

BORGES, Adelia. Reich an Zukunft. *Form – Zeitschrift fur Gestaltung*, n. 147, Frankfurt, jul./ago. 1994, p. 44-46.

BOTTURA, Roberto. Brasil Arquitetura. Entre-deux / In between. *L'Architecture d'Aujourd'hui*, n. 407, Paris, jun. 2015, p. 64-65.

BRANDÃO, Ignácio de Loyola. A poesia íntima de um povo. *Casa Vogue*, n. 254, São Paulo, out. 2006, p. 46-50.

BRANDÃO, Ignacio de Loyola. Brasileiros vão mudar a cara de Berlim. *Casa Vogue*, n. 142, São Paulo, 1997, p. 24-25.

Brasil Arquitetura – Centro culturale KKKK. *Casabella*, n. 723, Milão, jun. 2004, p. 48-53.

Brasil Arquitetura – entrevista com Marcelo Ferraz e Francisco Fanucci. *Revista Contraste*, n. 1, São Paulo, jan./jun. 2013, p. 41-72.

Brasil Arquitetura – Square of Arts, São Paulo, Brazil, 2012. *AU – Architecture and Urbanism*, n. 532, Tóquio, jan. 2015, p. 44-49.

BRASIL ARQUITETURA. Museo del Pan. *Arquine*, n. 44, Cidade do México, jun. 2008, p. 76-79.

BRASIL ARQUITETURA. Residencial Bamburral (2011/_). *Monolito*, n. 7, São Paulo, fev. 2012, p. 116-121.

BRENDLE, Betânia; VIEIRA, Natália Miranda. Cais do Sertão Luiz Gonzaga no Porto Novo do Recife. Destruição travestida em ação de conservação. *Arquitextos*, ano 13, n. 150.03, São Paulo, Vitruvius, nov. 2012 <www.vitruvius.com.br/revistas/read/arquitextos/13.150/4460>.

BRITO, Adriana. Todas as tribos. *Casa Vogue*, n. 289, São Paulo, set. 2009, p. 86-87.

CALSAVARA, Katia. Transformadores de paisagens. *Docol Magazine*, n. 12, São Paulo, out./dez. 2010, p. 10-15.

CAMARGO, Ana Carolina F. de. Alvenaria de elementos vazados. *AU – Arquitetura e Urbanismo*, n. 224, São Paulo, nov. 2012, p. 86.

CAMARGO, Mônica Junqueira de. Arquitectura del lugar: un viaje por las obras recientes de Brasil Arquitetura. *Diseño en síntesis: reflexiones sobre la cultura del diseño*, v. 22, n. 50/51, Cidade do México, 2014 <http://bidi.xoc.uam.mx/tabla_contenido_fasciculo.php?id_fasciculo=680>.

Cantina famiglia Facin. *AU – Arquitetura e Urbanismo*, n. 252, São Paulo, mar. 2015, p. 30.

CARDOSO, Katia. Lar dos japoneses. *Claudia Cozinha*, n. 13, São Paulo, mai. 2002, p. 64-65.

CARRASCO, André de Oliveira Torres. Um breve comentário sobre o Bexiga, o Teatro Oficina e o Centro Cultural e Comercial do Bixiga. *Minha Cidade*, ano 06, n. 064.03, São Paulo, Vitruvius, nov. 2005 <www.vitruvius.com.br/revistas/read/minhacidade/06.064/1960>.

CARTA, Silvio. New history, new life to exiting – Ilópolis Bread Museum. *C3*, n. 305, Seul, jan. 2010, p. 136-143.

CASTROVIEJO, Alessandro; CALDEIRA, Vasco. Casas do Brasil – Casa Ubiracica. *AU – Arquitetura e Urbanismo*, n. 84, São Paulo, jun./jul. 1999, p. 59-61.

CASTROVIEJO, Alessandro; CALDEIRA, Vasco. Casas do Brasil – Residência Kapaz. *AU – Arquitetura e Urbanismo*, n. 69, São Paulo, dez./jan. 1997, p. 53-55.

CARVALHO, Luiz. Quay Change. *The Architectural Review*, n. 1465, Londres, out. 2019, p. 6-13.

CELLA, Luisa. Perceber a natureza do lugar. *Casa Claudia Luxo*, n. 28, São Paulo, abr./mai. 2012, p. 34-35.

Cenário – 9° Bienal seleciona obras finalistas e premiadas. *AU – Arquitetura e Urbanismo*, n. 243, São Paulo, jun. 2014, p. 12.

Cenário – Brasil Arquitetura vence concurso para o novo centro comunitário Shalom. *AU – Arquitetura e Urbanismo*, n. 159, São Paulo, jun. 2007, p. 10.

Cenário – Cores brasileiras em Berlim. *AU – Arquitetura e Urbanismo*, n. 72, São Paulo, jun./jul. 1997, p. 22-23.

Cenário – Escritório Brasil Arquitetura divulga projeto do Memorial da Democracia. *AU – Arquitetura e Urbanismo*, n. 221, São Paulo, ago. 2012, p. 12.

Cenário – Favelas paulistanas sediam mostra internacional de arquitetura. *AU – Arquitetura e Urbanismo*, n. 215, São Paulo, fev. 2012, p. 12.

Cenário – IAB-SP premia projetos paulistas – mas muitas categorias não tiveram vencedores – Requalificação e Restauros de edifícios de caráter histórico. *AU – Arquitetura e Urbanismo*, n. 225, São Paulo, dez. 2012, p. 10.

Cenário – IAB/RJ anuncia vencedores de sua 50ª premiação anual – Premio especial Teatro engenho. *AU – Arquitetura e Urbanismo*, n. 227, São Paulo, fev. 2013, p. 10.

Cenário – Lição maior. *AU – Arquitetura e Urbanismo*, n. 24, São Paulo, jun./jul. 1989, p. 30-31.

Cenário – Premiação IAB/SP-98. Os vencedores. *AU – Arquitetura e Urbanismo*, n. 84, São Paulo, jun./jul. 1999, p. 25.

COLONTONIO, Allex. No vale dos moinhos. *Casa Vogue*, n. 272, São Paulo, abr. 2008, p. 68-72.

COMAS, Carlos Eduardo. Cidade, praça e artes. *Summa+*, n. 135, Buenos Aires, mai. 2014, p. 68-69.

Concreto amarelo simboliza cor do sertão (publicidade). *Projeto*, n. 446, São Paulo, nov./dez. 2018, p. 92-93.

Concurso fechado escolherá projeto para museu judaico. *Projeto Design*, n. 304, São Paulo, jun. 2005, p. 30-33.

CORBIOLI, Nanci. Assimétrico, conjunto organiza-se por meio de muros de concreto ciclópico. *Projeto Design*, n. 287, São Paulo, jan. 2004, p. 52-57.

CORBIOLI, Nanci. Conjunto fabril dará lugar a centro de atividades culturais. *Projeto Design*, n. 312, São Paulo, fev. 2006, p. 96-99.

CORBIOLI, Nanci. Escala doméstica da cultura, ateliês têm inspirações diversas. *Projeto Design*, n. 364, São Paulo, jun. 2010, p. 54-59.

CORBIOLI, Nanci. Livre de divisórias, espaços integram-se visualmente. *Projeto Design*, n. 364, São Paulo, jun. 2010, p. 60-63.

CORBIOLI, Nanci. Obra premiada cria opções de transporte e ajuda a revitalizar região industrial. *Projeto Design*, n. 250, São Paulo, dez. 2000, p. 46-51.

CORBIOLI, Nanci. Recuperados, armazéns transformam-se em centro de informação e cultura. *Projeto Design*, n. 265, São Paulo, mar. 2002, p. 40-46.

CORBIOLI, Nanci. Revitalização em unidade do Sesc preserva projeto original de Lina Bo Bardi. *Projeto Design*, n. 276, São Paulo, jan. 2003, p. 78-80.

Cultura leva milhões de pessoas a visitarem espaços reciclados. *Projeto Design*, n. 371, São Paulo, jan. 2011, p. 66-69.

CUNHA, Aline. Praça das Artes – arquitetura atende tanto os novos usos ligados a musica e dança como abre espaço de convivência a partir do histórico local. *Construção – Arquitetura* (anuário), n. 12, São Paulo, dez. 2012, p. 15-20.

CYPRIANO, Fábio. Teuto-Brasilis – conjunto habitacional, em Berlim, restaurado com projeto de arquitetos brasileiros incorpora artes gráficas da tribo Kadiwéu. *Construção*, n. 2635, São Paulo, ago. 1998, p. 22-23.

DÊGELO, Marilena. À prova do tempo. *Casa e Jardim*, n. 638, São Paulo, mar. 2008, p. 94-101.

DÊGELO, Marilena. Fluidez e visão total. *Casa e Jardim*, n. 649, São Paulo, fev. 2009, p. 90-97.

DEGÊLO, Marilena. Poesia concreta – a vida corre sob lajes em balanço nesta casa de 360m² projetado pelo Brasil Arquitetura. *Casa e Jardim*, n. 730, São Paulo, ago. 2013, p. 114-123.

DÊGELO, Marilena. Simples assim. *Casa e Jardim*, n. 607, São Paulo, ago. 2005, p. 70-77.

Design brasiliano per la falegnameria. *Ufficiostile*, n. 4, Itália, 1993, p. 37-40.

Design de mobiliário no Brasil – uma explosão de novos talentos. *Architécti*, n. 28, Lisboa, 1995, p. 114-122.

DIETERICH, Anne. Interpretacija povijesti svakidašnjice – Everyday history interpretation. *Oris*, n. 57, Zagreb, nov./dez. 2009, p. 100-107.

DINO, Claudia. À serviço da arte. *Construir*, n. 127, São Paulo, fev. 2010, p. 110.

DUARTE, Juliana. Família Ferraz. *Construir*, n. 129, São Paulo, abr. 2010, p. 40-41.

DUDUCH, Jane Victal Ferreira. Um pouquinho de Brasil em Berlim. *Boletim Óculum*, ano 4, n. 34, ago. 1999, p. 3.

DUSSEL, Susanne. Tres posiciones frente a la tradición moderna: arquitectos latino-americanos proyectam a la remodelación del "Barrio Amarillo" de Berlín-Hellersdorf. *GALA – Grupo de Arquitectos Latinoamericanos*, circular, ano 6, n. 42, Bogotá, jun./jul. 1997, p. 5-8.

EDELWEISS, Roberta Krahe; BORTOLI, Fábio; VOLPATTO, Carlla Portal. O Museu do Pão e o Caminho dos Moinhos: preexistência, intervenção e produção do lugar regional. *Prumo*, v. 3, n. 4, Rio de Janeiro, nov. 2018 <https://bit.ly/2RkFJqG>.

EKERMAN, Sergio Kopinski. The struggle for dialogue within a heritage city. *Architectural Design*, v. 241, Londres, mai./jun. 2016, p. 106-111.

Em área urbana, isolada dos ruídos externos. *Finestra Brasil*, n. 16, São Paulo, 1999, p. 104-106.

Em dia – Bienal Ibero-Americana em Medellín. *Projeto Design*, n. 368, São Paulo, out. 2010, p. 30.

Em dia – Brasil Arquitetura desenha Museu do Trabalho. *Projeto Design*, n. 371, São Paulo, jan. 2011, p. 19.

Em dia – Brasileiros ganham concurso em Berlim. *Projeto Design*, n. 210, São Paulo, jul. 1997, p. 16.

Em dia – Centro Comunitário Judaico. *Projeto Design*, n. 328, São Paulo, jun. 2007, p. 19.

Em dia – Cine Marrocos será teatro na Praça das Artes. *Projeto Design*, n. 366, São Paulo, ago. 2010, p. 18.

Em dia – Democracia no centro de São Paulo. *Projeto Design*, n. 390, São Paulo, ago. 2012, p. 32.

Em dia – Excelência e diversidade no prêmio IAB/SP. *Projeto Design*, n. 347, São Paulo, jan. 2009, p. 8-9.

Em dia – Finalmente Praça das Artes se abre para o Anhangabaú. *Projeto*, n. 448, São Paulo, mar. 2019, p. 24.

Em dia – IAB/RJ anuncia vencedores da sua 50ª premiação anual. *Projeto Design*, n. 396, São Paulo, 2013, p. 17.

Em dia – O sertão vai ver o mar. *Projeto Design*, n. 384, São Paulo, fev. 2012, p. 30.

Em dia – Sede do MIS/RJ é de Diller Scofidio + Renfro. *Projeto Design*, n. 355, São Paulo, set. 2009, p. 18-19.

Em dia – Vencedores do Prêmio IAB/SP 2012. *Projeto Design*, n. 395, São Paulo, jan. 2013, p. 28.

Especial anos '00 – Em formas contidas ou arrojadas, casa brasileira ainda é laboratório. *Projeto Design*, n. 371, São Paulo, jan. 2011, p. 92-95.

Especial Museu – K.K.K.K. Museu da Imigração Japonesa. *Registro Des!,* edição especial, São Paulo, jan. 2009, p. 40-41.

Expositions – Brasil Arquitetura. *AMC – Le Moniteur Architecture*, n. 202, Paris, dez. 2010/jan. 2011, p. 20.

Fato & opinião – Até que ponto concursos de arquitetura são necessários? – Marcelo Carvalho Ferraz. *AU – Arquitetura e Urbanismo*, n. 194, São Paulo, mai. 2010, p. 14.

Fato & Opinião – Concursos de arquitetura cancelados após entrega de propostas – Marcelo Carvalho Ferraz. *AU – Arquitetura e Urbanismo*, n. 205, São Paulo, abr. 2011, p. 17.

Fato & Opinião – Desapropriações e revitalização urbana: como fazer? – Marcelo Ferraz. *AU – Arquitetura e Urbanismo*, n. 207, São Paulo, j un. 2011, p. 21.

Fato & Opinião – Existe conflito de gerações na arquitetura? – Marcelo Ferraz. *AU – Arquitetura e Urbanismo*, n. 230, São Paulo, mai. 2013, p. 20-21.

FERNÁNDEZ, Antonio. Intervenciones – Museo Rodin Bahia. *Enlace*, n. 3, Cidade do México, mar. 2008, p. 50-57.

FIGUEROLA, Valentina. Concreto, poesia e Niemeyer. *AU – Arquitetura e Urbanismo*, n. 106, São Paulo, jan. 2003, p. 38-45.

FIGUEROLA, Valentina. Herança restaurada. *AU – Arquitetura e Urbanismo*, n. 136, São Paulo, jul. 2005, p. 42-49.

FIGUEROLA, Valentina. Qual seria o significado – social e arquitetônico – do fechamento do vão do Masp? *AU – Arquitetura e Urbanismo*, n. 106, São Paulo, jan. 2003, p. 38-45.

FIGUEROLA, Valentina. Rodin em Salvador. *AU – Arquitetura e Urbanismo*, n. 106, São Paulo, jan. 2003, p. 34-37.

FIORI, Mylena. Concreto no oásis. *Casa e Jardim*, n. 592, São Paulo, mai. 2004, p. 64-73.

FLEISS, Elein. Lina Bo Bardi. *X-Knowledge Home*, n. 22, Tóquio, dez. 2003, p. 54-59.

Fotógrafos – Daniel Ducci. *Projeto Design*, n. 400, São Paulo, jun. 2013, p. 116-117.

FRAJNDLICH, Rafael Urano. A arte está por toda a casa. *AU – Arquitetura e Urbanismo*, n. 237, São Paulo, dez. 2013, p. 32-39.

FRAJNDLICH, Rafael Urano. Flexibilidade azul. *AU – Arquitetura e Urbanismo*, n. 214, São Paulo, jan. 2012, p. 22-29.

FRAJNDLICH, Rafael Urano. Sonoro monólito. *AU – Arquitetura e Urbanismo*, n. 227, São Paulo, fev. 2013, p. 24-33.

FRAJNDLICH, Rafael Urano. Tem palco no engenho. *AU – Arquitetura e Urbanismo*, n. 221, São Paulo, ago. 2012, p. 54-61.

FRAJNDLICH, Rafael Urano. Vila no alto da serra. *AU – Arquitetura e Urbanismo*, n. 221, São Paulo, ago. 2012, p. 26-31.

GASPERINI, Valéria. Use e abuse da cor. *Reforma Fácil & Acabamento*, n. 30, jan. 2001, p. 36-43.

GELINSKI, Gilmara. Marquise em balanço integra espaços. *Finestra*, n. 73, São Paulo, mar./abr. 2012, p. 44-53.

GLAŽAR, Tadej. Adijo Evropa! Pozdravljena Brazilija. *Oris*, n. 49, Zagreb, 2008, p. 72-79.

GOH, Hyunkyung. Cais do Sertão Museum. *Architecture & Culture*, n. 460, Seul, set. 2019. 128-137.

GORELIK, Adrián. The metropolitan demand. *AU – Architecture and Urbanism*, n. 532, Tóquio, jan. 2015, p. 24-27.

GOYTIA, Noemí; ROCA, Miguel. Museo Rodin. *30-60 – Cuaderno Latinoamericano de Arquitectura*, n. 14, Córdoba, set. 2007, p. 60-69.

GRUNOW, Evelise. Dois dias e uma noite. *Projeto Design*, n. 356, São Paulo, out. 2009, p. 76-83.

GRUNOW, Evelise. Galpão modernizado com engenho e arte. *Projeto Design*, n. 390, São Paulo, ago. 2012, p. 58-65.

GRUNOW, Evelise. Na boa arquitetura, a subtração de espaço. *Projeto Design*, n. 377, São Paulo, jun. 2011, p. 86-89.

GRUNOW, Evelise. Perfil – Brasil Arquitetura. *Projeto*, n. 446, São Paulo, nov./dez. 2018, p. 76-81.

GRUNOW, Evelise. Perfil – O Sertão ancora no porto. *Projeto*, n. 446, São Paulo, nov./dez. 2018, p. 82-89.

GRUNOW, Evelise. Perfil – Três tempos. *Projeto*, n. 446, São Paulo, nov./dez. 2018, p. 90-91.

GRUNOW, Evelise. Rigor e plasticidade são guiados pelas referências modernas. *Projeto Design*, n. 335, São Paulo, jan. 2008, p. 48-55.

GRUNOW, Evelise. Vittorio Garatti. *Projeto Design*, n. 389, São Paulo, jul. 2012, p. 10-13.

GUERRA, Abilio. A universidade e a crítica de arquitetura no Brasil. *Arquitextos*, ano 15, n. 173.02, São Paulo, Vitruvius, nov. 2014 <www.vitruvius.com.br/revistas/read/arquitextos/15.173/5332>.

GUERRA, Abilio. Arquitectura brasileña – espacio público, identidad y democracia. *Arquine*, n. 49, Cidade do México, set. 2009, p. 84-95.

GUERRA, Abilio. Los diez de Quito. *Arquiteturismo*, ano 03, n. 025.04, São Paulo, Vitruvius, mar. 2009 <www.vitruvius.com.br/revistas/read/arquiteturismo/03.025/1503>.

GUERRA, Abilio. Modernistas na estrada. *Arquiteturismo*, ano 01, n. 008.02, São Paulo, Vitruvius, out. 2007 <www.vitruvius.com.br/revistas/read/arquiteturismo/01.008/1366>.

GUERRA, Abilio. Praça das Artes. Complexo arquitetônico brasileiro começa a ser reconhecido no exterior. *Minha Cidade*, ano 14, n. 161.02, São Paulo, Vitruvius, dez. 2013 <www.vitruvius.com.br/revistas/read/minhacidade/14.161/4984>.

GUERRA, Abilio. Prêmio APCA 2012 – Categoria "Obra de arquitetura". Premiado: Praça das Artes / Brasil Arquitetura e Marcos Cartum. *Drops*, ano 13, n. 063.08, São Paulo, Vitruvius, dez. 2012 <www.vitruvius.com.br/revistas/read/drops/13.063/4629>.

GUERRA, Abilio. Quadra aberta. Uma tipologia urbana rara em São Paulo. *Projetos*, ano 11, n. 124.01, São Paulo, Vitruvius, abr. 2011 <www.vitruvius.com.br/revistas/read/projetos/11.124/3819>.

GUERRA, Abilio. Sobre o escritório Brasil Arquitetura. A obra maior de Francisco Fanucci e Marcelo Ferraz. *Resenhas Online*, ano 15, n. 180.04, São Paulo, Vitruvius, dez. 2016 <www.vitruvius.com.br/revistas/read/resenhasonline/15.180/6333>.

GUERRA, Abilio. Universidad y crítica de arquitectura en Brasil / Universidade e crítica de arquitetura no Brasil. *Summa+*, n. 134, Buenos Aires, fev. 2014, p. 94-99.

HAEGELE, Steffen. Tanz in den Strassen. *Archithese*, n. 43, Sulgen, jul./ago. 2013, p. 10-14.

HARTMAN, Hattie. Seeds of change: urban transformation in Brazil. *Architectural Design*, v. 86, n. 3, Londres, mai. 2016, p. 10-19.

HENNIGAN, Tom. Spotlight on Brazil. Then and now: a country builds its future. *Architectural Record*, n. 197, Nova York, mai. 2014, p. 71-77.

HENNIGAN, Tom. Spotlight on Brazil. Lina Bo Bardi: architect for the ages. *Architectural Record*, n. 197, Nova York, mai. 2014, p. 90-94.

HERRERA, Jorge Sánchez. Museu Rodin Bahia. *Enconcreto*, n. 1, Lima, mai. 2012, p. 44-53.

HORTA, Maurício. A celebração da madeira. *AU – Arquitetura e Urbanismo*, n. 168, São Paulo, mar. 2008, p. 38-47.

HORTA, Maurício. Arquitetura da convivência. *AU – Arquitetura e Urbanismo*, n. 150, São Paulo, set. 2006, p. 34-45.

HOSSBACH, Benjamin. As cores do Brasil. *Bauwelt*, n. 17/18, Berlim, mai. 1997, p. 876.

IBARRA, Thadeo. Do Brasil para o mundo: conheça os projetos selecionados para representar o país na Bienal Iberoamericana de Arquitetura e Urbanismo, na Colômbia. *Docol Magazine*, n. 9, São Paulo, jan./mar. 2010, p. 32.

Interiores – Sertão no Cais. *Projeto Design*, n. 414, São Paulo, set. 2014, p. 76-83.

Jardim interior. Brasil Arquitetura – Casa Pepiguari. *Summa+*, n. 140, Buenos Aires, jan. 2015, p. 74-77.

JORDÃO, Claudia. Cenário fluído. *Casa e Design*, anuário 2015/2016, Lisboa, p. 104-109.

Jornal da casa – 5 coisas que você precisa saber sobre... Museu Rodin. *Casa Claudia*, ano 34, n. 9, São Paulo, set. 2010, p. 46.

KERE, Alex. Interview with Marcelo Carvalho Ferraz. *X-Knowledge Home*, v. 22, Tóquio, dez. 2003, p. 59.

KLINTOWITZ, Jacob. Hellersdorf: arquitetura brasileira em Berlim. *Arc Design*, n. 5, São Paulo, mai./jun. 1998, p. 46-53.

KON, Nelson. Ensaio fotográfico / Photographic essay. *Monolito*, n. 18 (anuário 2013), São Paulo, dez. 2013/jan. 2014, p. 66-71.

LAGE, Ana Luisa. Aberto para visitas – um lugar para relaxar. *Construir*, n. 137, São Paulo, nov. 2010, p. 35.

LAGE, Ana Luiza. Solte a imaginação! Contemporane, o conceito aparente chama a atenção e destaca os elementos da estrutura – Efeito fotográfico. *Construir*, n. 124, São Paulo, nov. 2009, p. 35.

LARSEN, Patrícia; MARTINS, Cléa. Convivência harmônica. *AU – Arquitetura e Urbanismo*, n. 191, São Paulo, fev. 2010, p. 22-27.

LEAL, Ledy Valporto. Cultura retraçada. *AU – Arquitetura e Urbanismo*, n. 158, São Paulo, mai. 2007, p. 30-35.

LIMA (LELÉ), João Filgueiras. Brasil Arquitetura. Respeito à memória, tradições e características climáticas brasileira. *Drops*, ano 07, n. 016.02, São Paulo, Vitruvius, set. 2006 <www.vitruvius.com.br/revistas/read/drops/07.016/1693>.

LIMA, Juliana Saboia de Almeida; WENZEL, Maria Conceição. Histórias do Brasil. *A&D – Arte e Decoração*, n. 220, São Paulo, mai. 1998, p. 32-41.

LIRA, José. Un teatro nella giungla. *Domus*, n. 958, Milão, mai. 2012, p. 54-55.

Living Steel anuncia os vencedores do 2º Concurso Internacional de Arquitetura para Habitação Sustentável. *Projeto Design*, n. 332, São Paulo, out. 2007, p. 1-8.

Living Steel divulga os finalistas. *AU – Arquitetura e Urbanismo*, n. 162, São Paulo, set. 2007, p. 10.

LUZ, Maturino da. Museo del pan. *30-60 – Cuaderno Latinoamericano de Arquitectura*, n. 26, Córdoba, set. 2010, p. 12-23.

MACEDO, Raquel Palhares de. Diário de viagem: Viga Berlin. *Arq Informa*, n. 4, São Paulo, set. 2002, p. 20-24.

MACINNES, Kathenne. Playing the game. *World Architecture*, n. 63, Londres, fev. 1998, p. 31.

MAHFUZ, Edson. Poesia e construção – a obra como paradigma da qualidade arquitetônica. *AU – Arquitetura e Urbanismo*, n. 40, São Paulo, fev./mar. 1992, p. 40-41.

Marcenaria Baraúna. *Design & Interiores*, n. 16, São Paulo, set./out. 1989, p. 58.

MARTINS, Rosele. Feitiço do tempo. *Casa Claudia Luxo*, n. 29, São Paulo, jun./jul. 2012, p. 114-125.

MAZZA, Márcio. Com a singeleza de uma oca. *AU – Arquitetura e Urbanismo*, n. 56, São Paulo, out./nov. 1994, p. 128.

MELENDEZ, Adilson. Brasil Arquitetura e Marcos Cartum: Praça das Artes, SP, uma praça abrigada no coração paulistano. *Projeto Design*, n. 395, São Paulo, jan. 2013, p. 42-51.

MELENDEZ, Adilson. Desenho do centro educacional rompe caos urbano desolados. *Projeto Design*, n. 325, São Paulo, mar. 2007, p. 58-65.

MELENDEZ, Adilson. Edifício voltará as origens, depois de sediar legislativo, delegacias e prefeitura. *Projeto Design*, n. 265, São Paulo, mar. 2002, p. 98.

MELENDEZ, Adilson. Em dois edifícios, museu combina o passado e o presente, de olho no futuro. *Projeto Design*, n. 275, São Paulo, jan. 2003, p. 40-55.

MELENDEZ, Adilson. Memoria projeto – centenário, Teatro Polytheama quer espaço para encenar terceiro ato. *Projeto Design*, n. 385, São Paulo, mar. 2012, p. 110.

MELENDEZ, Adilson. Negros vencem imigrantes em "briga" por pavilhão paulistano. *Projeto Design*, n. 305, São Paulo, jul. 2005, p. 110.

MELENDEZ, Adilson. Sesc Pompeia completa vinte anos e é modelo para obras de reciclagem. *Projeto Design*, n. 98, São Paulo, ago. 2002, p. 270.

Memorial do vinho – Sabor da tradição. *Decor*, n. 70, Novo Hamburgo, 2012, p. 66-70.

MONTANER, Josep Maria; MUXÍ, Zaida. A Praça das Artes. Reconstruindo São Paulo. *Minha Cidade*, ano 14, n. 159.04, São Paulo, Vitruvius, out. 2013 <www.vitruvius.com.br/revistas/read/minhacidade/14.159/4914>.

MONTEIRO, Flora. Casa – Morada escultural. *Wish Casa*, n. 28, São Paulo, abr. 2014, p. 77-83.

Museo del Pan em Ilópolis, Rio Grande do Sul, Brasil. *En Blanco*, n. 9, Valência, mai. 2012, p. 30-35.

Museo del Pan y Escuela de Confiteros. *Escala E*, n. 213, Bogotá, 2009, p. 56-60.

Museu Rodin Bahia. *Escala E*, n. 213, Bogotá, 2009, p. 67-71.

NAHAS, Patricia Viceconti. O novo e o velho – a experiência do escritório Brasil Arquitetura nos programas de intervenção em edifícios e sítios históricos. *Revista de Arquitectura*, n. 12, Bogotá, Universidad Católica de Colombia, jan./dez. 2010, p. 58-67 <https://bit.ly/2K57nUC>.

NALIO, Alessandra. A vida é azul. *Reformar e Construir*, n. 30, São Paulo, nov. 2000, p. 58-63.

News – Tradição brasileira em Roma. *Arc Design*, n. 70, São Paulo, mai./jun. 2010, p. 6.

O Conjunto KKKK. *Archítécti*, n. 59, Lisboa, jul./set. 2002, p. 76-83.

O melhor design. *Casa Vogue*, n. 145, São Paulo, ago. 1997, p. 11.

OBATA, Sasquia Hizuro. Aulas de Projeto. *AU – Arquitetura e Urbanismo*, n. 237, São Paulo, dez. 2013, p. 68-73.

OLIVEIRA, Monelli. Simples como a vida no campo. *Construir Mais por Menos*, n. 28, São Paulo, fev. 2013, p. 56-61.

OLIVEIRA, Raíssa de. Marcelo Carvalho Ferraz. *Entrevista*, ano 08, n. 030.02, São Paulo, Vitruvius, abr. 2007 <www.vitruvius.com.br/revistas/read/entrevista/08.030/3295>.

ORTIZ, Andréa. A casa moderna dos anos noventa. *Arquitetura e Construção*, ano 9, n. 11, São Paulo, nov. 1993, p. 30-39.

PAIVA, Cida. Novo olhar sobre a cidade. *Finestra Brasil*, n. 32, São Paulo, jan./mar. 2003, p. 40-51.

Panorâmica – Arquitetura como meio de transformação social. *Arc Design*, n. 58, São Paulo, mar. 2008, p. 74.

PEARSON, Clifford. South America's building boom – Brazil growth is spreading from Rio and São Paulo to a second tier of cities. *Architectural Record*, n. 9, Nova York, set. 1998, p. 96-97.

PEDREIRA, Lívia. Lembranças da Bahia. *Arquitetura e Construção*, n. 149, São Paulo, set. 1999, p. 94-103.

PEREIRA, Suzane Luíse. Preservando nossas tradições. *Revista Univates*, n. 1, Lajeado, mai. 2012, p. 19-21.

PERROTTA-BOSCH, Francesco. Dissatisfied São Paulo. Número especial Brazil – restructuring the urban. *Architectural Design*, v. 86, n. 3, Londres, mai./jun. 2016, p. 68-69.

Pesquisa de preços – laje flutuante. *AU – Arquitetura e Urbanismo*, n. 228, São Paulo, mar. 2013, p. 74.

Plaza de las Artes. *DQ Manus*, n. 2, Quito, CADI-USFQ Publicaciones, nov. 2013, p. 150-167.

POLISSENI, Katja. Contemporâneo e eclético. *Sua Casa*, n. 7, Curitiba, jun. 2009, p. 22-24.

PORFÍRIO, Luciana. Cinquentenário. *Casa & Mercado*, n. 135, São Paulo, 2013, p. 76-77.

Praça das Artes / Art's Square – Brasil Arquitetura + Marcos Cartum. *Monolito*, n. 17, São Paulo, out./nov. 2013, p. 86-87.

Praça das Artes. *Plot*, n. 14, Buenos Aires, ago./set. 2013, p. 50-65.

Prancheta – Hotel Fazenda tem arquitetura simples e linguagem da serra da Mantiqueira. *Projeto Design*, n. 234, São Paulo, ago. 1999, p. 92.

Prancheta – Memorial contará trajetória de família no mundo do vinho. *Projeto Design*, n. 381, São Paulo, nov. 2011, p. 42-45.

Prêmio Asbea 2012 – Na chapada, as lembranças do garimpo. Brasil Arquitetura, Centro de Referência e Memória. Igatu, BA. Edição especial: Prêmio Asbea 2012. *Projeto Design*, n. 394, São Paulo, dez. 2012, p. A44.

Prêmio o melhor da arquitetura – Edifícios uso misto – Museu do Pão, em Ilópolis, RS. *Arquitetura e Construção*, n. 11, São Paulo, nov. 2008, p. 115.

Projeto Beira-Rio (2004/_), Piracicaba, SP. *Monolito*, n. 23, São Paulo, dez. 2013/jan. 2014, p. 38-45.

Projetos futuros – Museu para revelar a memória das Missões. *Projeto Design*, n. 429, São Paulo, jan./fev. 2016, p. 78-85.

Propostas buscam soluções para melhorar relações com a cidade. *Projeto Design*, n. 371, São Paulo, jan. 2011, p. 52-55.

Proyectos – Plaza de Las Artes. *Escala E*, n. 231, Bogotá, dez. 2014, p. 60-67.

Proyeto Internacional – Plaza de las Artes. *Arkinka*, n. 237, Lima, ago. 2015, p. 58-63.

PUGLIESE, Maria Helena. Arrojada simplicidade. *Casa e Jardim*, n. 480, São Paulo, jan. 1995, p. 80-85.

RevistaAU no Instagram – Foto da Praça das Artes. *AU – Arquitetura e Urbanismo*, n. 238, São Paulo, jan. 2014, p. 6.

ROCHA, Flávia. A arquitetura que sopra moinhos. *Casa Vogue*, n. 262, São Paulo, jun. 2007, p. 62-64.

ROCHA, Laura. Traço brasileiro. *Dcasa*, n. 13, São Paulo, mar./abr. 2008, p. 96-103.

ROCHA, Silvério; SERAPIÃO, Fernando. A alma da arquitetura contemporânea está indo embora, perdendo o sentido. Entrevista de Marcelo Carvalho Ferraz. *Projeto Design*, n. 265, São Paulo, mar. 2002, p. 6-8.

RODRÍGUEZ, Claudia; VICO-MORÁN, Beatrice. Una propuesta delicada. Entrevista a Marcelo Ferraz y Francisco Fanucci. *GALA – Grupo de Arquitectos Latinoamericanos*, circular, ano 6, n. 42. Bogotá, jun./jul. 1997, p. 8-10.

SABBAG, Haifa Yazigi. Edifício-rua. *AU – Arquitetura e Urbanismo*, n. 94, São Paulo, fev./mar. 2001, p. 58-61.

SABBAG, Haifa Yazigi. Versão brasileira em Berlim. *AU – Arquitetura e Urbanismo*, n. 80, São Paulo, out./nov. 1998, p. 40-46.

SABBAG, Haifa Yazigi. Vitrine do Futuro. *AU – Arquitetura e Urbanismo*, n. 94, São Paulo, fev./mar. 2001, p. 61.

SABBAG, Haifa Yazigt. Espaço-sentinela. *AU – Arquitetura e Urbanismo*, n. 76, São Paulo, fev./mar. 1998, p. 88-90.

Sala de estar – Escritório Brasil Arquitetura cria projetos com olhar mais humanista e amplo. *Espaço K*, n. 8, São Paulo, mar. 2014, p. 28-34.

SANTOS, Cecilia Rodrigues dos. Encuentro en el tempo. *Summa+*, n. 96, Buenos Aires, set. 2008, p. 28-35.

SANTOS, Cecilia Rodrigues dos. Grisbi Industrias Têxteis. Camaçari, Bahia, 1980. *Caderno de Boas Práticas*, n. 12, Rio de Janeiro, 2009, p. 17-18.

SANTOS, Cecilia Rodrigues dos. Lucio e Lina. *Projeto Design*, n. 400, São Paulo, jun. 2013, p. 56-57.

SANTOS, Cecilia Rodrigues dos. Morada paulista. *AU – Arquitetura e Urbanismo*, n. 48, São Paulo, 1993, p. 35-37.

SANTOS, Cecilia Rodrigues dos. Opera interrotta. *AU – Arquitetura e Urbanismo*, n. 51, São Paulo, dez./jan. 1994, p. 38-45.

SANTOS, Cecilia Rodrigues dos. Quando o concurso comanda o debate. *AU – Arquitetura e Urbanismo*, n. 54, São Paulo, jun./jul. 1994, p. 74-76.

SAYEGH, Simone. Praça das Artes. *Infraestrutura Urbana*, n. 23, São Paulo, fev. 2013.

SAYEGH, Simone. Preservação da vida. Entrevista de Marcelo Carvalho Ferraz. *AU – Arquitetura e Urbanismo*, n. 130, São Paulo, jan. 2005, p. 48-51.

SCHNEIDER, Clarissa. Estilo Zen. *Casa Vogue*, n. 141, São Paulo, abr. 1997, p. 103-115.

SCHNEIDER, Clarissa. News – tradição brasileira em Roma. *Arc Design*, n. 70, São Paulo, mai./jun. 2010, p. 6.

SCHNEIDER, Clarissa. Ponto de vista. *Casa Vogue*, n. 262, São Paulo, jun. 2007, p. 161.

SEGAWA, Hugo. Brasil Arquitetura: convívio entre o contemporâneo e o tradicional. *Resenhas Online*, ano 05, n. 060.01, São Paulo, Vitruvius, dez. 2006 <www.vitruvius.com.br/revistas/read/resenhasonline/05.060/3123>.

SEGAWA, Hugo. Suave rudeza. *Projeto*, n. 172, São Paulo, mar. 1994, p. 59.

SEGRE, Roberto. Sobriedade apaixonada. *Projeto Design*, n. 319, São Paulo, set. 2006, p. 42-53.

SERAPIÃO, Fernando. A década da "geração de Sevilha", do Pritzker de Mendes da Rocha, dos estrangeiros e do novo milagre. *Projeto Design*, n. 371, São Paulo, jan. 2011, p. 30-33.

SERAPIÃO, Fernando. Anexos semelhantes têm materialidade e uso diversos. *Projeto Design*, n. 337, mar. 2008, p. 42-51.

SERAPIÃO, Fernando. Brasil Arquitetura: Museu Rodin. Relação entre edifícios de séculos diferentes dá mote ao desenho. *Projeto Design*, n. 319, São Paulo, set. 2006, p. 42-53.

SERAPIÃO, Fernando. Building Brasil. *The Architectural Review*, n. 1465, Londres, out. 2019, p. 6-13.

SERAPIÃO, Fernando. Cinquentenário da FAU/USP – A influência de Lina Bo Bardi – Marcelo Ferraz (1978) Marcelo Suzuki (1980), Francisco Fanucci (1977) e Roberto Guitarrari / Brasil Arquitetura – Escola Superior de Administração e Negócios. São Paulo, 1989/93. *Projeto Design*, n. 228, São Paulo, jan./fev. 1999, p. 78.

SERAPIÃO, Fernando. Conjuntos habitacionais revelam valorização do desenho urbano. *Projeto Design*, n. 251, São Paulo, jan. 2001, p. 119.

SERAPIÃO, Fernando. Desenho do Brasil busca diálogo com arquitetura finlandesa. *Projeto Design*, n. 358, São Paulo, dez. 2009, p. 44-51.

SERAPIÃO, Fernando. Espaço cultural ajudará a revitalizar Recife Antigo. *Projeto Design*, n. 372, São Paulo, fev. 2011, p. 65-71.

SERAPIÃO, Fernando. Novos edifícios escolares atenderam maior demanda do ensino privado. *Projeto Design*, n. 251, São Paulo, jan. 2001, p. 114-115.

SERAPIÃO, Fernando. Orgânico e racional contrastam em planos horizontais e verticais. *Projeto Design*, n. 282, São Paulo, ago. 2003, p. 53-57.

SERAPIÃO, Fernando. Prêmio dá destaque aos prismas regulares – Categoria habitação pública de interesse social (projeto): Vila Nova Esperança, Salvador, 2008. *Projeto Design*, n. 348, São Paulo, fev. 2009, p. 62.

SERAPIÃO, Fernando. Prêmio dá destaque aos prismas regulares – Prêmio Rino Levi Museu do Pão. *Projeto Design*, n. 348, São Paulo, fev. 2009, p. 56.

SERAPIÃO, Fernando. Qualidade e diversidade da produção são destaques em concorrida edição. Revitalização de edifícios (executado). Prêmio: Conjunto KKKK, Registro, SP. *Projeto Design*, n. 276, São Paulo, jan. 2003, p. 33.

SERAPIÃO, Fernando. Racionalismo e cultura indígena no Rio Negro. *Projeto Design*, n. 349, São Paulo, mar. 2009, p. 54-61.

SERAPIÃO, Fernando. Sete obras e 365 dias – 29 de novembro. *Monolito*, n. 18 (anuário 2013), São Paulo, dez. 2013/jan. 2014, p. 22-23.

SERAPIÃO, Fernando. Teatro Polytheama: o último ato de Lina Bo Bardi. *Projeto Design*, n. 251, São Paulo, jan. 2001, p. 102-103.

SERAPIÃO, Fernando. Torres de alvenaria branca ladeiam núcleo de madeira. *Projeto Design*, n. 349, São Paulo, mar. 2009, p. 62-67.

SERAPIÃO, Fernando. Três Impressões de um projeto atípico. *Projeto Design*, n. 265, São Paulo, mar. 2002, p. 46.

SERAPIÃO, Fernando. Ventos do Norte. *Projeto Design*, n. 347, São Paulo, jan. 2009, p. 20.

SILVA, Vânia. 5a Bienal Internacional de Arquitetura e Design, SP – Representações nacionais. *AU – Arquitetura e Urbanismo*, n. 115, São Paulo, out. 2003, p. 35.

SIMONELLI, Nádia. A arquitetura da liberdade segundo Lina. *Casa Claudia Luxo*, n. 34, São Paulo, mai./jun. 2013, p. 14-15.

SIMONELLI, Nádia. Síntese do morar urbano. *Casa Claudia Luxo*, n. 36, São Paulo, out./nov. 2013, p. 80-89.

SUZUKI, Marcelo; SANTOS, Maria Cecília Loschiavo dos. Gli oggetti e le etnie. *Abitare*, n. 374, Milão, jun. 1998, p. 62-64.

SUZUKI, Marcelo. Casa del muro azul / The blue wall house. *Arquine*, n. 3, Cidade do México, primavera 1998, p. 32-33.

SUZUKI, Marcelo. Despojamento na Esan. *Projeto*, n. 172, São Paulo, mar. 1994, p. 55-56.

Talento – Madeira da boa. *Casa e Jardim*, n. 593, São Paulo, jun. 2004, p. 24-25.

Tecnologia e inovação – Marcelo Ferraz (Brasil). VI Bienal de Arquitectura de Santa Cruz – BASC18. *Entre Rayas*, n. 123, Caracas, mar. 2018, p. 18.

Terminal Rodoferroviário Santo André. *Arquitetura e Aço*, n. 3, Rio de Janeiro, set. 2004, p. 15-17.

TERNA, Diego. The scene that buids a community – The Square of Arts: Brasil Arquitetura. Número especial Community and the City. *C3*, n. 357, Seul, jan. 2010, p. 178-193.

TESTA, Catarine. Conservatorio drammatico e musicale – Music and drama conservatory, Praça das Artes – Sao Paulo, Brazil. *The Plan – Architecture & Technologies in Detail*, n. 67, Bolonha, ago. 2013, p. 108-118.

Textures vernaculaires pour une demeure urbaine. *L'Architecture d'Aujourd'hui*, n. 320, Paris, jan. 1999, p. 109-111.

TONON, Carlotta. Fanucci e Ferraz. Bread Museum, Ilópolis, Brasile. Um abrigo da chuva brasileira. *Casabella*, n. 787, Milão, mar. 2010, p. 38-47.

Urdimbre vernácula. *Arquitectura Viva*, n. 144, Zaragoza, ago. 2012, p. 64-65.

VILLAC, Maria Isabel. Arquitetura como experiência e apropriação. Prêmio APCA 2018 – Categoria "Contribuição à cultura brasileira": Brasil Arquitetura / Marcelo Ferraz e Francisco Fanucci. *Drops*, ano 20, n. 142.07, São Paulo, Vitruvius, jul. 2019 <www.vitruvius.com.br/revistas/read/drops/19.142/7422>.

WEISS, Ana. Ruínas reinventadas. *Casa Claudia Luxo*, n. 34, São Paulo, mai./jun. 2013, p. 138-143.

WEISS, Ana. Uma praça para a música. *Arc Design*, n. 66, São Paulo, mai./jun. 2009, p. 58-60.

WENZEL, Maria Conceição; CARVALHO, Débora M. de. O espelho d'água brilha também à noite. *Casa Claudia*, n. 12, São Paulo, dez. 1994, p. 56-57.

WENZEL, Maria Conceição. Diga não à convenção. *Casa Claudia*, n. 10, São Paulo, out. 1994, p. 92-99.

WENZEL, Maria Conceição. Opção pelo simples. *Arquitetura e Construção*, ano 9, n. 2, São Paulo, fev. 1993, p. 60-65.

WENZEL, Mariane. Ponto pacífico. *Arquitetura e Construção – Edição Top*, n. 1, São Paulo, jan. 2007, p. 20-21.

WISNIK, Guilherme. Prêmio APCA 2012 – Categoria "Cliente / promotor". Premiado: Carlos Augusto Calil / Secretaria de Cultura da Prefeitura de São Paulo. *Drops*, ano 13, n. 063.07, São Paulo, Vitruvius, dez. 2012 <www.vitruvius.com.br/revistas/read/drops/13.063/4619>.

WISNIK, Guilherme. Trópico emergente. *Arquitectura Viva*, n. 144, Zaragoza, ago. 2012, p. 20-25.

ZANCAN, Roberto; CORREA, João Batista Martinez; CASTRO, Daniela; LIRA, José. La strada è un teatro. *Domus*, n. 958, Milão, mai. 2012, p. 42-53.

ZEIN, Ruth Verde. Residência em ilha e campo. *Projeto*, n. 73, São Paulo, mar. 1985, p. 82-83.

ZUNINO, Maria Giulia. News – Museo Rodin in Brasile. *Abitare*, n. 466, Milão, nov. 2006, p. 100.

Revistas não especializadas

50 Razões para amar São Paulo – 8. Temos Praça das Artes. *Época São Paulo*, n. 68, São Paulo, 5 mai. 2014, p. 20-21.

ADLER, Mario; GOTTFRIED, Rabino Adrián; STEUER, Marcelo. Inauguração da nova sinagoga da comunidade Shalom. *Hineni*, ano 15, n. 1, São Paulo, mai. 2011, p. 6-15.

Agenda – Passagem aberta. *Select*, n. 23, São Paulo, abr./mai. 2015, p. 28.

ALMEIDA, Samira. Bossa brasileira. *Bamboo*, n. 6, São Paulo, set. 2011, p. 62-65.

ALTMAN, Fábio. Boniteza e precisão – livro e exposição em São Paulo celebram a obra de uma dupla de criadores que virou referência na arquitetura brasileira. *IstoÉ Dinheiro*, n. 425, São Paulo, nov. 2005, p. 82-83.

ALTMAN, Fábio. Rodin à baiana. *Época*, n. 244, São Paulo, jan. 2003, p. 81.

ANTONIO, Alexandre. Rodin à baiana. *Wish Report*, n. 35, São Paulo, 2010, p. 126-131.

ÁQUILA, Marcella. Lições do passado e olho no futuro. *Brasileiros*, n. 61, São Paulo, ago. 2012, p. 34.

ARAIUM, Cíntia; APSAN, Deborah. Caipira com orgulho. *ViverBem*, n. 10, São Paulo, 2003, p. 128-138.

ARAIUM, Cíntia. Simplicidade planejada. *ViverBem*, n. 10, São Paulo, out. 2000, p. 52-57.

Arquitetura e turismo. *AAI em Revista*, n. 38, Porto Alegre, Associação de Arquitetos de Interiores do Rio Grande do Sul, set./out. 2008, p. 6.

Arquitetura modernista ainda tem algo a dizer? *Select*, n. 23, São Paulo, abr./mai. 2015, p. 52.

Bairro Moinho começa a ser revitalizado. *Eco Regional*, ano 7, n. 336, Arvorezinha, 31 jan. 2008, p. 12.

BARDI, Pietro Maria. Estilo que funciona. *IstoÉ Senhor*, n. 1146, São Paulo, 1991.

BARRERO, Vera. A praça é nossa. *Revista Gol*, n. 137, São Paulo, ago. 2013, p. 50-51.

Beleza com simplicidade. *Marcenaria Moderna*, n. 27, São Paulo, 1988, p. 16-19.

BEZERRA, Julio. Pão nosso de cada dia. *Revista de História da Biblioteca Nacional*, n. 40, Rio de Janeiro, jan. 2009, p. 12.

BRANDÃO, Ignácio de Loyola. Dos arquitectos brasileños retocan la cara de Hellersdorf, un barrio en el norte de Belin. *Humboldt*, ano 127, n. 127, Munique, nov. 1999, p. 42.

Brasilianishes Architekten verschönern Plattenbauten. *Berliner Kurier*, n. 96/97, Berlim, 9 abr. 1997.

Brasilinisches Flair Pragt ein Quartier Wogehe. *Die Drei Arbeiten*, Berlim, mai. 1998, p. 18-25.

BRUNO, Cássia Barreto (Org.). Azulejos Kadiwéu. *Revista Ide – Sociedade Brasileira de Psicanálise de SP*, n. 32, São Paulo, mai. 2000, p. 9-15.

CARTUM, Marcos. Pauliceia renovada. *Bamboo*, anuário 2013, São Paulo, p. 66-68.

CHAGAS, Luiz. Rodin, à baiana. *Brasileiros*, n. 28, São Paulo, nov. 2009, p. 26-27.

CHUT, Eliahu. Pouquíssimo noticiado em nossa imprensa a vitória em concurso mundial. *O Hebreu*, n. 212, dez. 1997, p. 40.

CICERE, Jackson. Famiglia Facin – tradição historia e o sabor da Itália à mesa. *Revista da Cameron*, n. 7, São Paulo, jul./ago./set. 2015, p. 24-26.

Cidades arquitetura – Icon para Praça das Artes. *Brasileiros*, n. 78, jan. 2014, p. 88.

CORBIOLI, Nanci; LÉBEIS, Martha. Liberdade experimental. *Espaço D'*, n. 8, São Paulo, ago. 1999, p. 60-65.

Em área urbana, isolada dos ruídos externos. *Esquadrias de PVC*, jun. 2000, p. 29-31.

Espaço do arquiteto – Entrevista com Francisco Fanucci. *Revista Hitachi*, n. 2, São Paulo, jul./set. 2003, p. 5.

FERRAZ, Marcos Grinspum. Bienal de Arquitetura ocupa São Paulo para discutir urbanismo. *Arte!Brasileiros*, n. 18, São Paulo, mar./abr. 2013, p. 80-81.

FONTES, Flávio. Teatro da força. *TAM Magazine*, ano 2, n. 13, São Paulo, mar. 2005, p. 60-63.

FRAIA, Emílio. Palco do saber. *Private Brokers*, n. 9, São Paulo, dez. 2005, p. 62-63.

FRANÇA, Raphael. As linhas de Lina. *Bamboo*, n. 12, São Paulo, abr. 2012, p. 48-49.

GIRARDI, Giovana. Na trilha dos moinhos – Projeto de restauração no Vale do Taquari recupera a tradição histórica dos imigrantes italianos de fazer farinha e pão. *Horizonte Geográfico*, n. 116, São Paulo, abr. 2008, p. 22-29.

GONÇALVES, Marcos Augusto. Pauliceia renovada. *Bamboo*, São Paulo, 2013, p. 66-68.

GUEDES, Regina. Arquitetura que transforma. *360°*, n. 4, São Paulo, nov. 2015, p. 24-29.

HEATHCOTE, Edwin. Building of the year – Praça das Artes. *Icon*, n. 127, Londres, jan. 2014, p. 72-76.

HOLLSTEIN, Miriam. Südamerikanische Balkons in Hellersdorf umstritten. *Marzahn-Hellersdorf-Rundschau*, n. 171, Berlim, 25. jul. 1997, p. 18.

Im Gelben Viertel geht's voran. *WoGeHe*, n. 148, jun. 1997.

JUNIOR, Gonçalo. Templo de rei. *Brasileiros*, n. 76, São Paulo, nov. 2013, p. 22-23.

KAISER, Millos. Praia de paulista. *Revista Itaú Personnalité*, n. 21, jan./fev./mar. 2013, p. 25-30.

KATO, Gisele. Museu de novidades – Curitiba discute a matéria da arte brasileira em uma das seis exposições que inauguram o novo museu. *Bravo!*, n. 62, São Paulo, nov. 2002, p. 26-31.

Lateinamerikanische Details für das, Gelbe Viertel. *Verlags Thema*, Berlim, nov. 1997, p. 67.

LAVIGNE, Nathalia. Bahia de todas as artes. *TAM nas Nuvens*, n. 22, São Paulo, out. 2009, p. 100-104.

LEAL, Sheila. Conheça a Praça das Artes. *Projeto São Paulo City*, São Paulo, 17 jan. 2017 <https://bit.ly/2Q0xrUE>.

LEÃO, Renata. De cara lavada. *Private Brokers*, n. 22, São Paulo, jul. 2009, p. 57-65.

LEME, Renata Toledo (Org.). Projeto Beira Rio. PAE – Plano de Ação Estruturador. Piracicaba, Prefeitura do Município de Piracicaba / Secretaria Municipal de Defesa do Meio Ambiente / Secretaria Municipal de Planejamento / Polis <https://bit.ly/2Q7dZWj>.

LEUE, Gunnar. Rio in Hellersdorf. *Taz*, Berlim, 12 jun. 1997 <https://taz.de/!1396849>.

LONGO, Giovanna. Praça das Artes. *Em Cartaz – Revista da Secretaria Municipal de Cultura de São Paulo*, n. 64, São Paulo, dez. 2012, p. 4-5.

Moinho Castamán começa a ganhar vida novamente. *Eco Regional*, ano 7, n. 336, Arvorezinha, 31 jan. 2008, p. 15.

MOLITOR, Andreas. Der Wohnungs-Riese Von Hellersdorf. *Berliner Beitung*, n. 83, Berlim, 10 abr. 1997.

MUYLAERT, Roberto. O Brasil pela arte. *Ícaro*, n. 194, Porto Alegre, out. 2000, p. 100-101.

Novo Museu: referência de cultura e de arquitetura. *O Vidroplano*, n. 360, São Paulo, dez. 2002, p. 38-41.

O Bairro Amarelo: Cultura Brasileira em Berlim Oriental. *Office*, ano 13, n. 70, São Paulo, 2002, p. 48-53.

OLIVEIRA, Fran. Jóia Negra. *Wish Report*, n. 2, São Paulo, abr./mai. 2005, p. 58-67.

ORLANDI, Ana Paula. Onda étnica – Marcenaria Baraúna. *Private Brokers*, n. 8, São Paulo, set./nov. 2005, p. 98

PARENTE, Ediana. Estética e inserção social – obra de arquitetura: Praça das Artes. *Revista APCA 2013*, São Paulo, Imprensa Oficial, p. 8.

PENNA, José Luiz. Entrevista – arquitetos da Vila projetam prédios e mobiliário. *Guia da Vila Madalena*, n. 229, set. 2016, p. 8-12.

PIZA, Daniel. Razão. Dialogar com o espaço – fazer parte do todo em harmonia. *Eurobike Magazine*, n. 10, São Paulo, dez. 2009, p. 10-18.

Projeto Nova Vera Cruz. *Cinema em São Paulo*, São Paulo, 1998, p. 7-11.

Quem te viu, quem te vê: dupla paulista dá cor e graça à velha Berlim oriental de Honecker. *Bravo!*, n. 1, São Paulo, out. 1997.

RABELO, Carina. A Bahia do futuro. *IstoÉ*, n. 2099, São Paulo, fev. 2010, p. 68-69.

RODRIGUES, Cinthia. Berlim em cores vivas – Dupla de arquitetos brasileiros inaugura reforma que mudou a cara de um bairro na Alemanha. *Época*, n. 4, Rio de Janeiro, jun. 1998, p. 88.

RODRIGUES, Cinthia. Os pioneiros. *Quem Acontece*, n. 188, São Paulo, abr. 2004, p. 91.

RODRIGUES. Cinthia. Berlim em cores vivas. *Época*, ano 1, n. 4, São Paulo, 15 jun. 1998, p. 88.

RUDHART, Werner. Índio, arte e memória. *Ícaro Brasil*, n. 177, São Paulo, mai. 1999, p. 60-66.

SALEMA, Isabel. O arquiteto que fez uma cadeira para Maria Bethânia. *Ipsilon*, Lisboa, 27 out. 2017, p. 22-24.

SANTOS, Joel Rufino dos. Presença negra. *Ícaro*, n. 194, Porto Alegre, out. 2000, p. 132-140.

SANTOS, Priscilla. É velho, mas tá novo. *Vida simples*, n. 83, São Paulo, set. 2009, p. 42-47.

São Paulo tem jeito. *Revista Kalunga*, n. 85, São Paulo, jan. 1998, p. 100-103.

SCHELP, Diogo. Feito por Niemeyer. *Veja*, n. 1.779, São Paulo, 27 nov. 2002, p. 138.

SCHELP, Diogo. Oscar refaz sua obra. *Veja*, n. 1.734, São Paulo, 16 jan. 2002, p. 56.

SCHNEIDER, Clarissa. Arquitetura de refúgio – resumo de vida. *Bamboo*, anuário 2014, São Paulo, p. 138-143.

SCHNEIDER, Clarissa. Brasil, mostra a tua cara. *Bamboo*, anuário 2012, São Paulo, p. 144-149.

SCHNEIDER, Clarissa. Conhecimento – Marcelo Ferraz. *Casa Vogue*, n. 2, São Paulo, 1997, p. 102.

SCHNEIDER, Clarissa. Sertão à Beira-mar. *Bamboo*, n. 38, São Paulo, ago. 2014, p. 84-85.

SERAPIÃO, Fernando. Favela: moderna ou contemporânea? *Select*, n. 5, São Paulo, abr./mai. 2012, p. 108-113.

SILVEIRA, Faiga. design.br. *Bamboo*, n. 6, São Paulo, set. 2011, p. 47-53.

STATHAKI, Ellie. Next in line. *Wallpaper – The great brazilian modernists are a hard act to follow. But a new geration have big ideas of their own*, n. 135, Londres, jun. 2010, p. 140-144.

STEFANI, Arlindo. Projeto Beira Rio – diagnóstico. Piracicaba, Prefeitura Municipal de Piracicaba, 2001.

Südamerikaner wollen Hellersdorf bunter, schooner machen – 90 mio für die alten platen. *Hauptstadt Berlin*, Berlim, 9 abr. 1997, p. 11.

Teatro Polytheama de Jundiaí é tombado como patrimônio histórico. *G1*, Sorocaba/Jundiaí, 18 out. 2012 <https://glo.bo/2NwMDaK>.

Trabalho de índio. *IstoÉ Dinheiro*, n. 44, São Paulo, jul. 1998, p. 14.

WEISS, Ana. Fim das fronteiras – Novas gerações resgatam engajamento dos anos 1970 e aproximam cada vez mais a arte e o urbanismo. *Pesquisa Fapesp*, n. 214, São Paulo, dez. 2013, p. 86-89.

YURI, Débora. Prefeitura começa atendimento às famílias do Bamburral. *Renova SP*, n. 1, São Paulo, jul. 2011, p. 13.

Jornais

1° Museu do Pão da América Latina será inaugurado hoje. *Jornal Notiserra*, Arvorezinha, 22 fev. 2008, p. 9.

A Berlim de ares tropicais. *Jornal da Tarde*, São Paulo, 15 abr. 1997.

ABREU, Gilberto. Brasil +500 em fragmentos. Caderno D. *Jornal do Brasil*, Rio de Janeiro, 9 out. 2000, p. 1.

ACS. Polyhteama renasce como espaço cultural. *Gazeta Mercantil*, São Paulo, 19 out. 1996, p. 6.

ANGIOLILLO, Francesca. Futuro em ruínas. Caderno Ilustrada. *Folha de S.Paulo*, São Paulo, 30 abr. 2019, p. C1.

Argos deixou marcas e saudades para trás. Caderno JC nos bairros. *Jornal da Cidade*, Jundiaí, 11 jun. 1996, p. 15.

Argos Industrial, a primeira fábrica de brins do Brasil. Caderno A nossa rua. *Jornal da Cidade*, Jundiaí, 3 ago. 1995, p. 13.

Argos não é mais problema para ampliação da José do Patrocínio. *Jornal da Cidade*, Jundiaí, 31 ago. 1994, p. 7.

Argos, o fim de um império. Caderno A nossa rua. *Jornal da Cidade*, Jundiaí, 13 mar. 1991, p. 2.

ARRUDA, Roldão. Acervo de Lula será separado de memorial em SP. Caderno Nacional. *O Estado de S. Paulo*, São Paulo, 26 jun. 2012, p. A13.

Autor do projeto diz que KKKK colocará Registro no mapa do Brasil. Seção Resgate da História. *Jornal em Revista*, n. 68, Registro, jan. 2002, p. 12.

BARROS, Mariana. Vizinha ao Municipal, praça das Artes sai do papel no 2° semestre. Caderno Cotidiano. *Folha de S.Paulo*, São Paulo, 29 mai. 2008, p. C13.

BECKER, Adreane. Preservada memória dos imigrantes italianos. *O Informativo do Vale*, Lajeado, 4 mar. 2007, p. 13.

BERGAMO, Mônica. Chapelaria. Caderno Ilustrada. *Folha de S.Paulo*, São Paulo, 27 out. 2005, p. E2.

BERGAMO, Mônica. Kassab projeta Praça das Artes. Caderno Ilustrada. *Folha de S.Paulo*, São Paulo, 5 jan. 2008, p. E2.

Berlim – Botoquena und Zurück. *Mieter Journal*, n. 16, Berlim, 1997.

BIANCO, Dante. Novo Museu em Curitiba. *Gazeta do Povo*, Curitiba, 23 nov. 2002, p. 17.

BIDERMAN, Iara. Guia reunirá história e informações sobre as 70 sinagogas da grande SP. Caderno Cotidiano. *Folha de S.Paulo*, São Paulo, 17 ago. 2019, p. B5.

BRASIL, Ubiratam. APCA escolhe os melhores de 2012. Caderno 2. *O Estado de S. Paulo*, São Paulo, 12 dez. 2012, p. D5.

Bunkio busca peças para compor a história da imigração no Memorial. Seção Resgate da História. *Jornal em Revista*, Registro, n. 68, jan. 2002, p. 13.

Bunte Fliesen als Element brasilianischer Architektur. *Berliner Morgenpost*, Berlim, 21 jul. 1998.

CAETANO, Maria do Rosário. O poder da criação dos excluídos. Caderno D. *Jornal de Brasília*, Brasília, 8 out. 2000, p. D5.

CALDAS, Renata. Sopro de qualidade na cultura. Caderno D. *Jornal de Brasília*, Brasília, 8 out. 2000, p. D7.

CALLIGARI, Contardo. Um teatro, um centro comercial e um monumento. Caderno Ilustrada. *Folha de S.Paulo*, São Paulo, 20 jan. 2005, p. E12.

CARDOSO, Mônica. Região central terá dois novos espaços cultuais até 2011. Caderno Cidades / Metrópole. *O Estado de S. Paulo*, São Paulo, 21 out. 2008, p. C10.

CARVALHO, Mario Cesar. Rodin à baiana. Caderno Ilustrada. *Folha de S.Paulo*, São Paulo, 8 jul. 2009, p. E1.

CATTASSINI, Lais. Praça das Artes já tem investidores. Caderno Cidades / Metrópole. *O Estado de S. Paulo*, São Paulo, 11 mai. 2009, p. C5.

Centro de Educação e Cultura KKKK será inaugurado amanhã. *Jornal Regional*, Registro, 25 jan. 2002.

Condephaat autoria "corte" da Argos para ampliação da José do Patrocínio. *Jornal da Cidade*, Jundiaí, 30 ago. 1994, p. 3.

Condephaat estuda tombamento da Argos. *Jornal de Jundiaí*, Jundiaí, 12 fev. 1994, p. 7.

CONSTANTIN, André. Museu do Tijolo: sempre surge, por estes desertos urbanos, algum sopro de delicadeza. Seção Cultura e Tendências. *Pioneiro*, Caxias do Sul, 22 nov. 2019 <https://bit.ly/2Rb5XfO>.

COSTA, Jacqueline. Um ícone para Copacabana. *O Globo*, Rio de Janeiro, 7 ago. 2009, p. 18.

Curtas e finas – Primeiro do país. *O Tempo*, Belo Horizonte, 15 de jul. 2008, p. 4.

CYPRIANO, Fabio. Escultura de Amilcar de Castro causa impacto em Berlim. Caderno 2. *O Estado de S. Paulo*, São Paulo, 22 out. 2006, p. D8.

DINIZ, Laura. Juíza proíbe Grupo Silvio Santos de construir shopping ao lado do Oficina. Caderno Cidades / Metrópole. *O Estado de S. Paulo*, São Paulo, 19 jan. 2007, p. C10.

DINIZ, Laura. Oficina: Zé Celso e Silvio Santos em paz. Caderno Cidade / Metrópole. *O Estado de S. Paulo*, São Paulo, 19 jan. 2005, p. C10.

DINIZ, Laura. Oficina: Zé Celso e Silvio Santos ensaiam acordo. Caderno Cidade / Metrópole. *O Estado de S. Paulo*, São Paulo, 16 jan. 2005, p. C7.

DITCHUM, Ricardo. O novo Carlos Gomes. *Diário do Grande ABC*, São Paulo, 20 jun. 1999, p. 2.

DITTMANN, Ingeborg. Lateinamerikanisches flair in der Platte. *Neus Deutschland*, 9 abr. 1997.

DOBBERKE, Cay. Brasilien-Flair am Plattenbau. *Der Tagesspiegel*, n. 16.074, 18 ago. 1997, p. 11.

EDITORIAL. Reforma tributária. Caderno Opinião. *O Estado do Paraná*, ano 52, n. 15.547, Curitiba, 23 nov. 2002, p. 4.

Ein Stück Brasilien in Hellersdorf – Südamerikanishe Künstler gestalten Plattenbau-Fassaden neu. *Der Tagesspiegel*, 9 abr. 1997.

Esperando Godot. *Folha de S.Paulo*, São Paulo, 8 dez. 2006, p. E10.

Espetáculo multimídia usa Politeama. *Jornal de Jundiaí Regional*, Jundiaí, 14 jun. 1994, p. 17.

FARIA, Ângela. O espaço do encontro. Caderno Pensar. *Estado de Minas*, Belo Horizonte, 17 dez. 2005, p. 1.

FARIA, Ângela. Reforma devolve vida ao mercado municipal. Caderno Gerais. *Estado de Minas*, Belo Horizonte, 28 jan. 2006, p. 25.

FARIA, Ângela. Útil e belo. Caderno Pensar. *Estado de Minas*, Belo Horizonte, 17 dez. 2005, p. 3.

FERNANDES, José Carlos. Mil rotações por minuto: mais de 600 operários correm contra o tempo para finalizar a obra no centro cívico. *Gazeta do Povo*, Curitiba, 16 nov. 2002, p. 1.

FERNANDES, José Carlos. No cenário de Niemeyer. Caderno G. *Gazeta do Povo*, Curitiba, 23 nov. 2002.

FERNANDES, José Carlos. Um alfabeto escrito em concreto: novo museu funciona como pequeno inventário das inovações criadas por brasileiros. *Gazeta do Povo*, Curitiba, 16 nov. 2002, p. 1.

FIORATTI, Gustavo. Praça das Artes quer requalificar o centro. Caderno Ilustrada. *Folha de S.Paulo*, São Paulo, 5 dez. 2012, p. E4.

FOLGATO, Marisa. Silvio Santos terá de renovar área. Caderno Metrópole. *O Estado de S. Paulo*, São Paulo, 3 mai. 2006, p. D1.

FRAGA, Olívia. Conceito brasileiro. Caderno Casa & Decoração. *O Estado de S. Paulo*, São Paulo, 14 set. 2008, p. 1; 10-13.

FREITAS, Iole de. A precisão do risco. Caderno Especial – Jornal de Resenha. *Folha de S.Paulo*, São Paulo, 11 jun. 1998, p. 10.

FRIAS FILHO, Otavio. Brasileiros ganham concurso em Berlim. Caderno Ilustrada. *Folha de S.Paulo*, São Paulo, 17 abr. 1997, p. 3.

GAMA, Maria. Brasileiros latinizam "BNH" alemão. Caderno Ilustrada. *Folha de S.Paulo*, São Paulo, 13 out. 1998, p. 5.

GIOIA, Mario. Livros debatem identidade nacional. Caderno Ilustrada. *Folha de S.Paulo*, São Paulo, 23 jan. 2006, p. E4.

GIOIA, Mario. Museu no interior gaúcho ganha prêmios de arquitetura. Caderno Ilustrada. *Folha de S.Paulo*, São Paulo, 18 jan. 2009, p. E6.

GIOIA, Mario. Museu Rodin Bahia ganha prêmio de Exposição Geral. Caderno Ilustrada. *Folha de S.Paulo*, São Paulo, 11 dez. 2007, p. E9.

GIOIA, Mario. Rodin Bahia será aberto no fim do ano. Caderno Ilustrada. *Folha de S.Paulo*, São Paulo, 14 jun. 2006, p. E7.

GIRÃO, Eduardo Tristão. Arte do Cotidiano. Caderno Cultura. *Estado de Minas*, Belo Horizonte, 18 mai. 2006, p. 3.

GONÇALVES FILHO, Antonio. País pega fogo e Paris alucina por Krajcberg. Caderno 2. *O Estado de S. Paulo*, São Paulo, 31 mar. 1998, p. D1.

Governador participa de inauguração do KKKK. *Jornal Regional*, Registro, 18 jan. 2002.

Governo em crise, cultura paralisada. Caderno 2. *O Estado de S. Paulo*, São Paulo, 22 jun. 2005, p. D3.

Grafite de Osgemeos some de prédio no vale do Anhangabaú. Caderno Cotidiano. *Folha de S.Paulo*, São Paulo, 15 fev. 2012, p. C8.

GRILLO, Cristiana. Mostra leva versão miniatura ao rio. *Folha de S.Paulo*, São Paulo, 9 out. 2000, p. E4.

GUERRA, Sabrina. Amigos e farinha em homenagem a Lina. *Correio*, Uberlândia, 7 dez. 2004, p. C2.

HAUS. MON está de aniversário! Conheça detalhes e curiosidades do projeto histórico. *Gazeta do Povo*, Curitiba, 21 nov. 2018 <https://bit.ly/2K4y4J4>.

HEATHCOTE, Edwin. São Paulo: museum of modernism. Design & Architecture. *Financial Times*, Londres, 5 abr. 2013, p. 15 <https://on.ft.com/2CneeEK>.

HEATHCOTE, Edwin. Architecture: built in Brazil. *Financial Times*, Londres, 28 mar. 2014 <https://on.ft.com/2r3cgrf>.

HENRIQUE, Klecius. Por dentro do centro. *Correio do Brasil*, Brasília, 12 out. 2000, p. 3.

IAB premia arquitetura do Polytheama. *Jornal da Cidade*, Jundiaí, 19 jun. 1997, p. 16.

Ich War angetan vom umfassenden städtebaulichen Ansatz... *Mieter Journal*, Berlim, 1998.

Inauguração do Conjunto Arquitetônico KKKK marca a história de Registro. *Jornal Regional*, Registro, 18 jan. 2002.

Indianer-Copyright. Ersmals respektiert. *Berliner Zeitung*, n. 167, Berlim, 21 jul. 1998.

Kassab projeta Praça das Artes. Caderno Ilustrada. *Folha de S.Paulo*, 5 jan. 2008, p. E2.

Kiss: o grande timoneiro da Argos. *Jornal de Jundiaí*, Jundiaí, 8 ago. 1993, p. 02.

KKKK abrigará Circuito Gestão da Secretaria da Educação. Seção Resgate da História. *Jornal em Revista*, n. 68, Registro, jan. 2002, p. 19.

KKKK renasce das cinzas. Seção Resgate da História. *Jornal em Revista*, n. 68, Registro, jan. 2002, p. 1.

'KKKK trará um futuro brilhante', diz Samuel. Seção Resgate da História. *Jornal em Revista*, n. 68, Registro, jan. 2002, p. 10.

KLINTOWITZ, Jacob. A cultura brasileira em Berlim Oriental. *Jornal da Crítica*, ano 1, n. 4, jan. 1997.

KRÖCK, Susanne; SEYFERT, Anka. In Hellersdorf bauen auch die Indianer. *Berliner Kurier*, Berlim, 20 jun. 1998 <https://bit.ly/2Cn3CWs>.

LAGE, Amarílis. Sinagoga será transformada em museu. Caderno Cotidiano. *Folha de S.Paulo*, São Paulo, 28 mar. 2005, p. C5.

LEE, Ji Min. Casa da Lagoa. *Deco Journal*, v. 289, Seul, ago. 2019, p. 104-115.

LICHOTE, Leonardo. Um Nordeste high-tech no cais do Recife. *O Globo*, Rio de Janeiro, 17 out. 2013 <https://glo.bo/2PgSoZt>.

MACHADO, Ivan Marcos. Jundiaí reforma o Polytheama. *O Estado de S. Paulo*, São Paulo, 21 mar. 1996, p. C6.

MACHADO, Ivan Marcos. Polytheama ressurge às vésperas dos cem anos. *O Estado de S. Paulo*, São Paulo, 11 dez. 1996, p. C4.

MACHADO, Renato. Espaço abrigará escola e coral, num projeto de resgate da Cinelândia. Caderno Metrópole. *O Estado de S. Paulo*, São Paulo, 2 jun. 2008, p. C6.

MACHADO, Renato. Instituição luta para ficar no centro. Caderno Metrópole. *O Estado de S. Paulo*, São Paulo, 2 jun. 2008, p. C6.

MACIEL, Nahima. Endereço das artes. Caderno 5. *Correio Brasiliense*, Brasília, 11 out. 2000, p. 20.

MARIZ, Juliana. Legomania em mobiliário verde e amarelo. Caderno Eu e meu consumo. *Valor Econômico*, São Paulo, 10 dez. 2002.

MARTÍ, Silas. Arquitetos tentam criar 'gramática de museus' no país. Caderno Ilustrada. *Folha de S.Paulo*, São Paulo, 21 jan. 2011, p. E3.

MARTÍ, Silas. Arquitetura da reconstrução. Caderno Ilustrada. *Folha de S.Paulo*, São Paulo, 24 jan. 2013, p. E1.

MARTÍ, Silas. Sesc Pompeia contrasta obras de artistas e arquitetos em mostra. Caderno Ilustrada. *Folha de S.Paulo*, São Paulo, 24 mai. 2012, p. E3.

MARTÍN, Azahara. Um shopping para Silvio Santos e um teatro para Zé Celso. Caderno Metrópole. *O Estado de S. Paulo*, São Paulo, 25 de jul. 2005, p. C1.

MARTINS, Régis. O passado em busca de um presente. Caderno Cultura & Lazer. *A Cidade*, Ribeirão Preto, 17 de jan. 2016, p. 1.

MEDEIROS, Jotabê. Azulejos cadiueus enfeitam bairro reformado de Berlim. Caderno 2. *O Estado de S. Paulo*, São Paulo, 16 de jun. 1998, p. D7.

MEDEIROS, Jotabê. Histórias de um criativo escritório chamado Brasil. Caderno 2. *O Estado de S. Paulo*, São Paulo, 22 out. 2005, p. D3.

MEDEIROS, Jotabê. Intervenção visionária pode mudar feições de Salvador. Caderno 2. *O Estado de S. Paulo*, São Paulo, 29 ago. 2010, p. D3.

MEDEIROS, Jotabê. Mar Aberto. Caderno 2. *O Estado de S. Paulo*, São Paulo, 29 ago. 2010, p. D1.

MEDEIROS, Jotabê. Museu Rodin da Bahia já tem projeto e curadora. Caderno 2. *O Estado de S. Paulo*, São Paulo, 3 ago. 2002, p. 63.

MEDEIROS, Jotabê. Museu Rodin da Bahia será aberto em novembro. Caderno 2. *O Estado de S. Paulo*, São Paulo, 1 mar. 2003, p. 45.

MEDEIROS, Jotabê. Nova joia brilha na 'princesinha do mar'. Caderno 2. *O Estado de S. Paulo, São Paulo*, 29 ago. 2010, p. D3.

MEDEIROS, Jotabê. Praça das Artes ataca a "quadra maldita". Caderno 2. *O Estado de S. Paulo*, São Paulo, 11 nov. 2009, p. D3.

MEDEIROS, Jotabê. Um museu ancorado na paisagem. Caderno 2. *O Estado de S. Paulo*, São Paulo, 29 ago. 2010, p. D3.

MENCHEN, Denise. Arquitetura pode ajudar, mas não é a penicilina. Caderno Cotidiano. *Folha de S.Paulo*, São Paulo, 17 ago. 2009, p. C6.

MENCHEN, Denise. MIS terá projeto inspirado em Burle Marx. Caderno Cotidiano. *Folha de S.Paulo*, São Paulo, 11 ago. 2009, p. C6.

MENCHEN, Denise. Paisagem e biquini inspiram projetos de novo museu no RJ. Caderno Cotidiano. *Folha de S.Paulo*, São Paulo, 7 ago. 2009, p. C4.

MENEZES, Maria Eugênia de. Mais espaço para o Municipal. Caderno 2. *O Estado de S. Paulo*, São Paulo, 15 ago. 2012, p. D1; D3.

MENEZES, Maria Eugênia. Vida nova para o Municipal. Caderno 2. *O Estado de S. Paulo*, São Paulo, 5 dez. 2012, p. D6.

MERTEN, Luiz Carlos. Vera Cruz vai ressurgir das cinzas em 1997. *O Estado de S. Paulo*, São Paulo, 28 set. 1996, p. D12.

MICHELE, Katia. Lerner e FHC desprezam custos do NovoMuseu. *Folha de Londrina*, Londrina, 23 nov. 2002, p. 1.

MICHELE, Katia. Para FHC custo do NovoMuseu é irrelevante. *Folha de Londrina*, Londrina, 23 nov. 2002, p. 1.

MICHELLE, Katia. Novo museu deve ficar pronto em novembro. *Folha de Londrina*, Londrina, 14 nov. 2002, n.p.

MICHELLE, Katia. O olho de vidro de Niemeyer. *Folha de Londrina*, Londrina, 14 nov. 2002 <https://bit.ly/36PRtHN>.

MOLINA, Camila. Edifício histórico vira centro educacional. Caderno 2. *O Estado de S. Paulo*, São Paulo, 26 jan. 2002, p. D10.

MONTANER, Josep Maria. Paraíso urbano em el Río Grande del Sur. Caderno Cultura. *La Vanguardia*, Barcelona, 23 jul. 2008, p. 16-17.

MONTANER, Josep Maria. Rehacer São Paulo. Caderno Cultura. *La Vanguardia*, Barcelona, 25 set. 2013, p. 22-23.

MORAES, Angélica de. Arte afro-brasileira é ilha de excelência. Caderno 2. *O Estado de S. Paulo*, São Paulo, 14 mai. 2000, p. D10.

MORAES, Angélica de. Museu de Curitiba afirma identidade brasileira. Caderno 2. *O Estado de S. Paulo*, São Paulo, 21 nov. 2002, p. D7.

MORETZSOHN, Carmen. Arte popular. Caderno D. *Jornal de Brasília*, Brasília, 8 out. 2000, p. D3.

MORETZSOHN, Carmen. Essa gente brasileira. Caderno D. *Jornal de Brasília*, Brasília, 8 out. 2000, p. D2.

MORETZSOHN, Carmen. Vazios de ferro. Caderno D. *Jornal de Brasília*, Brasília, 11 out. 2000, p. D1.

MOTA, Denise. Em SP, Secretaria da Cultura quer reativar Vera Cruz. Caderno Ilustrada. *Folha de S.Paulo*, São Paulo, 9 jan. 1997, p. 4-10.

MOTA, Denise. Parabéns para quem? Caderno Ilustrada. *Folha de S.Paulo*, São Paulo, 22 fev. 2000, p. 1.

Museu Rodin Bahia terá novo nome e funções. *Diário Oficial da Bahia*, Salvador, 29 mai. 2007.

MUXÍ, Zaida. Museu do Pão. Seção Minas. *Hoje em Dia*, Belo Horizonte, 9 jul. 2008, p. 18.

NAIM, Maria Cecília. Bixiga ganhara um shopping e o Teatro Oficina não será demolido. *Gazzetta d'Italia*, ano 14, n. 168, São Paulo, jan. 2005, p. 3.

NAVARRO, Paulo. Os projetos. *O Tempo*, Belo Horizonte, 15 jul. 2008, p. 4M.

NAVARRO, Paulo. Tóquio mon amour. *O Tempo*, Belo Horizonte, 20 dez. 2008, p. 4M.

NÉSPOLI, Beth. Debate esquenta na pista do Oficina. Caderno 2. *O Estado de S. Paulo*, São Paulo, 16 jan. 2006, p. D6.

NÉSPOLI, Beth. Dez câmeras para filmar os sertões. *O Estado de S. Paulo*, São Paulo, 23 fev. 2007, p. D5.

NÉSPOLI, Beth. O palco da polêmica. Caderno 2. *O Estado de S. Paulo*, São Paulo, 8 jul. 2007, p. D1.

NIEMEYER, Oscar. O Novo Museu. Coluna Tendência/Debates. *Folha de S.Paulo*, São Paulo, 22 nov. 2002, p. A3.

Notas & Breves – Zé Celso convida Silvio Santos para celebrar encontro no Oficina. Caderno 2. *O Estado de S. Paulo*, São Paulo, 18 abr. 2005, p. D6.

NOVAES, Teresa. Zé Celso aceita projeto de Silvio Santos. Caderno Ilustrada. *Folha de S.Paulo*, São Paulo, 15 jan. 2005, p. E6.

NOVAES, Teresa. Zé Celso quer ampliar debate sobre o teatro. Caderno Ilustrada. *Folha de S.Paulo*, São Paulo, 26 fev. 2005, p. E3.

O decreto que autorizou funcionamento do KKKK. Seção Resgate da História. *Jornal em Revista*, n. 68, Registro, jan. 2002, p. 9.

OLIVEIRA, Cida. Estátua de aço fará homenagem a japoneses. Caderno Cidades. *O Estado de S. Paulo*, São Paulo, 31 out. 2000, p. 20.

Outras opiniões – Bixiga, teatro e TV: Zé Celso e Silvio Santos. *Jornal do Brasil*, Rio de Janeiro, 6 mar. 2005, p. A11.

Paris elogia projeto de Museu Rodin BA. Caderno 2. *O Estado de S. Paulo*, São Paulo, 10 ago. 2002, p. D10.

PASCOWITCH, Joyce. Depois de repaginarem o bairro Hellesdorff, em Berlim, os arquitetos Marcelo Ferraz e Francisco Fanucci armam agora projeto de recuperação dos estúdios Vera Cruz, em São Bernardo do campo. Caderno Ilustrada. *Folha de S.Paulo*, São Paulo, 8 set. 1998, p. D2.

Patrimônio restaurado. *Jornal Regional*, Registro, 25 jan. 2002.

PERROTRA-BOCH, Francesco. Elementos vazados são a pele e a face do museu Cais do Sertão, no Recife. Caderno Ilustrada. *Folha de S.Paulo*, São Paulo, 30 abr. 2019, p. C3.

Personalidades serão homenageadas durante a inauguração do KKKK. Seção Resgate da História. *Jornal em Revista*, n. 68, Registro, jan. 2002, p. 16.

PIRES, Roberto. Rodin nos trópicos. Caderno 2. *A Tarde*, Salvador, 11 fev. 2003, p. 1.

PIRES, Walter. Conselho libera shopping de Silvio Santos. Caderno Cotidiano. *Folha de S.Paulo*, São Paulo, 8 dez. 2006, p. C6.

Plattenviertel mit brasilianischem Flair – Lateinamerikanishe Architekten frischen Neubausiedlung auf. *Berliner Beitung*, n. 82.53, 9 abr. 1997.

Polyhteama impressiona Benassi. *Jornal da Cidade*, Jundiaí, 22 ago. 1996, p. 9.

Polyhteama. Cartas ao Prefeito pedem a conservação do fosso. *Jornal da Cidade*, Jundiaí, 8 jul. 1996, p. 22.

Polytheama renasce como espaço cultural. Caderno Ilustrada. *Gazeta Mercantil*, São Paulo, 19 out. 1998, p. 6.

Polytheama. Inauguração será em 22 de novembro. *Jornal da Cidade*, Jundiaí, 12 set. 1996, p. 13.

Polytheama. Incepa doa 66 peças sanitárias. *Jornal da Cidade*, Jundiaí, 25 ago. 1996, p. 5.

Polytheama. Miguel Haddad consegue R$ 1,5 milhão para a restauração. *Jornal da Cidade*, Jundiaí, 6 dez. 1995, p. 8.

Polytheama. Obras na reta final. *Jornal da Cidade*, Jundiaí, 27 out. 1996, p. 17.

Polytheama. Reta final. *Jornal da Cidade*, Jundiaí, 18 ago. 1996, p. 8.

Polytheama. Vai começar a contagem regressiva. *A Tribuna Jundiaí*, Jundiaí, 27 jul./1 ago. 1996.

Por aí... Exposição. Caderno 2. *Diário da Tarde*, São Paulo, 18 mai. 2006, p. 5.

Praça das Artes ganha prêmio internacional. Caderno Metrópole. *O Estado de S. Paulo*, São Paulo, 7 dez. 2013, p. A35.

R$ 3,5 milhões para o Politeama. *Jornal da Cidade*, Jundiaí, 12 nov. 1995, p. 3.

REZENDE, Marcelo. NovoMuseu abre dia 22 com sete mostras. Caderno Ilustrada. *Folha de S.Paulo*, São Paulo, 18 nov. 2002, p. E4.

REZENDE, Marcelo. O anti-Guggenheim. Caderno Ilustrada. *Folha de S.Paulo*, São Paulo, 18 nov. 2002, p. E1.

RIBEIRO, Jô. Contagem regressiva para a entrega. *Jornal da Cidade*, Jundiaí, 10 set. 1996, p. 8.

RISÉRIO, Antonio. É preciso dar vida ao Museu Rodin. Caderno Opinião. *A Tarde*, Salvador, 10 dez. 2007, p. 3.

RODRIGUES, Alexandre. A arte de encaixar um museu num postal. Caderno Cidade / Metrópole. *O Estado de S. Paulo*, São Paulo, 7 ago. 2009, p. C16.

ROSÃO, Vânia. Que maravilha!!! Tarcísio Meira e Glória Menezes se encantam com o Polytheama. *Jornal da Cidade*, Jundiaí, 24 out. 1996, p. 8.

ROSSI, Clóvis. Berlim, luzes e cores. Caderno Opinião. *Folha de S.Paulo*, São Paulo, 26 mar. 1997, p. 1.

Rotas e passeios no Vale do Ribeira. Seção Turismo. *Jornal Regional*, Registro, 22 fev. 2008, p. 16.

SABBAG, Ricardo. Curitiba ganha o maior museu da América Latina. *Gazeta do Povo*, Curitiba, 23 nov. 2002, p. 3.

SABBAG, Ricardo. FH participa da abertura do NovoMuseu. *Gazeta do Povo*, Curitiba, 22 nov. 2002, p. 1; 6.

SABBAG, Ricardo. Olhar de desconfiança. Caderno G. *Gazeta do Povo*, Curitiba, 22 nov. 2002, p. 1; 4-5.

SAIKI, Lyrian. FHC e Lerner inauguram museu de US$ 14 milhões. *O Estado do Paraná*, Curitiba, 23 nov. 2002, p. 1.

SAIKI, Lyrian. Novo museu de olho na revolução cultura. Caderno Cidades. *O Estado do Paraná*, Curitiba, 23 nov. 2002, p. 12.

SALLUM, Érika. Polytheama renasce em dezembro. Caderno Ilustrada. *Folha de S.Paulo*, São Paulo, 16 nov. 1996, p. 4-12.

SEGAWA, Hugo. Entre o tijolo e o concreto. Caderno Mais! *Folha de S.Paulo*, São Paulo, 10 set. 2006, p. 8.

SHIGUTI, Aldo. "O KKKK é um documento de arqueologia industrial", diz arquiteto. *Jornal do Nikkey*, Registro, 19 jan. 2002.

SHIGUTI, Aldo. |このは知事ら迎え落成式旧海興精米工場を改築. *Jornal do Nikkey*, Registro, 2 fev. 2002, p. 5.

SHIGUTI, Aldo. KKKK "volta à vida" para resgatar a autoestima da comunidade. *Jornal do Nikkey*, Registro, 29 jan. 2002.

SHIGUTI, Aldo. Memorial da imigração deve receber 10 mil visitantes. *Jornal do Nikkey*, Registro, 2 fev. 2002, p. 6.

SHIGUTI, Aldo. Memorial da Imigração Japonesa será inaugurado no dia 26. *Jornal do Nikkey*, Registro, 17 jan. 2002.

SHIGUTI, Aldo. Show de Lica Cecato marca inauguração do Memorial. *Jornal do Nikkey,* Registro, 25 jan. 2002.

SHIGUTI, Aldo. 日本移民記念作が完成. *Jornal do Nikkey*, Registro, 17 mar. 2002, p. 7.

SHIGUTI, Aldo. 日本移民記念館盛大に開所式. *Jornal do Nikkey*, Registro, 17 mar. 2002, p. 7.

Shopping do Silvio Santos pronto para sair do papel. *Gazzetta d'Italia*, ano 14, n. 168, São Paulo, jan. 2005, p. 1.

Siron Franco é o dono da bola de 98. Caderno Ilustrada. *Folha de S.Paulo*, São Paulo, 13 out. 1998, p. 4.

SOLZA, Vanilda. Arquitetos mineiros vão restaurar Berlim. *Estado de Minas*, Belo Horizonte, 7 jun. 1997, p. 26.

SOUZA, Márcio. Ilópolis mostra história para o mundo. *O informativo do Vale*, Lajeado, 18 out. 2007.

Tanze samba mit mir! *Mieter Jounal*, n. 10, Berlim, 1998.

TIM, Nadia. Revitalizar é destacar o que é bom. *O popular*, Goiânia, 19 out. 1999.

UZÊDA, Eduarda. Museu das irregularidades. Caderno Polêmica. *A Tarde*, Salvador, 30 mai. 2007, p. 7.

VEIGA, Edison. Em Sertãozinho um velho engenho se tornara museu. Caderno Metrópole. *O Estado de S. Paulo*, São Paulo, 25 ago. 2013, p. A24.

Vera Cruz pode voltar aos tempos de glória. *São Bernardo Hoje*, São Bernardo do Campo, 3 abr. 1994.

Vida urbana – Proposta de novos usos para o velho patrimônio. *Diário de Pernambuco*, Recife, 4 jun. 2010, p. C4.

VIEGAS, Camila. Brasileiros vencem concurso alemão. *O Estado de S. Paulo*, São Paulo, 17 abr. 1997, p. D2.

VIERTEL, Gelbes. Mieterbeirat macht Weihnachtspause. *Mieter Journal*, n. 24, Berlim, 1997.

WERNECK, Felipe. Novo MIS terá projeto inspirado em Burle Marx. Caderno Metrópole. *O Estado de S. Paulo*, São Paulo, 11 ago. 2009, p. C10.

WESCHENFELDER, Josiane. Ilópolis prepara o Museu do Pão. *Zero Hora*, Porto Alegre, 5 out. 2007, p. 58.

WESCHENFELDER, Josiane. Museu do Pão sai do forno em Ilópolis. *Zero Hora*, Porto Alegre, 22 fev. 2008, p. 47.

WISNIK, Guilherme. Davi x Golias no Bexiga. Caderno Ilustrada. *Folha de S.Paulo*, São Paulo, 19 mar. 2007, p. E2.

ZIBORDI, Marcos Antônio. A cultura como espetáculo. Caderno G. *Gazeta do Povo*, Curitiba, 27 jan. 2002, p. 1.

Websites

BARATTO, Romullo. AD Brasil Entrevista: Brasil Arquitetura. *ArchDaily Brasil*, São Paulo, 3 ago. 2015 <https://bit.ly/36HeIDF>.

BATISTA JR., João. Praça das Artes será construída no segundo semestre. *Folha Online*, São Paulo, 11 mai. 2007 <https://bit.ly/2PZZvrv>.

Brasil Arquitetura: Fazenda Rio Verde, Conceição do Rio Verde, MG. *Arcoweb*, São Paulo, 13 jan. 2020 <https://bit.ly/2vhipli>.

Brasil Arquitetura: Instituto Socioambiental (ISA), São Gabriel da Cachoeira, AM. *Arcoweb*, São Paulo <https://bit.ly/2oWKECS>.

CABRAL, Marina. Arte preserva memória. Teatro Engenho Central. *Galeria da Arquitetura*, São Paulo <https://bit.ly/33ye09Y>.

Cais do Sertão Museum / Brasil Arquitetura. Tradução Diego Hernández. *ArchDaily*, Santiago do Chile, 13 jan. 2019 <https://bit.ly/33xp5YF>.

Casa Dom Viçoso / Brasil Arquitetura. *ArchDaily Brasil*, São Paulo, ago. 2015 <https://bit.ly/2NT9lc5>.

Casa na Lapa / Brasil Arquitetura. *ArchDaily Brasil*, São Paulo, ago. 2015 <https://bit.ly/2WQZ9og>.

Casa Pepiguari / Brasil Arquitetura – Pepiguari House / Brasil Arquitetura. Tradução Victor Delaqua. *ArchDaily Brasil*, São Paulo, 19 jun. 2014 <https://bit.ly/34DR0pZ>.

DELAQUA, Victor. Teatro Erotídes de Campos – Engenho Central / Brasil Arquitetura. *ArchDaily Brasil*, São Paulo, 31 out. 2012 <https://bit.ly/2WY9XBl>.

Encontro trata de projeto brasileiro para bairro da cidade; artistas criticam tratamento recebido pelos alemães. Debate discute reurbanização de Berlim. *Folha Online*, São Paulo, 06 mai. 1999 <https://bit.ly/2RLB68a>.

FARIAS, Nuri. Flora nativa. Instituto Socioambiental – ISA. *Galeria da Arquitetura*, São Paulo <https://bit.ly/2Q34SGi>.

GONÇALVES, Marcos Augusto. Praça das Artes. *Folha Online*, São Paulo, 19 nov. 2012 <https://bit.ly/2ClGCY1>.

HELM, Joanna. Outras ações na cidade: Praça das Artes. *ArchDaily Brasil*, São Paulo, 1 nov. 2013 <https://bit.ly/2rmBwly>.

Ilopolis Bread Museum / Brasil Arquitetura. Ilopolis Bread Museum / Brasil Arquitetura. *Archdaily*, Santiago do Chile, 09 jul. 2008 <https://bit.ly/33vH01Y>.

Inspire. Conheça os 8 projetos mais premiados da arquitetura brasileira. *Galeria da Arquitetura*, São Paulo <https://bit.ly/2PZXdsn>.

Instituto Socioambiental – ISA / Brasil Arquitetura. *ArchDaily Brasil*, São Paulo, 24 out. 2016 <https://bit.ly/2WRqQxv>.

JORDANA, Sebastian. AD Round Up: cultural projects in Brazil. *ArchDaily*, Santiago do Chile, 7 set. 2010 <https://bit.ly/32tdfgT>.

LALUETA, Inés. Praça das Artes by Brasil Arquitetura. *Metalocus*, Madri, 28 fev. 2014 <https://bit.ly/34Ko2Vv>.

LICHOTE, Leonardo. Um Nordeste high-tech no cais do Recife. *O Globo*, Rio de Janeiro, 17 out. 2013 <http://moglobo.globo.com/integra.asp?txtUrl=/cultura/um-nordeste-hight-tech-no-cais-do-recife-10398049>.

MAHFUZ, Edson. Museu do Pão, Ilópolis, RS. *Blog Falando de Arquitetura*, Porto Alegre, 12 abr. 2008 <https://bit.ly/2Q2rc2J>.

MELENDEZ, Adilson. Brésil / A São Paulo, l'art du béton selon Brasil Arquitetura. *Le Courrier De L'architecte*, Paris, 5 jun. 2013 <www.lecourrierdelarchitecte.com/article_4613>.

MELLO, Tais. Volumes, rampas e vazios fundem-se às ruas. *Galeria da Arquitetura*, São Paulo <https://bit.ly/2p2VF5H>.

Museu do Pão / Brasil Arquitetura – Ilopolis Bread Museum / Brasil Arquitetura. Tradução Soledad Sambiasi. *ArchDaily Brasil*, São Paulo, 29 nov. 2011 <https://bit.ly/2pQ5e8w>.

Museu Rodin Bahia / Brasil Arquitetura. *ArchDaily Brasil*, São Paulo, 7 fev. 2019 <https://bit.ly/32rP9Dg>.

PEREIRA, Matheus. Bahia Rodin Museum / Brasil Arquitetura. *ArchDaily*, Santiago do Chile, 8 fev. 2019 <https://bit.ly/2RzVNUz>.

PEREIRA, Matheus. Casa da Lagoa / Brasil Arquitetura. *ArchDaily Brasil*, São Paulo, 26 jun. 2019 <https://bit.ly/33C6zyB>.

PEREIRA, Matheus. Girassol Pavilion / Brasil Arquitetura. *ArchDaily*, Santiago do Chile, 23 mar. 2019 <https://bit.ly/3676CCM>.

PEREIRA, Matheus. New Headquarters of the Shalom Community / Brasil Arquitetura. *ArchDaily*, Santiago do Chile, 22 abr. 2019 <https://bit.ly/2Rwc394>.

PEREIRA, Matheus. Nova sede da comunidade Shalom / Brasil Arquitetura. *ArchDaily Brasil*, São Paulo, 25 mar. 2019 <https://bit.ly/2NpB30Q>.

PEREIRA, Matheus. Pavilhão Girassol / Brasil Arquitetura. *ArchDaily Brasil*, São Paulo, 27 mar. 2019 <https://bit.ly/2JUvZ2v>.

PERROTTA-BOSCH, Francesco. Elementos vazados são pele e face do museu Cais do Sertão, no Recife. *Folha Online*, São Paulo, 29 abr. 2019 <https://bit.ly/2RkK8tN>.

Praça das Artes / Brasil Arquitetura. *ArchDaily Brasil*, São Paulo, 18 fev. 2013 <https://bit.ly/2rnJTnn>.

Praça das Artes / Brasil Arquitetura. Tradução de Nico Saieh. *ArchDaily*, Santiago do Chile, 9 abr. 2013 <https://bit.ly/2pKIDKI>.

PROVOSTE, Nicolas. Brasil Arquitectura: una obra inspirada en su propio país. *Inhaus – arquitectura, vanguardia, experiências*, Cuenca, 3 jun. 2019 <https://bit.ly/2tIUpa8>.

SILVA, Matheus P. O. Teatro Polytheama – patrimônio material de Jundiaí. *InRoutes Travel Blog* <https://bit.ly/34KgySs>.

SINGHAL, Sumit. Dom Viçoso House in Brazil by Brasil Arquitetura. *AECCafe Blogs*, San Jose (EUA), 23 set. 2015 <https://bit.ly/3cWVGfB>.

SINGHAL, Sumit. Cais do Sertão Museum in Recife, Brazil by Brasil Arquitetura. *AECCafe Blogs*, San Jose (EUA), 14 out. 2019 <https://bit.ly/39Qxmdn>.

SINGHAL, Sumit. House in Lapa, São Paulo – Brazil by Brasil Arquitetura. *AECCafe Blogs*, San Jose (EUA), 6 set. 2015 <https://bit.ly/39MRQUw>.

SINGHAL, Sumit. Praça das Artes Performing Arts Centre in São Paulo, Brazil by Brasil Arquitetura. *AECCafe Blogs*, San Jose (EUA), 14 jul. 2015 <https://bit.ly/2Wi5PNU>.

SOUZA, Eduardo. Lajes impermeabilizadas com água? Entenda a solução desenvolvida por Brasil Arquitetura. *ArchDaily*, Santiago do Chile, 22 mai. 2019 <https://bit.ly/2RyNY1w>.

SOUZA, Eduardo. The possibilities of pigmented concrete: 18 buildings infused with color. *ArchDaily*, Santiago do Chile, 18 fev. 2019 <https://bit.ly/2JYz0Pl>.

SOUZA, Eduardo. Roof waterproofing with water: a solution by 'Brasil Arquitetura'. *ArchDaily*, Santiago do Chile, 28 mai. 2019 <https://bit.ly/30Buihy>.

Teatro Polytheama. *Galeria da Arquitetura*, São Paulo <https://bit.ly/2p1lyTz>.

Teatro Polytheama é patrimônio histórico. *O Estado de S. Paulo*, São Paulo, 22 ago. 2012 <https://bit.ly/2K3KCAr>.

Tomie Ohtake faz obra para Registro. *Folha Online*, São Paulo, 1 nov. 2000 <https://bit.ly/2X19ZrX>.

VADA, Pedro. Brasil Arquitetura Reveals How Building Recovery is About meeting the Real Demands os Society. Tradução Guilherme Carvalho. *ArchDaily*, Santiago do Chile, 5 abr. 2018 <https://bit.ly/2K4xRph>.

VADA, Pedro. Museu Cais do Sertão / Brasil Arquitetura. *ArchDaily Brasil*, São Paulo, 17 dez. 2018 <https://bit.ly/36GDJig>.

Anais de eventos e catálogos

ASSOCIAÇÃO DAS COMUNIDADES INDÍGENAS DA RESERVA KADIWÉU – ACIRK. *Von der Körperbemalung im Mato Grosso zur Fassadenfliese in Berlin*. Catálogo da exposição. Berlim, Staatliche Museen, 2002.

BASTOS, Maria Alice Junqueira.1960-2010: meio século de distância. In *Anais do X Seminário Docomomo Brasil "Arquitetura moderna e internacional: conexões brutalistas – 1955-75"*. Curitiba, PUC-PR, 2013 <https://bit.ly/2CrDp9n>.

Brasil Arquitetura – Plaza de las Artes. In *Catálogo da Bienal de Arquitetura de Santa Cruz – BASC*. Santa Cruz de la Sierra, Colégio de Arquitetos de Santa Cruz, mar. 2018, p. 169-171.

Brasil Arquitetura / Francisco de Paiva Fanucci, Marcelo Carvalho Ferraz e Marcelo Suzuki – Fábrica Grisbi Nordeste S/A. In *Catálogo da II Bienal Internacional de Arquitetura de São Paulo*. São Paulo, Fundação Bienal de São Paulo / Instituto de Arquitetos do Brasil, São Paulo, 1993, p. 78.

Brasil Arquitetura / Francisco de Paiva Fanucci, Marcelo Carvalho Ferraz e Marcelo Suzuki – Bairro Amarelo, Casa Ubiracica e Casa Tamboré. In *Catálogo da III Bienal Internacional de Arquitetura de São Paulo*. São Paulo, Fundação Bienal de São Paulo / Instituto de Arquitetos do Brasil, São Paulo, 1997, p. 301.

Cais do Sertão. In *Catálogo do Prêmio de Arquitetura AkzoNobel 2018*. São Paulo, Instituto Tomie Ohtake, 2018, p. 76-81.

CAMARGOS, Marcia; FIALDINI Dan (Cur.). *O conservatório na Praça das Artes*. Catálogo de exposição (inauguração em 5 dez. 2012). São Paulo, Praça das Artes, 2012.

Casa Pepiguari, Casa da Lapa, Comunidade do Bamburral, Praça das Artes e Cais do Sertão. In *Catálogo W Award*. São Paulo, Instituto São Paulo de Arte e Cultura / Ministério da Cultura / FAAP / Instituto Ethos, 2014, p. 79; 101; 106; 132-133; 138.

CAVALCANTI, Lauro. Museu do Pão e Escola de Padeiros. In CAVALCANTI, Lauro (Org.). *Razão e ambiente*. Catálogo de exposição. São Paulo, MAM/SP, 2011, p. 102-104.

CHIARELLI, Silvia Raquel; ZEIN, Ruth Verde; VILLAC, Maria Isabel. Um pavilhão na Vila. In *Anais do XIV Seminário de Arquitetura Latino-Americana*, Campinas, Unicamp, 2011.

FERRAZ, Marcelo Carvalho. DO! Material. In LASSILA, Anssi (Org.). *DO! Catálogo do 13th International Alvar Aalto Symposium 2015*. Jyväskylä (Finlândia), 2015, p. 166-173.

FERRAZ, Marcelo Carvalho. Um presente para São Paulo. In *Espaço Cultural BM&F*. Catálogo de exposição do acervo de arte da BM&F. São Paulo, jan. 2002, p. 6-7.

Francisco Fanucci – Centro Cultural e Comercial do Bixiga. In *Catálogo da VI Bienal Internacional de Arquitetura de São Paulo*. São Paulo, Fundação Bienal de São Paulo / Instituto de Arquitetos do Brasil, São Paulo, 2005, p. 306.

Francisco Fanucci – Marcelo Ferraz, Brasil. In *Anais do Mundaneum – V Reunión Internacional de Arquitectura*. San José, jun. 2007, p. 30-31.

Francisco Fanucci e Marcelo Ferraz – Centro Cultural e Comercial do Bixiga. In *Catálogo da IV Bienal Internacional de Arquitetura e Design de São Paulo*. São Paulo, Fundação Bienal de São Paulo / Instituto de Arquitetos do Brasil, 2005, p. 306.

GOVERNO DO ESTADO DE PERNAMBUCO. *Cais do Sertão*. Catálogo de exposição. Recife, Companhia Editora de Pernambuco, 2013.

GROSSMAN, Luis. Menciones – El Molino de Ilópolis – Molinio Colognese, Museo del Pan y Escuela de Confiteros. In *Premio Cubbio 2009 – Sección América Latina y Caribe*. Catálogo de exposição. Buenos Aires, 2010, p. 70-71.

GUERRA, Abilio. Museu de Igatu – Brasil Arquitetura. In GUERRA, Abilio (Org.). *Arquitetura brasileira: viver na floresta*. Catálogo de exposição (Instituto Tomie Ohtake, São Paulo, 15 jun. – 1 ago. 2010; Palácio das Artes, Belo Horizonte, 8 abr. – 8 mai. 2011). São Paulo, Instituto Tomie Ohtake, 2011, p. 128-131.

GUERRA, Abilio. Visión panorámica de la arquitectura brasileira contemporánea. In OLEAS SERRANO, Diego; GUERRA, Abilio (Org.). *Brasil – Documentos del Colegio de Arquitectura de la UFSQ*. Anais do X Foro Internacional de Arquitectura – Brasil, 27-28 mar. 2009. Quito, El Colegio de Arquitectura de la Universidad San Francisco de Quito, 2010, p. 22.

KATINSKY, Julio. Casa Jardim Santo André, Brasil Arquitetura, Santo André SP 2006. In KATINSKY, Julio (Org.). *Arquitetura brasileira: o coração da cidade – a invenção dos espaços de convivência*. Catálogo de exposição (Instituto Tomie Ohtake, São Paulo, 20 abr. – 3 jul. 2011; Palácio das Artes, Belo Horizonte, 1 fev. – 18 mar. 2012). São Paulo, Instituto Tomie Ohtake, 2012, p. 128-131.

Libros selecionados / Francisco Fanucci, Marcelo Ferraz – Brasil Arquitectura. In *Catálogo da V Bienal Iberoamericana de Arquitetura y Urbanismo, Montevidéu*. Madri, Ministerio de Vivienda de España, 2014, p. 234.

Lo que no se vio. In *Catálogo da Bienal de Arquitetura de Santa Cruz – BASC*. Santa Cruz de la Sierra, Colégio de Arquitetos de Santa Cruz, mar. 2018, p. 224-225.

Marcelo Carvalho Ferraz & Francisco de Paiva Fanucci – Museu Rodin Bahia. In *Catálogo da VII Bienal Internacional de Arquitetura de São Paulo*. São Paulo, Fundação Bienal de São Paulo/Instituto de Arquitetos do Brasil, 2007, p. 235.

MARQUES, Claudio; MENDES, Graça. A palavra dos premiados. In MENDES, Graça; SCATRUT, Léa; GONÇALVES, Tadeu. *Prêmio Rodrigo Melo Franco de Andrade*. Catálogo. Brasília, Iphan, 2008, p. 13-15.

Menções honrosas. In SERAPIÃO, Fernando. Prêmio IAB/SP. *Premiação exigente se divide entre o público e o privado*. Catálogo de premiação 2006. São Paulo, Instituto de Arquitetos do Brasil, jan. 2007, p. 15.

MOIMAS, Valentina. Brasil Arquitetura – Museu Rodin. In CINQUALBRE, Olivier (Org.). *Collection Architecture – La collection du Centre Pompidou: Musée National d'Art Modern – Centre de Création Industrielle*. Paris, Centre Georges Pompidou, 2016, p. 95.

Museu do Pão – Moinho Colognese. In *Catálogo da VII Bienal Iberoamericana de Arquitectura y Urbanismo, Medellín*. Madri, Ministerio de Vivienda de España, 2010, p. 70-77.

Museu Rodin Bahia. In *Catálogo da VI Bienal Iberoamericana de Arquitectura y Urbanismo, Lisboa*. Madri, Ministerio de Vivienda de España, 2008, p. 18-25.

Passagem da cidadania. In DIRETORIA DE COMUNICAÇÃO DA ESCOLA DA CIDADE. *Escola da Cidade*. Catálogo do curso. São Paulo, Associação Escola da Cidade Arquitetura e Urbanismo, 2008, p. 17.

PELLEGRINI, Ana Carolina; COMAS, Carlos Eduardo. O futuro do pretérito e a invenção do patrimônio: o Museu do Pão em Ilópolis. In *Anais do XII Seminário de História da Cidade e do Urbanismo*. Porto Alegre, UFRGS, 2012.

PELLEGRINI, Ana Carolina. O patrimônio projetado. In *Anais do Encontro da Associação Nacional de Pesquisa e Pós-Graduação em Arquitetura e Urbanismo – IV Enanparq*. Porto Alegre, UFRGS, 2016 <https://bit.ly/34O53JA>.

PELLEGRINI, Ana Carolina Santos. Pretérito mais que perfeito? In *Anais do Arquimemória 4 – Encontro Internacional Sobre Preservação do Patrimônio Edificado*. Salvador, UFBA, 2013.

PERRONE, Carlos. *Vertentes – interiores brasileiros contemporâneos*. Catálogo de exposição. São Paulo, Ministério das Relações Exteriores/Faap, 2008, p. 100-101.

PINO, Andrés; COLOMA, Leonardo. Praça das Artes. In *Catálogo da Bienal Panamericana de Arquitectura de Quito – BAQ*. Quito, Colegio de Arquitectos del Ecuador/Pichincha, 2018, p. 94-105.

PINO, Andrés; COLOMA, Leonardo. Teatro Engenho Central. In *Catálogo da Bienal Panamericana de Arquitectura de Quito – BAQ*. Quito, Colegio de Arquitectos del Ecuador/ Pichincha, 2018, p. 116-121.

Praça das Artes. In *Catálogo da IX Bienal Iberoamericana de Arquitectura y Urbanismo, Rosario*. Madri, Ministerio de Fomento de España, 2014, p. 124-133.

Praça das Artes, São Paulo, Brazil, Phase 1, 2013; Phase 2, ongoing. In RYAN, Raymund (Org.). *Building optimism: public space in South America*. Catálogo de exposição (The Heinz Architectural

Center, Pitsburgo, 10 set. 2016 – 13 fev. 2017). Pitsburgo, Carnegie Museum of Art/Carnegie Institute, 2016, p. 6-27.

Premio Bienal – Teatro Polytheama. *XI Bienal de Arquitetura de Quito*. Quito, 1999, p. 72-75.

Produtos e consumidores – Moinho Colognese. In DORNELLAS, JOÃO (Org.). *Nestlé – Responsabilidade Social Corporativa da Nestlé Brasil*. Catálogo empresarial. São Paulo, 2008, p. 46-47.

Proyecto Seleccionado – Plaza de las Artes. In *Catálogo do Premio Oscar Niemayer para la Arquitectura Latino Americana – Premio 'ON'*. Cidade do México, Red de Bienales de Arquitectura de América Latina – Redbaal/Taller General, 2016, p. 62.

Sala Especial Francisco de Paiva Fanucci e Marcelo Carvalho Ferraz – Centro de Capacitação de Professores – KKKK, Terminal Rodoferroviário de Santo André e Museu Rodin Bahia. In *Catálogo da V Bienal Internacional de Arquitetura e Design de São Paulo*. São Paulo, Fundação Bienal de São Paulo/Instituto de Arquitetos do Brasil, São Paulo, 2003, p. 190.

SECRETARIA DE ESTADO DA EDUCAÇÃO DE SÃO PAULO. *KKKK – Kaigai Kogyo Kabushiki Kaisha*. Folheto institucional. São Paulo, Governo do Estado de São Paulo, 2002.

Teatro Polytheama, Jundiaí, Brasil. In *Catálogo da I Bienal Iberoamericana de Arquitectura y Ingeniería Civil*. Madri, Electa, 1998, p. 195.

Teatro Polytheama. In *Catálogo da XI Bienal de Arquitectura de Quito*. Quito, Colégio de Arquitectos del Ecuador/Pichincha, fev. 1999, p. 72-75.

Terreiro Òsùmàrè. Interpreting history through the layering of walls. Architects Brasil Arquitetura, Location Salvador – BA. In KOZLOWSKI, Gabriel; FIERRO, Laura González; ROSA, Marcelo Maia; CAMACHO, Sol. *Muros de ar / Walls of air*. Catálogo do Pavilhão do Brasil na 16ª Mostra Internacional de Arquitetura de La Biennale di Venezia 2018 (Veneza, 26 mai. – 25 nov. 2018). São Paulo, Bienal de São Paulo, 2018, p. 414-415.

Premiações

1979

Paço Municipal, Cambuí MG – vencedor, concurso público.

1985

Câmara Municipal e Centro Cultural, Varginha MG – vencedor, concurso público.

1993

Vila Operária Grisbi, Pirapora MG – destaque, categoria Obras, II Bienal Internacional de Arquitetura de São Paulo, Fundação Bienal de São Paulo/Instituto de Arquitetos do Brasil, São Paulo SP.

1994

Faculdade de Odontologia da Universidade Braz Cubas, Mogi das Cruzes SP – vencedor, concurso público.

1996

Teatro Polytheama, Jundiaí SP – Prêmio Rino Levi, Prêmio IAB-SP, Instituto de Arquitetos do Brasil, São Paulo SP.

1997

Requalificação do Bairro Amarelo, Berlim, Alemanha – vencedor, concurso internacional fechado.

1998

Teatro Polytheama, Jundiaí SP – finalista, melhor projeto, I Bienal Iberoamericana de Arquitectura e Ingeniería Civil (atual Bienal Iberoamericana de Arquitectura y Urbanismo), Madri, Espanha.

Teatro Polytheama, Jundiaí SP – vencedor, categoria Reabilitação Arquitetônica, XI Bienal Panamericana de Arquitetura, Quito, Equador.

Terminal Rodoferroviário, Santo André SP – vencedor, categoria Edificações, Prêmio IAB-SP, Instituto de Arquitetos do Brasil, São Paulo SP.

2000

Exposição Brasil 500 Anos Artes Visuais, São Paulo, Rio de Janeiro e Brasília – menção honrosa, categoria Arquitetura de Interiores, Prêmio IAB-SP, Instituto de Arquitetos do Brasil, São Paulo SP.

Monumento aos Imigrantes e Migrantes do Estado de São Paulo, São Paulo SP – menção honrosa, concurso público.

Requalificação do Bairro Amarelo, Berlim, Alemanha – vencedor, Projeto Global, Expo 2000, Hannover, Alemanha.

2002

Conjunto KKKK, Registro SP – vencedor, categoria Revitalização de Edifícios, Prêmio IAB-SP, Instituto de Arquitetos do Brasil, São Paulo SP.

Conjunto KKKK, Registro SP – finalista, Melhor Projeto, III Bienal Iberoamericana de Arquitectura e Ingeniería Civil (atual Bienal Iberoamericana de Arquitectura y Urbanismo), Santiago de Chile, Chile.

2005

Museu Judaico, São Paulo SP – menção honrosa, concurso fechado.

Villa Isabella, Finlândia – vencedor, concurso fechado.

2006

Centro Educacional Jardim Santo André, Santo André SP – vencedor, categoria Obra Executada / Edifício Comercial / Institucional, V Bienal de Arquitetura de Brasília, Brasília DF.

Livro Francisco Fanucci e Marcelo Ferraz: Brasil Arquitetura – menção honrosa, categoria Trabalhos Escritos / Publicações, Prêmio IAB-SP, Instituto de Arquitetos do Brasil, São Paulo SP.

Museu Rodin Bahia, Salvador BA – segundo lugar, categoria Obras com mais de 1.000m², Prêmio Iberoamericano a la Mejor Intervención en Obras que involucren el Patrimonio Edificado, Centro Internacional para la Conservación del Patrimonio / Sociedad Central de Arquitectos, Buenos Aires, Argentina.

Museu Rodin Bahia, Salvador BA – vencedor, categoria Intervención en el Patrimonio Edificado, XV Bienal Panamericana de Arquitetura, Quito, Equador.

Museu Rodin Bahia, Salvador BA – vencedor, categoria Obra Executada / Patrimônio, V Bienal de Arquitetura de Brasília, Brasília DF.

Paço Municipal, Hortolândia SP – destaque, concurso público.

2007

Living Steel For Sustainable Housing, Recife PE – finalista, concurso internacional.

Museu Rodin Bahia, Salvador BA – vencedor, categoria Projeto Executado, VII Bienal de Internacional de Arquitetura de São Paulo, Fundação Bienal de São Paulo / Instituto de Arquitetos do Brasil, São Paulo SP.

Nova Sede da Comunidade Shalom, São Paulo SP – vencedor, concurso fechado.

2008

Ateliê Shirley Paes Leme, São Paulo SP – vencedor, categoria Escritórios até 500m², Prêmio O Melhor da Arquitetura, revista *Arquitetura & Construção*, São Paulo SP.

Museu do Pão, Ilópolis RS – finalista, Prêmio World Architecture Festival, Barcelona, Espanha.

Museu do Pão, Ilópolis RS – vencedor, categoria Edifícios de Uso Misto, Prêmio O Melhor da Arquitetura, revista *Arquitetura & Construção*, São Paulo SP.

Museu do Pão, Ilópolis RS – vencedor, categoria Preservação de Bens Móveis e Imóveis, Prêmio Rodrigo Melo Franco de Andrade, Instituto do Patrimônio Histórico e Artístico Nacional, Brasília DF.

Museu do Pão, Ilópolis RS – vencedor, Prêmio Rino Levi, Prêmio IAB-SP, Instituto de Arquitetos do Brasil, São Paulo SP.

Museu Rodin Bahia, Salvador BA – finalista, Melhor Projeto, VI Bienal Iberoamericana de Arquitectura y Urbanismo – BIAU, Lisboa, Portugal.

Vila Nova Esperança, Salvador BA – vencedor, categoria Habitação de Interesse Social / Produção Pública, Prêmio IAB-SP, Instituto de Arquitetos do Brasil, São Paulo SP.

2009

Museu do Pão, Ilópolis RS – menção honrosa, Prêmio Gubbio, seção América Latina e Caribe.

2010

Museu do Pão, Ilópolis RS – finalista, Melhor Projeto, VII Bienal Iberoamericana de Arquitectura y Urbanismo, Medelim, Colômbia.

2012

Casa Dom Viçoso, Dom Viçoso MG – vencedor, categoria Casa de Campo até 300m², Prêmio O Melhor da Arquitetura, revista *Arquitetura & Construção*, São Paulo SP.

Museu de Igatu, Andaraí BA – vencedor, categoria Edifícios Institucionais – modalidade Projetos não Edificados, Prêmio AsBEA 2012, Associação Brasileira dos Escritórios de Arquitetura, São Paulo SP.

Praça das Artes, São Paulo SP – vencedor categoria Obra de Arquitetura, Prêmio APCA, Associação Paulista de Críticos de Artes, São Paulo SP.

Teatro do Engenho Central, Piracicaba SP – vencedor categoria Arquitetura de Edificações, Prêmio IAB-RJ, Instituto de Arquitetos do Brasil, Rio de Janeiro RJ.

Teatro do Engenho Central, Piracicaba SP – vencedor, categoria Patrimônio Histórico – Requalificação e Restauro, Prêmio Antonio Luiz Dias de Andrade – Janjão, Prêmio IAB-SP, Instituto de Arquitetos do Brasil, São Paulo SP.

Teatro do Engenho Central, Piracicaba SP – vencedor, Prêmio Especial IAB-RJ, Instituto de Arquitetos do Brasil, Rio de Janeiro RJ.

2013

Comitê Olímpico Internacional – COI, Lausanne, Suíça – finalista, concurso internacional.

Escritório Brasil Arquitetura – vencedor, Mérito Cultural Serafino Corso, Prefeitura de Piracicaba e Secretaria da Ação Cultural.

Praça das Artes, São Paulo SP – vencedor, categoria Building of the Year, Prêmio Icon Awards, revista *Icon Magazine*.

Praça das Artes, São Paulo SP – vencedor, categoria Edifícios Culturais, Prêmio O Melhor da Arquitetura, revista *Arquitetura & Construção*, São Paulo SP.

2014

Praça das Artes, São Paulo SP – finalista, Melhor Projeto, IX Bienal Iberoamericana de Arquitectura y Urbanismo – BIAU, Rosário, Argentina.

Praça das Artes, São Paulo SP – finalista, Prêmio Mies Crown Hall – MCHAP, Chicago, EUA.

Praça das Artes, São Paulo SP – finalista, Prêmio Designs Of The Year 2014, Museu de Design, Londres, Inglaterra.

2016

Instituto Socioambiental – ISA, São Gabriel da Cachoeira AM – menção honrosa, Prêmio Latinoamericano de Arquitectura Rogelio Salmona, Fundação Rogelio Salmona, Bogotá, Colômbia.

2018

Cais do Sertão, Recife PE – vencedor, categoria Valorização do Patrimônio pelo Turismo, Prêmio Nacional do Turismo, Ministério do Turismo, Brasília DF.

Cais do Sertão, Recife PE – vencedor, categoria Restauro e Requalificação – Executado, Premiação IAB-SP 2018 – Especial 75 anos, Instituto de Arquitetos do Brasil, São Paulo SP.

Cais do Sertão, Recife PE – selecionado, Prêmio Oscar Niemeyer, Red de Bienales de Arquitectura de América Latina – REDBAAL.

Cais do Sertão, Recife PE – finalista, V Prêmio de Arquitetura Instituto Tomie Ohtake Akzo Nobel, São Paulo SP.

Terreiro de Òsùmàrè, Salvador BA – selecionado, XVI Mostra Internacional de Arquitetura, Pavilhão do Brasil na Bienal de Veneza, Veneza, Itália.

Escritório Brasil Arquitetura – vencedor, categoria Contribuição à Cultura Brasileira, Prêmio APCA, Associação Paulista de Críticos de Artes, São Paulo SP.

2019

Praça das Artes, São Paulo SP – vencedor, Prêmio Gubbio, seção América Latina e Caribe.

Cais do Sertão, Recife PE – vencedor, Prêmio Obra do Ano, website Archdaily Brasil.

Cais do Sertão, Recife PE – destaque, Prêmio Gubbio, seção América Latina e Caribe.

Museu do Pampa, Jaguarão RS – vencedor, categoria Restauro e Requalificação – Executado, Prêmio IAB-SP, Instituto de Arquitetos do Brasil, São Paulo SP.

Bamburral, São Paulo SP – vencedor, categoria Habitação de Interesse Social – Não executado, Prêmio IAB-SP, Instituto de Arquitetos do Brasil, São Paulo SP.

Exposições

Architectures by São Paulo
Projetos: KKKK e Terminal rodoferroviário em Santo André
Berlageweg, Holanda, 2002.

Architectures by São Paulo
Projetos: KKKK e Rodoviária de Santo André
Technische Universität Delft
Delft, Holanda, 2002.

Arquitetura Brasileira em Berlim – a recaracterização do Bairro Amarelo
Projeto: Instituto Goethe
São Paulo, Brasil, 6 mai. – 4 jun. 1999.

I Bienal Iberoamericana de Arquitectura e Ingeniería Civil (atual Bienal Iberoamericana de Arquitectura y Urbanismo)
Projeto: Theatro Polytheama de Jundiaí
Madri, Espanha, 5-10 out. 1998.

III Bienal Iberoamericana de Arquitectura e Ingeniería Civil (atual Bienal Iberoamericana de Arquitectura y Urbanismo)
Projeto: KKKK
Santiago de Chile, Chile, 1-6 out. 2002.

V Bienal Iberoamericana de Arquitectura y Urbanismo
Livro: *Francisco Fanucci, Marcelo Ferraz. Brasil Arquitetura*
Montevidéu, Uruguai, 4-8 dez. 2006.

VI Bienal Iberoamericana de Arquitectura y Urbanismo
Projeto: Museu Rodin Bahia
Lisboa, Portugal, 28 abr. – 2 mai. 2008.

VII Bienal Iberoamericana de Arquitectura y Urbanismo
Projeto: Museu do Pão
Medelim, Colômbia, 11-17 out. 2010.

IX Bienal Iberoamericana de Arquitectura y Urbanismo
Projeto: Praça das Artes
Rosário, Argentina, 13-18 out. 2014.

2ª Bienal Internacional de Arquitetura de São Paulo
Projeto: Fábrica Grisbi Nordeste S.A.
São Paulo, Brasil, 8 ago. – 5 set. 1993.

3ª Bienal Internacional de Arquitetura de São Paulo
Projetos: Bairro Amarelo, Casa Ubiracica e Casa Tamboré
São Paulo, Brasil, 9-30 nov. 1997.

4ª Bienal Internacional de Arquitetura de São Paulo
Exposição da Premiação IAB-SP 98 (mostra itinerante Arquitetura para a Cultura) – Projetos: Teatro Polytheama e Conjunto KKKK
São Paulo, Brasil, 20 nov. 1999 – 6 fev. 2000.

5ª Bienal Internacional de Arquitetura e Design de São Paulo
Sala Especial Francisco de Paiva Fanucci e Marcelo Carvalho Ferraz – Projetos: Centro de Capacitação de Professores – KKKK, Terminal Rodoferroviário de Santo André e Museu Rodin Bahia
São Paulo, Brasil, 14 set. – 2 nov. 2003.

6ª Bienal Internacional de Arquitetura de São Paulo
Projetos: Centro Cultural e Comercial do Bixiga
São Paulo, Brasil, 22 out. – 11 dez. 2005.

7ª Bienal Internacional de Arquitetura de São Paulo
Projeto: Museu Rodin Bahia
São Paulo, Brasil, 11 nov. – 16 dez. 2007.

10ª Bienal de Arquitetura de São Paulo
Projeto: Praça das Artes
São Paulo, Brasil, 12 out. – 1 dez. 2013.

IX Bienal de Arquitectura de Quito
Projeto: Esan
Quito, Equador, 9-14 nov. 1994.

XI Bienal de Arquitectura de Quito
Projeto: Theatro Polytheama de Jundial
Quito, Equador, 16-20 nov. 1998.

XIII Bienal de Arquitectura de Quito
Projeto: KKKK
Quito, Equador, 18-22 nov. 2002.

XVI Bienal Panamericana de Arquitectura de Quito
Projeto: Museu do Pão
Quito, Equador, 17-21 nov. 2008.

XIX Bienal Panamericana de Arquitectura de Quito
Projeto: Praça das Artes
Quito, Equador, 17-21 nov. 2014.

Brazilian Architect Tribute
Brasil Arquitetura
Sydney, Austrália, 13-15 dez. 2018.

Building Optimism: Public Space in South America
Projeto: Praça das Artes
The Heinz Architectural Center
Pitsburgo, Estados Unidos, 10 set. 2016 – 13 fev. 2017.

Copyright by Kadiwéu
Ethnologisches Museum Dahlern
Berlim, Alemanha, 9 jun. – 6 out. 2002.

Expo 2000
Projeto Bairro Amarelo
Hannover, Alemanha, 1 jun. – 31 out. 2000.

Exposição Infinito Vão – 90 Anos de Arquitetura Brasileira
Casa de Arquitectura
Matosinhos, Portugal, 28 set. 2018 – 28 abr. 2019.

Exposição retrospectiva dos projetos da Brasil Arquitetura e da Marcenaria Baraúna
Universidade de Washington
Saint Louis, Estados Unidos, abr. 2006.

Exposição retrospectiva dos projetos da Brasil Arquitetura e da Marcenaria Baraúna
Escola da Cidade
São Paulo, Brasil, 2006.

Exposição retrospectiva dos projetos da Brasil Arquitetura e da Marcenaria Baraúna
Tokyo Art Museum
Tóquio, Japão, 1 nov. – 28. dez. 2008.

Exposição retrospectiva dos projetos da Brasil Arquitetura e da Marcenaria Baraúna
Museo Andersen
Roma, Itália, 26 fev. – 2 mai. 2010.

Exposição retrospectiva dos projetos da Brasil Arquitetura e da Marcenaria Baraúna
Casartac La Giardinera
Turim, Itália, 1-25 jul. 2010.

Exposição retrospectiva dos projetos da Brasil Arquitetura e da Marcenaria Baraúna
Loftmt 55
Vicenza, Itália, 24-30 out. 2010.

Exposição retrospectiva dos projetos da Brasil Arquitetura e da Marcenaria Baraúna
Space Callot – ENSA Paris-Malaquais
Paris, França, 25 nov. – 17 dez. 2010.

Exposição retrospectiva dos projetos da Brasil Arquitetura e da Marcenaria Baraúna
Bienal Panamericana de Quito
Quito, Equador, 2010.

Exposição VI Prêmio de Arquitetura Instituto Tomie Ohtake Akzo Nobel
Projeto: Praça das Artes
Instituto Tomie Ohtake
São Paulo, Brasil, 18 out. – 1 dez. 2019.

L'Amazonie en Construction: l'architecture des fleuves volants
Maison du Brésil Cité Universitaire
Paris, França, 19 jul. – 3 ago. 2019.

16ª Mostra Internacional de Arquitetura
Projeto: Terreiro de Òsùmàrè
Pavilhão do Brasil na Bienal de Veneza
Veneza, Itália, 26 mai. – 25 nov. 2018.

Museu Rodin Bahia e Projetos selecionados 1980-2008
Associação Brasileira de Escritórios de Arquitetura de Santa Catarina – AsBEA
Florianópolis, Brasil, 26 mar. – 8 abr. 2008.

Território de contato, módulo 1: Cao Guimarães e Brasil Arquitetura
Curadoria de Marta Bogéa e Abilio Guerra
Sesc Pompeia
São Paulo, Brasil, 24 mai. – 10 jun. 2012.

Casa Monte Mor em construção, com três muros de taipa de pilão com três cores de terra

Relação de obras

preto: construído
cinza: não construído

1979

Paço Municipal (com José Sales Costa Filho, Marcelo Suzuki, Tâmara Roman e Robinson de Moraes, concurso), Cambuí MG.

Vila Operária Grisbi (com Marcelo Suzuki), Pirapora MG.

Casa Cambuí (com José Sales Costa Filho e Marcelo Suzuki), Cambuí MG.

1980

Grisbi Indústrias Têxteis (com Marcelo Suzuki), Camaçari BA.

1981

Casa Itupeva (com Marcelo Suzuki), Itupeva SP.

1982

Casa Jardim São Francisco (com Marcelo Suzuki), São Paulo SP.

Concha Acústica (com Marcelo Suzuki), Colina SP.

1983

Casa na Ilha (com Marcelo Suzuki), Guapé MG.

1984

Casa Ibiúna (com Marcelo Suzuki), Ibiúna SP.

Concha Acústica (com Marcelo Suzuki), Mongaguá SP.

1985

Câmara Municipal e Centro Cultural (com Eneida Carvalho Ferraz Cruz e Marcelo Suzuki, concurso), Varginha MG.

Casa Baleia (com Marcelo Suzuki), São Sebastião SP.

Praça Benedito Calixto (com Marcelo Suzuki, concurso), São Paulo SP.

1986

Casa Paúba (com Marcelo Suzuki), São Sebastião SP.

Escola Professor Dantés (com Marcelo Suzuki), Igarapava SP.

Loja Star Point (com Marcelo Suzuki), São Paulo SP.

Conjunto de Casas no Sahy (com Marcelo Suzuki), São Sebastião SP.

1989

Casa Tamboré (com Marcelo Suzuki), Barueri SP.

Casa Cachoeira (com Marcelo Suzuki), Cachoeira BA.

Casa Aldeia da Serra (com Marcelo Suzuki), Barueri SP.

1990

Escola Superior de Administração e Negócios (com Marcelo Suzuki), São Paulo SP.

Casa Santa Bárbara (com Marcelo Suzuki), Santa Bárbara MG.

Velório Cemitério São Paulo (com José Rollemberg de Mello Filho, Marcelo Suzuki e Tereza Herling), São Paulo SP.

1992

Escola Coronel Joaquim José (com Marcelo Suzuki), São João da Boa Vista SP.

1994

Casa do Muro Azul (com Marcelo Suzuki), São Paulo SP.

Faculdade de Odontologia da Universidade Braz Cubas (com Guilherme Paoliello, concurso), Mogi das Cruzes SP.

Federação das Organizações Indígenas do Rio Negro – FOIRN (com Marcelo Suzuki), São Gabriel da Cachoeira AM.

Casa dos Pesquisadores do Instituto Socioambiental – ISA (com Ricardo Caruana e Marcelo Suzuki), São Gabriel da Cachoeira AM.

Loja do Museu de Arte de São Paulo Assis Chateaubriand – Masp, São Paulo SP.

1995

Teatro Polytheama (com André Vainer, Marcelo Suzuki e Roberval Guitarrari), Jundiaí SP.

1996

Casa Ubiracica, São Paulo SP.

Casa Alto de Pinheiros, São Paulo SP.

Conjunto KKKK, Registro SP.

Estúdios Vera Cruz, São Bernardo do Campo SP.

1997

Praça dos Expedicionários (com Lina Harumi Shimuzu e Kunihiko Takahashi), Registro SP.

Centro Cultural Vera Cruz, São Bernardo do Campo SP.

Requalificação do Bairro Amarelo (com Pedro Moreira e Nina Nedelikov, concurso), Berlim, Alemanha.

Pavilhão do Brasil na Expo Lisboa 1998 (com Judith Cortesão e José Roberto Aguilar, concurso), Lisboa, Portugal.

Parque Beira Rio (com Koiti Mori, paisagismo), Registro SP.

Hotel Fazenda Pedra Branca, Rio das Pedras SP.

Apartamento Graziela Valentinetti, São Paulo SP.

1998

Casa Vila Mariana, Cambuí MG.

Agência BankBoston (com Raul Pereira, paisagismo), avenida Paulista, São Paulo SP.

Ateliê Rico Lins, São Paulo SP.

Nova Sede da Fapesp (concurso), São Paulo SP.

Casa Sagarana, São Paulo SP.

Casa Cotia, Cotia SP.

Terminal Rodoferroviário (com Henrique Zanetta, paisagismo), Santo André SP.

1999

Casa São Francisco Xavier, São Francisco Xavier SP.

Abrigo-mirante, São Francisco Xavier SP.

Casa Morumbi, São Paulo SP.

Casa Tamboré, projeto 3, Santana do Parnaíba SP.

Cineteatro de Variedades Carlos Gomes, Santo André SP.

Fundação Darcy Ribeiro, Rio de Janeiro RJ.

Vitrine da Cidade – Infobox, Santo André SP.

2000

Instituto Socioambiental – ISA (coordenadores Anderson Freitas e Pedro Barros), 1.083m², São Gabriel da Cachoeira AM.

Casa Mantiqueira, São Francisco Xavier SP.

Revitalização da Área do Monumento às Nações Indígenas (com Siron Franco), Aparecida de Goiânia GO.

Exposição de Arte Afro-Brasileira – Brasil 500 Anos Artes Visuais, São Paulo SP.

Exposição A Estética do Cangaço – Brasil 500 Anos Artes Visuais, Rio de Janeiro RJ.

Exposição Arte Popular – Brasil 500 Anos Artes Visuais, Brasília DF.

Museu do Telefone – Telemar (concurso), Rio de Janeiro RJ.

Monumento aos Imigrantes e Migrantes do Estado de São Paulo (concurso), São Paulo SP.

2001

Exposição Trajetória Ayrton Senna, São Paulo SP.

Casa Tamanás (reforma), São Paulo SP.

Casa Atibaia, Atibaia SP.

Edifício Comercial, Brasília DF.

Edifício Anima, Brasília DF.

Parque Rio das Antas e Plano de Expansão Urbana, Cambuí MG.

Instituto Cultural e Museu da Cidade, Cambuí MG.

Largo do Mercado, Cambuí MG.

Ampliação Escola da Vila, São Paulo SP.

Sede do Grupo Corpo (concurso), Belo Horizonte MG.

2002

Museu Rodin Bahia (com Raul Pereira, paisagismo; coordenador Cícero Ferraz Cruz), 3.055m², Salvador BA.

Centro Cultural Tacaruna (concurso), Recife PE.

Escola Takano (reforma), São Paulo SP.

Casa Emanoel Araújo, São Paulo SP.

Museu Oscar Niemeyer, edifício existente (reforma em colaboração com Oscar Niemeyer), Curitiba PR.

Exposição Uma História do Sentar, Curitiba PR.

Museu de Porto Seguro, Porto Seguro BA.

Engenho Central, Piracicaba SP.

2003

Federação das Organizações Indígenas do Rio Negro – FOIRN (coordenador Cícero Ferraz Cruz), projeto 2, 785m², São Gabriel da Cachoeira AM.

Centro de Leitura Casa das Rosas, São Paulo SP.

Sala na V Bienal Internacional de Arquitetura, São Paulo SP.

Centro Educacional Jardim Santo André (com Vera Lucia A. Paiva Ribeiro, paisagismo), Santo André SP.

2004

Pavilhão Girassol, 441m², São Paulo SP.

Museu Afro Brasil, São Paulo SP.

Centro Cultural e Comercial Bixiga (com Marcelo Suzuki), São Paulo SP.

2005

Museu do Pão Moinho Colognese (com Anselmo Turazzi), 660m², Ilópolis RS.

Villa Isabella (coordenador Cícero Ferraz Cruz, concurso), 330m², Finlândia.

Mercado Municipal, Cambuí MG.

Museu Judaico (concurso), São Paulo SP.

Casa Bacopari, São Paulo SP.

Pinacoteca Benedito Calixto (com Anselmo Turazzi e Vinícius Spira), Santos SP.

Forte de Itapema, Guarujá SP.

Instituto Goethe, São Paulo SP.

Viaduto Bixiga, São Paulo SP.

Casa São Gall, São Paulo SP.

Ateliê Emanoel Araújo, São Paulo SP.

2006

Praça das Artes (com Marcos Cartum, arquitetura; Fábio Oyamada, estrutura; coordenadora Luciana Dornellas), 28.500m², São Paulo SP.

Biblioteca Nacional de Praga (concurso), 57.000m², Praga, República Tcheca.

Exposição Trabalho e Trabalhadores no Brasil, mostra itinerante, São Paulo SP, São Bernardo do Campo SP, Belo Horizonte MG, Rio de Janeiro RJ, Recife PE, Brasília DF, Fortaleza CE, Salvador BA, Belém PA, Porto Alegre RS.

Praça São Miguel Paulista, São Paulo SP.

Plano Urbanístico da Área Central (com Studio Gang Architects), Várzea Paulista SP.

Casa Ubatuba, Ubatuba SP.

Casa Cotia, projeto 2, Cotia SP.

Agência Viva, São Paulo SP.

Sede do Instituto do Patrimônio Histórico e Artístico Nacional – Iphan (com João Xavier, concurso), Brasília DF.

Paço Municipal (concurso), Hortolândia SP.

2007

Centro Educacional Santo Antônio Jardim Irene, Santo André SP.

Vila Nova Esperança, Salvador BA (em obra).

Living Steel For Sustainable Housing (concurso), Recife PE.

Estação Natureza (com Apiacás Arquitetos), São Paulo SP.

Nova Sede da Comunidade Shalom (concurso), São Paulo SP.

Museu Aberto da Ferrovia, São Paulo SP.

Centro Cultural do Serviço Social do Comércio – Sesc (concurso), edifício Glória, Vitória ES.

Casa Madalena (reforma), São Paulo SP.

Hotel Central, São Paulo SP.

Exposição 1000 Mulheres Pela Paz, mostra itinerante, São Paulo SP, Brasília DF.

Sede Congregação Israelita, Curitiba PR.

Museu da Cidadania (com Chão Arquitetos), São Paulo SP.

Pavilhão Armando Arruda Pereira (reforma), parque Ibirapuera, São Paulo SP.

Casa Barueri, Barueri SP.

Casa Emanoel Araújo, projeto 2, São Paulo SP.

Cozinha Nestlé, São Paulo SP.

2008

São Bartolomeu (coordenador Cícero Ferraz Cruz), 55.700m² (2.700m², centro de referência; 2.000m², creche; 51.000m², habitações), Salvador BA.

Museu de Igatu (coordenadora Luciana Dornellas), 570m², Andaraí BA.

Conjunto Habitacional Bamburral, São Paulo SP (em obra).

Casa Cotia, projeto 3, Cotia SP.

Casa Caropá (reforma), São Paulo SP.

Edifício Comercial (com Fábio Mosaner), projeto 2, Brasília DF.

Passagem da Cidadania, São Paulo SP.

Ateliê Shirley Paes Leme, São Paulo SP.

Exposição Federação das Organizações Indígenas do Alto Rio Negro, São Gabriel da Cachoeira AM.

Piscina USP Leste (com Fábio Mosaner), São Paulo SP.

Unipalmares, São Paulo SP.

Cantina Famiglia Facin, Porto Alegre RS.

Moinho Castaman, Arvorezinha RS.

Museu do Pantanal, Corumbá MS.

2009

Cais do Sertão (com Fábio Oyamada, estrutura; coordenador Pedro Del Guerra), 8.500m², Recife PE.

Museu da Imagem e do Som – MIS (coordenador Gabriel Grinspum, concurso), 7.000m², Rio de Janeiro RJ.

Teatro do Engenho Central (coordenador Gabriel Grinspum), 2.850m², Piracicaba SP.

Cidade Baixa (com Roberto Pinho, Maurício Chagas, Alexandre Prisco, Nivaldo Andrade e Sérgio Ekerman), 700ha, Salvador BA.

Casa da Lapa (coordenadora Anne Dieterich), 360m², São Paulo SP.

Museu do Pampa (coordenadores Vinícius Spira e Gabriel Grinspum), 1.880m², Jaguarão RS.

Exposição Marighella, mostra itinerante, São Paulo SP, Rio de Janeiro RJ, Salvador BA.

Museu da Cana de Açúcar, Sertãozinho SP.

Cine Dom José, São Paulo SP.

Galeria Transversal, São Paulo SP.

Museu Exploratório de Ciências da Unicamp (com Studio Gang Architects, concurso), Campinas SP.

Museu de Belas Artes (concurso), Québec, Canadá.

Museu de Arqueologia e Botânica, São Leopoldo RS.

Museu da História de São Paulo Casa das Retortas (com André Vainer, concurso), São Paulo SP.

2010

Museu do Trabalho e do Trabalhador (com Fábio Oyamada, estrutura; Raul Pereira, paisagismo; coordenador Cícero Ferraz Cruz), 5.000m², São Bernardo do Campo SP (em obra).

Mercado de Jaguarão (coordenadora Luciana Dornellas), 1.735m², Jaguarão RS.

Casa Dom Viçoso, 240m², Dom Viçoso MG

Museu da Cerveja Bohemia (concurso com Miguel Góes e Yacoff Sarkovas), Petrópolis RJ.

Câmera de Dirigentes Lojistas, Porto Alegre RS.

Casa Juquiá (reforma), São Paulo SP.

Museu do Vinho, Bento Gonçalves RS.

Plano Urbanístico Área Central, São Bernardo do Campo SP.

Centro de Cultura, Esporte e Lazer Paulicéia, São Bernardo do Campo SP.

Concha Acústica, São Bernardo do Campo SP.

Rua Marechal Deodoro (com Luciano Margotto), São Bernardo do Campo SP.

Secretaria de Saúde, São Bernardo do Campo SP.

Museu da Pedra Opala, Pedro II PI.

Moinho Dalle, Anta Gorda RS.

Moinho Marca, Putinga RS.

2011

Casa Pepiguari (coordenadora Laura Ferraz), 295m², São Paulo SP.

Praça da Matriz (com Raul Pereira, paisagismo), São Bernardo do Campo SP.

Papelaria Papel Design, São Paulo SP.

Casa Iquitos, São Paulo SP.

Renova SP (concurso), São Paulo SP.

Federação do Comércio (concurso), Porto Alegre RS.

Área Central Várzea Paulista (concurso), Várzea Paulista SP.

Conjunto Habitacional Badra (com Vittorio Garatti), São Paulo SP.

Edifício Habitacional Cohab, av Ipiranga, São Paulo SP.

Casa Maestro Elias Lobo (reforma), São Paulo SP.

Casa Miranhas (reforma), São Paulo SP.

2012

Memorial da Democracia (coordenador Victor Gurgel), 21.220m², São Paulo SP.

Bar Aamam, São Paulo SP.

Vila Kanan, Canela RS.

Edifício Idea Zarvos, São Paulo SP (em obra).

Apartamento Ministro Rocha Azevedo, São Paulo SP.

Palácio Pereira (com Mario Figueroa e Marcus Damon, concurso), Santiago, Chile.

Museu da Poesia, Rio de Janeiro RJ.

2013

Comitê Olímpico Internacional – COI (com Rui Furtado, engenharia; concurso), 9.500m², Lausanne, Suiça.

Museu e Memorial do Holocausto (coordenador Felipe Zene), 4.192m², São Paulo SP.

Complexo Fábrica Boyes, Piracicaba SP.

Casa Trancoso, Porto Seguro BA.

Cinepolis Shopping Batel, Curitiba PR.

Santa Produtora, São Paulo SP.

Fundação Casa de Rui Barbosa (concurso), Rio de Janeiro RJ.

Apartamento Leão Coroado, São Paulo SP.

2014

Museu das Missões (com Carlos Eduardo Comas, coordenador Victor Gurgel), 8.571m², São Miguel das Missões RS.

Museu da Diversidade Sexual (concurso), São Paulo SP.

Anexo Teatro Polytheama, Jundiaí SP.

Centro das Artes, Jundiaí SP.

2015

Fazenda Rio Verde (coordenador Gabriel Mendonça), 42.250m², Conceição do Rio Verde MG.

Instituto de Matemática Pura e Aplicada – Impa (com Rui Furtado, engenharia; concurso), 15.525m², Rio de Janeiro RJ.

Museu do Tijolo, 580m², Arvorezinha RS (em obra).

Praça Beco do Batman, São Paulo SP.

CEU Alvarenga, São Bernardo do Campo SP.

Prédio rua Delfina (reforma), São Paulo SP.

Museu da Cidade, Pelotas RS.

Teatro Municipal Losso Neto (reforma), Piracicaba SP.

Complexo da Ferrovia Paulista S. A. – Fepasa, Jundiaí SP.

2016

Casa da Lagoa, 174m², Florianópolis SC.

Memorial Marighella, 391m², Salvador BA.

Museu de Arte de Lima – Mali (com Pedro Ivo Freire, concurso), 6.524m², Lima, Peru.

Museu da Imigração Japonesa (coordenadores Felipe Zene e Julio Tarragó), 680m², Registro SP (em obra).

Centro Cívico Universidade de Los Andes (com Mauricio Rojas, concurso), Bogotá, Colômbia.

Casa Cidade Jardim, São Paulo SP.

CEU Orquídeas, São Bernardo do Campo SP.

Casa Orós (reforma), São Paulo SP.

Posto Sumaré, São Paulo SP.

2017

Villa Carolina, 230m², Finlândia (em obra).

Terreiro de Òsùmàrè (coordenador Roberto Brotero), 4.020m², Salvador BA.

Novo Complexo Rheingantz (com Rafael Grantham), Rio Grande RS (em obra).

Sesc Limeira (concurso), Limeira SP.

Casa Barra do Sahy, São Sebastião SP.

Museu do Ipiranga (com Apiacás Arquitetos, concurso), São Paulo SP.

Casa Jardins (reforma), São Paulo SP.

Casa Ipojuca (reforma), São Paulo SP.

Apartamento JK, São Paulo SP.

2018

Museu da Araucária (coordenadora Luciana Dornellas), 1.005m², interior do Rio Grande do Sul.

Sesc Registro (coordenador Cícero Ferraz Cruz), 13.300m², Registro SP (em obra).

Fazenda Monte Alto, Guaxupé MG.

Casa Marteli, Anta Gorda RS.

Apartamento São Vicente, São Paulo SP.

Casa Monte Mor, Monte Mor SP (em obra).

Casa dos Passarinhos, Manaus AM.

2019

Capela Dom Viçoso, 15m², Dom Viçoso MG.

Fundação Casa Domingos Montagner, São Paulo SP.

Casa Gregório Paes de Almeida (reforma), São Paulo SP.

Casa Pôr do Sol (reforma), São Paulo SP.

Casa Nova Lima, Nova Lima MG.

Casa Murundu, São Bento do Sapucaí SP.

Pavilhão Bertioga, Bertioga SP.

Apartamento Piauí, São Paulo SP.

Galeria das Cobras, Instituto Butantã, São Paulo, SP.

Museu de Saúde Pública Emílio Ribas, Instituto Butantã, São Paulo SP.

Anexo Museu da Casa Brasileira, São Paulo SP.

arquitetos

2019 · 2017 · 2015 · 2013 · 2011 · 2009 · 2007 · 2005 · 2003 · 2001 · 1999 · 1997 · 1995 · 1993 · 1991 · 1989 · 1987 · 1985 · 1983 · 1981 · 1979

francisco fanucci
marcelo ferraz
marcelo suzuki
josé sales costa filho
tâmara roman
marco antonio machado
roberval guitarrari
giancarlo latorraca
adilson lima
hermann tatsch
desirée pierro
cicero ferraz cruz
anderson freitas
maurício imenes
adriana carneiro
pedro barros
carlos ferrata
carmem ávilla
cláudia schneider
gabriel grinspum
fernando nigro rodrigues
juliana antunes
bruno levy
albert sugai
yuri de oliveira
rodrigo izecson
mônica esmanhotto
luciana dornellas
anne dieterich
vinícius spira
pedro del guerra
anselmo turazzi
fabiana paiva
carol silva moreira
victor gurgel
felipe zene
márcio targa
sérgio ekerman
kristine stiphany
gabriel mendonça
beatriz marques
fred meyer
laura ferraz
julio tarragó
william campos
hayako ohba
juliana ricci
roberto brotero
pedro renault
harold ramirez
andré villas boas
guega rocha carvalho
heloisa oliveira
karina irino
francielle lopes
rodrigo sena

estagiários

heloisa	1979–1984
lucas isawa	1979–1981
nivaldo gomes	1979–1981
paulo campos	1983–1986
andré goldman	1988
duk jun lee	1988
luiz bessa	1988
orlando lobosco	1988
plínio ferraz	1988
otaene de souza	1989–1992
cristiana rodrigues	1989–1990
marcia porto	1989
clarissa ballario	1990
luciana dab dab	1991–1992
ulisses santiago	1991–1992
adriana levyski	1991
fernanda barbara	1991
bárbara conte	1992
simone carneiro	1993
stefania abakerli	1993
fábio mosaner	1994–1995
francisco rocha	1995
danielle klintowitz	1996–1997
roberto corrêa	1996
juliana huet	1997
ana paula prado	1998
karine madsen	1998
trine pedersen	1998
maira costa	1999
virginia lambert	1999
carolina cagno	2000
moracy almeida	2001
paula granado	2002
fabricio	2002
michel do vale	2003
paloma agramonte	2003
thomas kelley	2006
pedro vannucchi	2007
rebeca grinspum	2008
andré carvalho	2010–2011
guilherme tanaka	2012–2016
jacky dahan	2012
gabriel biselli	2013–2014
laura peters	2013–2014
marina patrocinio	2013
vinicius rigonato	2014–2015
catalina hosiasson	2014
gabriel carvalho	2015–2016
giulia lucente	2015
isabella abbatepaulo	2015
caroline grácio-juhué	2016–2017
antônia romer	2016
anna laura prado	2017–2018
bruno veiga	2017–2018
alice ravelo de tovar	2017
karen moreno	2017
lucas martins	2018
vitor lima	2018
victor maitino	2018
mably rocha	2018
diogenes victor da silveira filho	2018
luiza azevedo silva	2018–2019
matheus garcia	2019

Brasil Arquitetura
Francisco Fanucci, Marcelo Ferraz
projetos 2005/2020

organizadores
Abilio Guerra
Marcos Grinspum Ferraz
Silvana Romano Santos

ensaios críticos
Abilio Guerra
Guilherme Wisnik
Marta Bogéa

projeto gráfico
Victor Nosek

ensaios fotográficos
Nelson Kon
Daniel Ducci
Leonardo Finotti

textos de projetos
Francisco Fanucci
Marcelo Ferraz

coordenação editorial
Abilio Guerra
Fernanda Critelli
Silvana Romano Santos

assistente editorial
Jennifer Cabral

pesquisa de imagens
Juliana Ricci

assistente de pesquisa
Mably Rocha

preparação e revisão de texto
Ana Mendes Barbosa
Abilio Guerra

tradução
João Luiz Teixeira de Brito

desenhos CAD
André Marques
Brasil Arquitetura
Carlos Amadeo Arellano Rivera
Eduardo Martorelli
Fred Meyer

tratamento de imagens e impressão
Ipsis

Crédito de imagens

fotógrafos
Alexandre Lepoldino p. 228 (esq. ab.)
André Falleiros Heise / Taipal Construções em Terra p. 248, 251
Beto Ricardo p. 44 (ab.), 45 (ab.)
Cassio Zanetti p. 181
Daniel Ducci p. 45 (ac.), 46 (ac.), 47, 48, 49, 51, 60, 61 (ac.), 61 (ab.), 62 (ab.), 63 (ac.), 63 (esq. ab.)
Eduardo Beltrame p. 202, 203 (ab.), 205 (ab.)
Efraim Silva Cruz p. 114 (ab.)
Fafá M. Araújo p. 212, 215 (esq. ab.)
Fred Jordão p. 116
Gsé Silva / DiCampana Foto Coletivo p. 89 (ab.)
Igor Vilela Rotundo p. 189 (ab.)
Isabella Cabral p. 81 (ac.), 81 (ab.)
Joana França p. 115 (ab.), 117
Leonardo Finotti p. 58 (ab.), 65 (ab.), 72 (ac.), 76, 77, 78, 79 (ac.), 83, 88, 90 (dir. ac.), 134 (ab.), 135, 137, 138, 139
Ives Padilha p. 99 (ab.), 100 (meio), 100 (ab.)
Marcelo Ferraz p. 8, 9, 10, 11, 12, 13 (dir. ac.), 13 (ab.), 15 (dir.), 16, 17 (dir.), 18, 19, 32, 33, 37 (esq. ab.), 38, 39 (esq.), 41, 64, 74, 79 (ab.), 92 (ab.), 112 (esq. ac.), 123 (esq. ab.), 141, 142 (ac.), 143 (ac.), 144 (ac.), 145, 146 (ac.), 146 (dir. ab.), 147 (ab.), 149 (ac.), 152, 153, 156 (ac.), 157, 162, 163 (ac.), 163 (esq. ab.), 199, 200 (dir.), 201
Nelson Kon p. 20, 34, 35, 36, 37 (esq. ac.), 37 (dir.), 39 (dir.), 40 (esq.), 42, 53, 54, 55, 57, 58 (ac.), 59, 66, 67, 68 (ab.), 69, 71, 72 (ab.), 73, 84, 85, 87, 89 (ac.), 90 (esq. ac.), 90 (ab.), 91, 92 (ac.), 93, 107, 109, 110 (ac.), 110 (esq. ab.), 112 (dir. ac.), 112 (ab.), 113, 114 (ac.), 115 (ac.), 123 (ac.), 123 (dir. ab.), 125, 126, 127, 143 (ab.), 146 (esq. ab.), 158, 159 (ac.), 159 (ab.), 161, 164, 165, 167, 168, 169, 186, 187, 189 (ac.), 190, 191, 229, 230
Pedro Vannucchi p. 250
Renato Martelli Soares / ISA p. 50 (ab.)
Ronaldo Azambuja p. 203 (ac.), 205 (ac.)
Sylvia Masini p. 40 (dir.)
Willian Lopes de Abreu p. 228 (ac.), 228 (dir. ab.)

acervos
Brasil Arquitetura p. 13 (esq. ac.), 14, 15 (esq.), 17 (esq.), 21, 22, 23, 24, 25, 26, 27 (esq.), 28, 29, 30, 43, 44 (ac.), 44 (meio), 52, 61 (meio), 63 (dir. ab.), 65 (ac.), 68 (ac.), 80, 81 (meio), 82, 86 (ac.), 94, 95 (ab.), 98, 99 (ac.), 100 (ac.), 101, 102, 103, 105, 106, 110 (dir. ab.), 111 (ac.), 118, 119, 122, 130, 131, 132, 134 (ac.), 140, 144 (ab.), 148, 149 (ab.), 151, 154, 155 (ab.), 159 (meio), 163 (dir. ab.), 170 (esq.), 175 (meio), 177 (meio), 179 (ab.), 180, 193 (esq. ab.), 195, 197 (ac.), 197 (abaixo), 198, 200 (esq.), 206, 207, 208, 211 (ac.), 213, 214 (meio), 214 (ab.), 215 (ac.), 215 (dir. ab.), 216, 217, 218, 219 (ac.), 219 (meio), 220 (ac.), 220 (meio), 221, 222, 223, 225, 226, 227, 249, 252, 253
Marcelo Ferraz p. 27 (dir.)

desenhos CAD
André Marques + Brasil Arquitetura p. 46 (meio), 46 (ab.), 50 (ac.), 50 (meio), 56, 62 (ac.), 70, 75, 86 (meio), 86 (ab.), 96, 97 (ab.), 104, 108, 120 (meio), 120 (ab.), 124, 136, 142-143, 150 (meio), 150 (ab.), 156 (ab.), 160, 166, 172, 176, 184, 185 (ab.), 188, 194, 196-197, 204, 210 (ac.), 210 (meio), 214 (ac.), 219 (ab.), 220 (ab.), 224
Carlos Amadeo Arellano Rivera p. 95 (ac.), 97 (ac.)
Eduardo Martorelli p. 209, 210 (ab.), 211 (ab.)
Fred Meyer p. 111 (meio), 111 (ab.), 120 (ac.), 121, 132-133, 142 (ab.), 147 (ac.), 150 (ac.), 155 (ac.), 170 (dir.), 171, 173, 174, 175 (ac.), 175 (ab.), 177 (ac.), 177 (ab.), 178, 179 (ac.), 182, 183, 185 (ac.), 185 (meio), 192, 193 (ac.), 193 (dir. ab.), 196 (ab.)
Fred Meyer / Visualize p. 128, 129

RG

Romano Guerra Editora

Editores
Abilio Guerra
Silvana Romano Santos
Fernanda Critelli

Romano Guerra Editora
Rua General Jardim 645 conj. 31
01223-011 São Paulo SP Brasil
Tel: 55 11 3255.9535
rg@romanoguerra.com.br
romanoguerra.com.br
/romanoguerraeditora

sesc

SERVIÇO SOCIAL DO COMÉRCIO
Administração Regional no Estado de São Paulo

Presidente do Conselho Regional
Abram Szajman
Diretor Regional
Danilo Santos de Miranda

Edições Sesc São Paulo
Gerente
Iã Paulo Ribeiro
Gerente Adjunta
Isabel M. M. Alexandre
Coordenação Editorial
Francis Manzoni, Clívia Ramiro,
Cristianne Lameirinha
Produção Editorial
Simone Oliveira
Coordenação Gráfica
Katia Verissimo
Produção Gráfica
Fabio Pinotti
Coordenação de Comunicação
Bruna Zarnoviec Daniel

Edições Sesc São Paulo
Rua Serra da Bocaina, 570 – 11° andar
03174-000 São Paulo SP Brasil
Tel: 55 11 2607.9400
edicoes@edicoes.sescsp.org.br
sescsp.org.br/edicoes
/edicoessescsp

Printed in Brazil 2020
Foi feito o depósito legal

Dados Internacionais de Catalogação na Publicação (CIP)

Brasil Arquitetura: Francisco Fanucci e Marcelo Ferraz, projetos 2005-2020 / organizado por Abilio Guerra, Marcos Grinspum Ferraz e Silvana Romano Santos; ensaios críticos de Marta Bogéa, Abilio Guerra e Guilherme Wisnik. – São Paulo: Romano Guerra, Edições Sesc São Paulo, 2020.

256 p., Il.
Bibliografia.
ISBN: 978-85-88585-89-8 (Romano Guerra Editora)
ISBN: 978-85-9493-215-0 (Edições Sesc São Paulo)

1.Arquitetura – Brasil – Século 20 2.Arquitetos brasileiros – Século 20 I.Guerra, Abilio II.Ferraz, Marcos Grinspum III. Santos, Silvana Romano IV. Bogéa, Marta V. Wisnik, Guilherme VI.Fanucci, Francisco VII.Ferraz, Marcelo

CDD – 724.981

Ficha catalográfica elaborada pela bibliotecária
Dina Elisabete Uliana CRB/8-3760

Sobre os organizadores

Abilio Guerra é arquiteto (FAU PUC-Campinas, 1982), mestre e doutor em História (IFCH Unicamp, 1992 e 2002), professor adjunto da FAU Mackenzie (graduação e pós-graduação). Com Silvana Romano Santos, é editor da Romano Guerra Editora e do Portal Vitruvius. Autor dos livros *Architecture and Nature / Arquitetura e natureza* (Romano Guerra, 2017, Cica Awards 2017) e organizador, entre outras obras, de dois volumes dos *Textos fundamentais sobre história da arquitetura moderna brasileira* (Romano Guerra, 2010). Curador da exposição *Arquitetura brasileira: viver na floresta* (Instituto Tomie Ohtake, 2010, Cica Awards 2011) e da série de três mostras *Território de contato* (com Marta Bogéa, Sesc Pompeia, 2014).

Marcos Grinspum Ferraz é jornalista, formado em Ciências Sociais pela Universidade de São Paulo (FFLCH USP, 2010). Trabalhou no jornal Folha de S.Paulo (2009-2012), cobrindo música e teatro, e nas revistas *Brasileiros* e *ARTE!Brasileiros* (2012-2016), escrevendo sobre literatura, música, artes visuais e arquitetura. Em 2015, integrou a equipe de pesquisa para o projeto de concepção de conteúdo do Museu das Missões. Viveu um ano em Lisboa, onde estudou antropologia (Universidade Nova de Lisboa) e trabalhou como pesquisador para a série A Cidade no Brasil, da TV Sesc. Retornou à revista *ARTE!Brasileiros* em 2019. Ao longo dos anos, colaborou com outras revistas, como *Super Interessante* (Portugal), *Harper's Bazaar* e *Host & Travel*.

Silvana Romano Santos é arquiteta (FAU PUC--Campinas, 1983). Com Abilio Guerra, é editora da Romano Guerra Editora e do Portal Vitruvius. É coordenadora editorial de livros de arquitetura, dentre eles: *Arquitetura: uma experiência na área de saúde* (João Filgueiras Lima, 2012, prêmio Jabuti 2013); *Ministério da Educação e Saúde, ícone urbano da modernidade brasileira* (Roberto Sagre, 2013, prêmios Jabuti 2014, Cica 2014, IAB/RJ 2013, Anparq 2014); *Lina Bo Bardi, sutis substâncias da arquitetura* (Olivia Oliveira, 2006, prêmio IAB 2006, finalista RIBA International Book Awards 2007 e Jabuti 2007); *Quarenta anos de prancheta* (Marcello Fragelli, 2010, finalista prêmio Jabuti 2011); *David Libeskind, ensaio sobre as residências unifamiliares* (Luciana Tombi Brasil, 2007, prêmio IAB/SP 2008); *Taipa, canela preta e concreto* (Lia Mayumi, 2008, finalista prêmio Rodrigo Melo Franco de Andrade, Iphan 2009).

Este livro foi composto em Frutiger e Helvetica Neue, e impresso em papel Eurobulk 150 g/m^2 pela Ipsis Gráfica e Editora para a Romano Guerra Editora e as Edições Sesc São Paulo, em 2020.

FSC www.fsc.org
MISTO
Proveniente de fontes responsáveis
From responsible sources
FSC® C011095